西部红烛 两代师表
陕西师范大学服务西部基础教育史诗

编写委员会

主　　任：李忠军　游旭群

常务副主任：李　磊

副主任：卢胜利　石　峰　罗永辉　杨祖培　董治宝　周正朝
　　　　　陈新兵　马晓云　李贵安　袁一芳　王云博

委　　员：（以姓氏笔画为序）
　　　　　王金秀　王海彬　王耀明　曲洪刚　刘　冬　刘　瑜
　　　　　刘少锋　刘东风　刘建斌　刘洪超　闫文浩　闫亚平
　　　　　许广玺　李小玲　李秉忠　李保新　辛　峰　辛向仁
　　　　　宋传东　宋战良　张卫兵　张凌云　郁伟生　罗卫涛
　　　　　赵　丽　柯西钢　郭建中　黄　玲　董喜林　路正社
　　　　　蔺丰辉　雒朝梁　樊　婧　薛　东　衡旭辉

编写组

主　　编：李　磊　马晓云

责任编辑：刘建斌

执 笔 人：（以姓氏笔画为序）
　　　　　马晓云　李铁绳　吴国彬　张　帆　张小东

西部红烛
两代师表 | 陕西师范大学
服务西部基础教育史诗

第二卷
陕师大的先生们（上）

本书编写委员会 ◎ 编

陕西师范大学出版总社

目 录

马师儒：求学壮游异域　从教培养国脉　/ 002

郝耀东：远涉重洋求学　情系桑梓创校　/ 014

郑伯奇：创造社元老与国文科主任　/ 024

黄国璋：发展中国近代地理学的先驱　/ 038

刘泽如：中国马克思主义心理学的主要奠基者　/ 052

魏庚人：献毕生为育才　树风范垂久远　/ 062

陈高傭：史以载道书报国　/ 076

高元白：授业精诚天地心　/ 084

史念海：山河、历史与祖国　/ 096

赵恒元：扎根西北　声彻神州　/ 112

朱本源：以振兴光大中华史学为己任　/ 122

吴元训：学贯中西　躬身育才　／134

斯维至：云蒸霞蔚书斋香　／144

霍松林：高矗独树大先生　／154

聂树人：教书育人　情满三秦　／166

黄永年：华堂杖履仁且德　绛帐薪灯炽而昌　／176

刘胤汉：踏勘神州锦绣山川　／190

孙昌识：执教西北　教育报国　／200

郑哲民：教坛楷模　科技精英　／210

周正：艺术的最高境界是至爱　／222

王国俊：笃行勤与恒　为国育俊才　／234

章竹君：一代师表　红烛师魂　／246

【人物档案】

马师儒（1888—1963），字雅堂，陕西米脂人。著名爱国学者，民主主义教育家，陕西师范大学教育学科奠基人之一。早年就读于绥德中学堂、陕西高等学堂，1907年考入上海同济医工学校，1913年转入北京高等师范学校，1919年毕业后任教北高师附属中学。1921年、1924年分别入读德国柏林大学、瑞士苏黎世大学，均获博士学位。1927年回国，先后在上海劳动大学、北平大学、青岛大学、北平师范大学、西北大学等高校任教。1947—1948年任西北大学校长。1954年任西安师范学院校务委员会常委、教育研究室主任。1960年在陕西师范学院教育系任教。著有《中国近代教育史讲义》《中国古代教育史》《外国教育史》等。

马师儒：求学壮游异域　从教培养国脉

"壮游异国冠群伦，乐育英才倍苦辛。赤域畅言遭厄运，红都痛饮遇奇人。痴情民主师生仰，寄语天涯骨肉亲。最是伤悲君驾鹤，杏坛三杰剩孤身。"这是陕西师大文学院教授高元白先生1963年撰写的一首七律《痛悼表兄马师儒先生》。这首诗首联概括了马师儒求学异邦、教育报国的教书育人生涯，颔联讲到马师儒在延安与伟人毛泽东的一段奇遇，颈联讲马师儒作为知识分子的民主追求，尾联则涉及影响陕西乃至全国教育界的三位人物：杜斌丞、马师儒、高元白，而这"杏坛三杰"之间又是表兄弟关系。

望族的家风传承

马师儒出生于陕北名门望族——米脂马氏家族。"开明进步办学堂，英才辈出洋财主"，这是陕北民众对米脂杨家沟马氏家族的文化印象。以农为本，耕读传家，好义可风，乐善开明，是马氏家族的指导思想和鲜明的特色。早在清康熙年间，马师儒的先辈马云风就创办家塾，延请私塾师傅教子学文，参加科举求取功名。清道光年间，马嘉乐创办三所私塾，使马家子孙、亲朋子弟和邻村孩子都能在私塾读书。

马氏家族注重教育，马师儒的父亲马祝龄（字子椿）是前清廪生，素有才学。马师儒兄弟三人（师儒、师亮、师尚）均先后外出深造。马师儒自幼在私塾读书，对私塾的教育方式极为不满。他在自传中写道："我小时候受到书屋里老师的毒打，身体上时有发青发肿的部分，各种各样的体罚，几乎断送了我的小生命，至今回忆起来，犹有余痛。在我后来数十年的教育生活中，无论是对家庭教育或学校教育，我既坚决地反对封建社会的旧教育，又彻底地反对对幼年儿童采用野蛮的粗暴的残酷的体罚。"但年长回乡，马师儒依然会带着礼物恭敬地拜访曾经以简单粗暴手段对待自己的老师。别人问他为何要善待曾虐罚过自己的老师，马师儒说："制度是制度，老师是老师，老师虽然虐罚过我，但他们本性善良，出发点是希望我们成才。"这可以看到马师儒宽厚包容的品格。

1906年，马师儒的姑父、高元白的父亲高祖宪创办绥德中学堂，马师儒转到学堂读书。所以，他在自传中说："我开始接受当时的新教育，是在1906年时候。"后来又到陕西高等学堂读书。在家乡读书时，马师儒就非常上进。他在1935年接受《大学新闻》记者的采访时说，他的故乡是个四面高山、道路崎岖的地方，他小时候念书，学校就在一座高山上，他每天上学就得上一次山，下一次山。天气热时，汗下如雨落一般。可是他因为求学心切，丝毫不觉得痛苦。

怀抱"科学工艺救国"的信念，马师儒于1907年考入上海同济医工学校。1913年毕业后，马师儒转向"教育救国"之路，进入北京高等师范学校学习。1919年毕业后任教于北高师附属中学。近十五年的求学历程使马师儒认识到中国教育的落后，为了发展中国教育，为了给中国培育更多优秀人才，马师儒决定赴欧洲留学。他说："在此期间苏联伟大的十月革命的成功和中国轰轰烈烈的五四运动的勃发，改变了我过去的一切想法，使人感到辛亥革命虽然有不可磨灭的成绩，但他不能改变中国的落后原貌，我有出国的必要。"

1921年，马师儒进入德国柏林大学教育专科学习，1924年获教育学博士学位。在德国求学期间，他研读我国古代教育典籍，对孔子、颜渊、孟子、王阳明等人探研精深，撰有专论，在德国教育杂志发表，还对老子的教育思想进行了深入研究。1924年，他又进入瑞士苏黎世大学攻读哲学和心理学，1927年获哲学博士学位。

留学期间的生活并不是轻松的。马师儒后来回忆说，在德国留学时，正值欧战结束，当时德国因战争元气尽丧，同时又要负担巨额赔款。在这双重原因下，柏林发生粮食恐慌，每天能够吃三顿饭或者每天能有两顿可以吃饱，简直是"踏遍柏林无觅处"；虽然身上有钱，但受政府限制，花不出去。此外，当时通货膨胀，马克贬值非常厉害，有点钱也担心贬值，只能去买书。可能真是福祸相依，因为买的书多，看的书也就随之增多，马师儒的学问基础可说就是在这里打下的。

辗转多地执教

1927年马师儒回国，应表兄杜斌丞之约，任陕北联合县立榆林中学校长。他除亲自教课和管理学生外，还经常在社会上做报告，大力宣传新的教育思想。榆林县政协李云祯回忆说："我听过马师儒教授的讲话，他思想进步，热爱学生，教育有方，在陕北影响很大。"马师儒到榆林中学不久后，因北京、上海一些高校一再来电来信邀请他去任教，杜斌丞便建议他去上海工作。

1928年9月，马师儒任上海劳动大学教授兼教育科主任。1928年在全国教育会议上，马师儒提出《请大学院具体规定补助贫寒学生升学办法并通令各省确实施行案》，其理由如下：一是教育上机会均等之义，不得因个人经济状况限制升学；二是事实上贫寒学生多半努力向学，其聪明才力并不见得有何种弱点，不可使人才因境遇而埋没。高等教育中的大学生补助费，由地方及中央教育机关负担之。

1929年至抗日战争全面爆发前，马师儒先后担任北平大学、青岛大学、北平师范大学、北平大学女子文理学院等院校的哲学、心理学、教育学、教育史教授。在北平师范大学期间，马师儒参与主编《师大教育丛刊》。在此期间，马师儒与邓性初在《哲学月刊》（1930年第2卷第3、4期合刊）上发表《哲学与教育之关系》（原刊注"马师儒讲演，邓性初笔记"；该文由《西京日报》1933年10月28日转载），马师儒在《师大教育丛刊》上连载发表《人的天性与教育的目标之研究》（1931年第1卷第1、4期，第2卷第1期）。

1937年抗日战争全面爆发后，北京各大学相继内迁。9月10日，北平大学、北平师范大学、北洋工学院等3所国立大学，开始迁至陕西西安，组建国立西安临时大学。1938年3月，西安临大开始南迁陕西汉中，4月改称国立西北联合大学。7月中旬，西北联大改组为5所独立的国立大学，即西北大学、西北工学院、西北师范学院、西北农学院、西北医学院。马师儒随北平师范大学西迁，自此扎根西北，先后任西安临时大学、西北联合大学、国立西北大学教授。1942年任国立西北大学文学院院长。

在延安受到毛泽东接见

1942年春，担任西北大学文学院院长的马师儒，因父亲病逝回到陕北米脂。途经延安时，毛泽东特邀著名历史学家范文澜作陪，宴请马师儒。宴席期间，毛泽东与马师儒就国内政治斗争、共产党的发展和抗日爱国统一战线进行交谈，还介绍了自己的家庭和革命经历，询问了国统区大学教育的情况。毛泽东在评述国共两党之间的历史关系时说："现在是抗日战争时期，两党名义上是合作的，而具体的情况则不是这样，陕甘宁边区被封锁、被威胁、被攻击的紧张形势，现在是有加无已的。"马师儒对毛泽东说："主席讲的这一些事实，是我亲身经历的，也是我来往边区沿途中亲自看见的。事实胜于雄辩，我打心眼里敬佩共产党在抗日战争中的热情与付出。"通过交谈，马师儒对如何为中华民族复兴贡献力量有了新的认识，认识到共产党是中国革命的中坚力量。毛泽东请他回陕南后向早年的老师、同乡黎锦熙先生（时在国立西北师范学院任教）问好。为了参观边区工厂、学校、机关，谈话之后，马师儒还在延安逗留了一段时间。在此期间，他应抗日军政大学的邀请做公开演说，就中国共产党领导的政治、经济、文化教育和抗日战争，谈自己真正的认识与乐观的展望，赞扬边区是"国家民族新的生机"，认为"延安生机横溢，一片新气象"。马师儒认为，要救中国，就必须像延安一样，改变中国的旧教育。

辞别边区前，边区教育厅厅长贺连城问他在边区的观感，马师儒坦率地说："边区虽小，有新气象，就像咱陕北所说的新发展。毛主席体大思精，所望群策群力，中国大事已定，共产党必胜。"马师儒认为，延安是中国革命胜利的保障，是中华民族复兴的保障，"奔向社会主义的站台"。两个多月的陕北之行，马师儒感触良多，后来赋诗《感怀奇遇》："平生奇遇只一人，体大思精迈古今。展开历史四千载，革命功勋莫与京。"

回到汉中城固的西北大学后，马师儒经常向人谈到延安观感。在当年的"总理纪念周"集会上，马师儒又讲到毛泽东问候黎锦熙之事。1942年9月2日重庆的《新华日报》报道马师儒在陕北演说的内容，引起国民党不安。教育部部长陈立夫电饬西北大学："身为文学院长，在陕北讲演，公开赞扬异党的政治，应予警告！"教育部训导委员会密电西北大学，指责马师儒为共产党"大肆宣传"。于右任为之打抱不平。西北大学校长赖琏只宣布免去马师儒文学院院长职务，但阴谋对他"痛下毒手"。马师儒得知这个消息后，镇定自若，书写文天祥《正气歌》以示不屈，同时安排家事，应付不测。但赖琏等慑于国共合作抗战的形势和马师儒在陕西、在教育界的影响，未敢行动。这段经历，就是高元白诗中所言的"赤域畅言遭厄运，红都痛饮遇奇人"逸事。

抗战胜利后，马师儒的小女儿马昭信在北平师大读书时积极参加学生运动，还参加了中共地下党员组织的合唱团，经常登台演唱《黄河大合唱》等革命歌曲。北平当局下令逮捕她。她逃回西安，西安当局继续追捕。马师儒和著名学者岳劼恒联名担保，才使其免遭牢狱之灾。后来，马昭信奔赴延安，参加革命，改名艾松。这是高元白诗中所言"痴情民主师生仰，寄语天涯骨肉亲"的缘由。

陕西"杏坛三杰"

关于杨家沟马氏家族，最重要的调查研究成果是1942年以张闻天为首的中共中央农村调查团编著的《米脂县杨家沟调查》。该调查揭示了中国封建地主阶级剥削农民的奥秘，成为国内外研究封建地主经济极为珍贵的历史文献，被誉为东方的"资本论"，为党中央制定正确的土地改革政策，夺取解放区和全国土地改革的胜利起到了重要的资政作用。

马氏家族自设堂号，以堂为名，共建堂号72个。1929年陕北大灾，马氏家族成员、留日学生马醒民在灾荒之年兴建马氏家族"新院"，历时十年，以工代赈，缓解了许多贫苦民众的生活困难。马氏家族较早接受革命思想，不惟马师儒对共产党及边区赞叹有加，据称抗日战争期间，马氏家族积极响应减租减息政策，仅"光裕堂"就给三五九旅赠送粮食1700石。

1947年3月，西北野战军撤离延安，在中央军委和毛泽东、周恩来、彭德怀、习仲勋等指挥下，按照中央军委和毛泽东确定的"蘑菇战术"，依靠陕北优越的群众条件和有利地形，与比自己多达十倍的胡宗南、马步芳、马鸿逵、邓宝珊的几十万军队在陕北高原周旋。敌军往返奔波，疲于奔命，士气低落。人民解放军选择有利时机，寻机歼敌，奠定了粉碎国民党军对陕北重点进攻的基础。转战陕北过程中，毛主席、党中央到达米脂杨家沟，马氏家族的马醒民将新院捐赠。

马氏庄园以窑洞为主，建筑形式主要是陕北地区最高等级的"明五暗四六厢窑倒座待客厅"窑洞四合院。代表马氏庄园营造最高水平的新院，由马醒民亲自设计监修，坐落在九条黄土山峁上，将西方建筑风格和陕北窑洞建筑文化巧妙地融为一体，既体现西方建筑之典雅，又反映陕北窑洞建筑之雄浑，堪称中西建筑风格结合的典范。转战陕北途中，进驻米脂后，新院是毛泽东的居住之所。

高元白教授1963年诗作中的"杏坛三杰"指出身陕北、在全国教育界颇有影响的表兄弟杜斌丞、马师儒、高元白三人。杜斌丞（1888—1947），原名丕功，字斌丞，自述秉诚，是我国民主革命的先驱和著名的革命教育家，曾任榆林中学校长、陕西省政府秘书长、民盟中央常委兼西北总支部主任委员等，是西安事变的主要策划者之一。1947年杜斌丞被国民党杀害后，毛泽东为其题写挽词："为人民而死，虽死犹生。"高元白的父亲高祖宪（高又宜）是杜斌丞的五姨父、马师儒的五姑父。高祖宪在三原县宏道高等学堂执教时，杜斌丞、马师儒都是这里的学生。

杜斌丞、马师儒同岁，年长高元白21岁。1946年9月，高元白到西安王家巷拜访表哥杜斌丞，恰巧马师儒也在。聊天中，马师儒说："大学是研究高深学问的学府，不但要从事教学，还要进行学术研究。要坚持蔡元培先生'循思想自由原则，取兼容并包'的方针。"杜斌丞说："在学校要广泛联系进步师生，支持他们争民主、争自由、反内战的要求"，"我们要学习西方先进的教育思想，也要吸收中国古代教育思想的精华"。事后，三人到照相馆合影留念，杜斌丞站在后面，马师儒与高元白坐在前面，原因是杜斌丞说他俩是"大学教授"，而自己是"中学教员"。照片后被高元白送给族叔高宪斌（时与高元白均在陕西省立师专国文科任教），高宪斌在照片后面题字："杏坛三杰聚古城"。"杏坛三杰"均来自陕北米脂，从事教育事业，又是姻亲同辈，自然传为一段佳话。1963年马师儒病逝后，遂有高元白"最是伤悲君驾鹤，杏坛三杰剩孤身"之叹。

"培养国脉"的教育

1927年回国后的马师儒经常说："我的志愿是想做培养国脉的工作。"1935年北京的《大学新闻》上刊载宋志斌的《马师儒的教育思想》。文中说："我第一次听他的课，印象就不坏，他说话很清楚，很有次序。做起笔记来，就是一篇白话文。"宋志斌认为，马师儒主张两个层面的教育：一是"主张意志教育"，"他觉得有了大的意志，才能做出伟大的事业。意志是精神的主体，高于一切文化，意志越进步，活动的能力越大。活动能力越大，越能做出伟大的事业。纯粹读死书求死知识的人，还不如一个有大意志而能活动的人"。二是"主张乡土教育"，"他觉得爱国的观念是每个人都应当有的，在学校的时候养成爱乡土的情感，有爱乡土的情感很自然地就可养成爱国的观念，因为国家灭亡的时候，自己的乡土也就不能存在，所以为了爱乡土，也就要爱国家。一个人爱国家可说是个人的爱国观念，大家都爱国家就成了民族意识。所以他觉得教育的意义是有社会性的，教育的目的不是为个人，而是为社会。但是做的时候，必须从个人做起"。马师儒认为，"教育的任务，一是为发展社会的精神，二是为促进社会的文化，三是为改进社会的生活。现在中国教育的失败是把教育看成个人的，还没有看成社会的"。这说明，在早期的教育生涯中，马师儒就坚持将教育视为"培养国脉的工作"。

1946年国立西北大学从汉中城固迁回西安后，马师儒在文学院教育学系任教。1947年，西北大学校长刘季洪因镇压学生运动被驱赶离校。教育部为缓和矛盾，10月29日任命马师儒接任校长。这时，马师儒已年近六旬，但为了提高教学水平，他亲赴宁、沪、平、津等地，为学校约集名师，仅1948年新聘专职正、副教授即达37人。马师儒邀请吴宓、郑伯奇、陈梦家、屈武等名人到校讲学。吴宓1948年3月4日日记记载，马师儒于当年2月21日去函请其到陕西讲学。后来吴宓于4月份到西安，分别于4月10日、17日进行讲学。1947年马师儒在《国立西北大学校刊》复刊第30期上发表《复员期间我国高等教育上所急需之补救办法》。马师儒、杨钟健担任西北大学校长期间，排除各种干扰和内战造成的重重困难，提倡朴实严谨的治学态度，使西北大学的教学和科研都走在全国同类院校前列。

马师儒重视学生的全面发展，除要求学生完成课业外，还要求学生要有高尚的修养和健全的体魄。1948年，他在为毕业学生所作的《为学与做人》一文中说，关于治学，"大学教育的目标是培养学者，也就是为国造士，所以诸位毕业之后，应该永远保持学者的态度"，"一个学者应该终身以研究学术为职志，以期对于文化的创进，有所贡献"，"尽开拓文化的使命"。"人生的意义与价值，就在于不断地学习，不断地改造，不断地创进，以发扬文化的光辉！"关于做人，"求学固然应当专治一门，极深研几，但专知必须先有通识，才能致广大而尽精微，因为先博而后约，其约乃确，不博而约，便是抱残守阙……可见求专才必先作通人，惟有在学术文化的涵泳中，才能了解人生，发扬人格"，"如此则投身社会，才能有特立独行，做群众的模范，为时代之先驱，转移风气，改造社会"，"我国自抗战以至于今，民生日益困苦，道德日益堕落，正需要知识阶级，化民易俗！绝不可随波逐流，与世浮沉……往时学生毕业，我劝他们不可过于狂狷，今日学生毕业，我又劝他们不可过于现实。希望诸君务必有艰苦卓绝的精神，保持光明磊落的人格，以大公至诚的态度，发挥领导群众的作用，以期转移风气，改造社会。那么才能网维人纪，保存国脉"，"世界的和平，也要靠所有的聪明睿哲的学者，求其实现"，"诸君要抒远怀以拓宏犹，励志行以图治平，切不可妄自菲薄"。

马师儒支持学生的进步社团活动。刘季洪当校长时不准成立的学生自治会，在他的支持下于1947年底宣布成立。虽然当局三令五申要求学校加紧对进步学生的控制，西安绥靖公署主任胡宗南还要马师儒立即开除所谓"共党间谍学生"，可他仍然公正开明地保护学生的合法权利。在当局眼里，马师儒有明显的亲共倾向，因而对他严加防范。随着人民解放战争的节节胜利，国民党对国统区的独裁、专制统治更加严厉，马师儒要继续应付这一局面，深感力不从心，遂于1948年9月辞去校长职务，于次年春赴四川大学讲学。

1949年5月西安解放，不久，陕西省立师范专科学校归并国立西北大学教育学系，成立西北大学师范学院。马师儒离开四川回到西安，到师范学院任教。马师儒拥护共产党的领导，1951年，年过花甲的他积极参加土地改革工作团，赴商县参加土改运动。

1954年，西北大学师范学院更名西安师范学院。马师儒遂到该校任教，并担任校务委员会常委、教育研究室主任。在西安师范学院期间，马师儒长期坚持在教学一线。他热爱学生，讲课深入浅出，通俗易懂，善于比喻，受到学生的热情欢迎。他热爱教学工作，认为当老师就应该面向学生，不离讲台，通过自己的教学为祖国培养人才。他经常重写讲稿，给学生讲授教育学、心理学和中外教育史。根据教学实践和教育要求，他补充新观点、新材料，编写《中国近代教育史讲义》，以及《哲学概论》《教育哲学》《中国古代教育史》《外国教育史》等教材和专著。

尽管马师儒曾多次从事学校行政领导工作，但他从没离开过教学。年逾古稀后，西安师范学院的领导劝他停止教学，专业培养助教。他的回答是："我体力确实差了些，但脑子清醒，一定要上课，我情愿倒在讲台上。"这种为教学献身的精神，激励着不少青年教师。其实，在培养助教方面，他有一套独到的指导方法。20 世纪 50 年代，马师儒曾先后带过 4 位助教，他都能根据他们的性格特点、专业特长，来严格要求，耐心指导。4 位助教后来都成为学校教学的骨干力量。

1957 年，马师儒加入中国民主促进会。1963 年，马师儒在西安病逝。2012 年，陕西省委宣传部、省文明办组织编写《陕西精神》丛书，以陕西精神"爱国守信、勤劳质朴、宽厚包容、尚德重礼、务实进取"分 5 册出版，马师儒入选丛书《宽厚包容的陕西人》分册。

【主要参考资料】

[1] 宋志斌：《马师儒的教育思想》，载《大学新闻》1935 年第 3 卷第 6 期。

[2] 青云：《马师儒：海外七年的苦学生涯》，载《大学新闻》1935 年第 3 卷第 11 期。

[3] 罗云：《马师儒长校后的西北大学》，载《长青周报》1948 年第 1 期。

[4] 马师儒：《为学与做人》，载《国立西北大学校刊》1948 年 6 月 15 日。

[5] 王德润、黎顺清：《现代教育家马师儒先生传略》，见《三秦文史》第 2 辑，陕西省文史研究馆，1989 年。

[6] 刘东社、崔锐主编：《陕西简史》第八章第四节"近代陕西的文化"之"培养国脉的马师儒"，三秦出版社，2007 年。

[7]《马师儒——宽以待人严于律己》,见黄留珠主编:《陕西精神·宽厚包容的陕西人》,陕西人民教育出版社,2012年。

[8]高元白:《高元白文存》,商务印书馆,2019年。

[9]艾有为:《"杏坛三杰"聚古城》,见艾有为:《沃土灵秀——陕北人文历史探微》,陕西人民出版社,2021年。

【人物档案】

郝耀东（1891—1969），字照初，陕西长安人。著名教育家，陕西省立师范专科学校首任校长，陕西师范大学教育学、心理学学科奠基人之一。1908年考入西安府实业中学，1914年入上海中国公学大学预科，1916年转入天津北洋大学法科，1920年考取公费留美生，初入美国加利福尼亚大学文学院，后转入斯坦福大学，1924年取得该校硕士学位，同年8月入美国纽约哥伦比亚大学师范学院从事研究工作。1925年8月回国任国立西北大学教授，1930年任安徽大学教育系主任，1938年任西安临时大学（后更名西北联合大学）教授。1944年任陕西省立师范专科学校第一任校长。1948年8月任安徽大学教授，1949年后任西北大学师范学院、西安师范学院、陕西师范大学教授。曾任西安市政协常委、中国民主促进会陕西省委员会常务委员等。

郝耀东：远涉重洋求学　情系桑梓创校

一百年前的 1924 年，风华正茂的郝耀东在大洋彼岸的美国斯坦福大学取得硕士学位。留学期间，他勤思好学，刻苦钻研，开始接触马克思主义，参加爱国政治活动。学成归来，他将半生的时光与精力投入祖国教育事业，满怀着通过教育改造社会、造福人民的教育理想，体验着"得天下英才而教育之"的教师的喜悦，用爱国、敬业、正直、勤奋诠释着教育报国精神。

爱国进步，负笈海外

郝耀东 1891 年农历十二月十一日出生于陕西省长安县杜永村，家中父兄多以种田为生。他从懂事起就为家里放牛羊，为父兄分担家庭生活重担。对农村生活的深切体验，让他对农民的疾苦有直观的了解。9 岁起，郝耀东开始在家乡私塾读书，1904 年就读于咸宁高等小学堂。由于学校离家较远，他每天要背着干粮走几十里路去上学。因为家里穷，被子小，他常用绳子扎住脚下的被子睡觉。由于家庭经济拮据，每到开学向母亲要钱交纳学费时，都要"流许多眼泪"。

1908 年郝耀东考入西安府实业中学。1911 年辛亥革命爆发，陕西的革命志士揭竿而起，积极响应。由于政权更替，学校停办，郝耀东与万千爱国青年一道，投身轰轰烈烈的革命洪流。受时任秦陇复汉军都督府秘书长、实业中学国文老师李元鼎先生的指派，郝耀东在南城门做守卫警戒工作。后被任命为都督府译电员，承担革命电讯的翻译工作。1912 年，郝耀东白天到由李仪祉先生主持的留学预备科（设在三秦公学）学习，晚上翻译电报。1913 年陕西省通过考试选拔留洋学生，郝耀东考取留美的三名正取之一，被派往上海学习英语。1914 年陕西政局有变，陆建章督陕，令未出国者停止出国，郝耀东失去留学机会，遂考入上海吴淞中国公学大学预科学习。1916 年毕业后转入天津北洋大学法科，1920 年毕业后第二次考取留美资格。

1920年冬郝耀东来到美国，先进入加利福尼亚大学文学院学习，后转入斯坦福大学，成为最早赴斯坦福大学攻读的陕西省公费留学生之一。但留学并非一帆风顺，由于当时政府腐败，公费留学生在学习中途被停止费用支持。郝耀东舍不得放弃难得的学习机会，为了解决继续学习和生活的费用，几年夏天他都在一家葡萄园起早贪黑地打工，劳动经常都是一连十几个小时，有时甚至累得睡倒在葡萄树下。

留学期间，郝耀东刻苦努力，广泛涉猎，最高效率地利用有限的学习时间，最大限度地汲取先进知识。在加利福尼亚大学，他师从著名心理学家、"智商之父"刘易斯·推孟。1922年5月，在《教育杂志》上发表《美国陆军用的智力测试法》。1923年10月，在《教育杂志》上推介《考贝来的校长与学校》。通过刻苦努力，1924年，郝耀东在斯坦福大学取得硕士学位，之后在纽约哥伦比亚大学师范学院从事一年研究工作。1924年8月，在《教育杂志》上发表《学校视察与教育政策》，11月初，开始撰写《天才的研究》。1925年1月，《天才的研究》陆续在北京《晨报副刊》上连载。

在美求学期间，有两件事令郝耀东印象最深，一件是开始接触马克思主义，一件是参加爱国政治活动。郝耀东回忆："我初次接触马克思主义是在1921年即中国共产党成立的那一年。这时我在加利福尼亚大学选修了一门课，叫社会经济学。这门课的内容，系研究讨论下列一些问题：圣西门、傅立叶的空想社会主义，马克思的科学社会主义，英国的费边社会主义，等等。这时我初次读到了《共产党宣言》，并深深地相信社会主义最后一定会取代资本主义。但在方法上很欣赏英国的费边社会主义，即不流血的革命。"1921年，郝耀东第一次参加政治活动，当时美、英、中等九国在美国召开华盛顿会议，其中包含要求日本将胶州湾归还给中国的内容。郝耀东在美国西部联合当地的中国留学生，成立"华盛顿会议后援会"，强烈要求日本归还中国领土，并在美国报纸上发表文章（如在旧金山华侨主办的《中西日报》上发表《二十年后之中国》等），进行反日宣传活动。

1925年夏，学有所成的郝耀东踏上回国轮船，准备投身中国的教育事业。

投身师范，立德树人

1925年8月，郝耀东先到家乡的国立西北大学（1926年于右任将之更名为中山学院，1928年冯玉祥又更名为中山大学）任教。1927年，主编《建设》杂志，为惨遭日寇杀害的蔡公时撰写悼文。1930年，中山大学学生罢课，郝耀东到安徽大学任教育系主任。同年在《安徽教育》上发表《吾人应有之努力》。1932年在《东方杂志》上发表《测验运动与定命论》。1933年1月，参加中国教育学会年会，被推举为理事。同年11月在《教育新潮》上发表《教育与人生》。1938年回到西安，入西安临时大学任教授。

早在1932年7月6日，郝耀东就在《大公报》上发表《提议设国立西京大学案》，呼吁在西北设立国立大学，发展高等教育，服务西北发展。1943年下半年，陕西的一些有识之士，预见到抗日战争胜利以后，在陕西各中学任教的许多外省籍教师将大批离陕，所以力促当局建立培养中学师资的高等师范院校，以解决将要面临的中学师资匮乏问题。在此背景下，陕西省立师范专科学校成立，校址选在西安市北城崇廉路37号女子中学校址（今西七路爱知中学）。

1944年7月，郝耀东受陕西省政府之邀担任陕西省立师范专科学校校长。创办之初，房舍简陋，图书、仪器严重不足，师生学习、生活条件非常艰苦，还经常发生学生断炊的情况。据1945年"陕西省立师范专科学校概况调查表"记载，当时师专有教室10间，学生宿舍25间，教职员宿舍30余间，其他用房10余间。另有办公厅1座9间，礼堂1座，操场1个。校园占地约30亩。郝耀东为解决办学面临的各种困难，四处奔波，筹措资金，以维持学校的正常运转。

作为一位学贯中西的教育家，郝耀东办学民主，兼容并蓄，广泛聘请不同学术流派的专家学者来校任教，其中不乏中共地下党员和有进步倾向的教师。建校时师专共设置国文、英文、史地、数学、理化5个科，学制三年，首届招生268人，但专职教师只有7人，郝耀东从西北大学、西北工学院等院校聘请兼职教师任教。1946年，在郝耀东多方游说下，师专购置了北洋工学院西京分院校址约100亩，并修建了181间校舍，办学条件得到一定改善。同年8月，省立师专汉中分校成立，分校开设国文、数学两科，招生 100 多名。学生一、二年级在分校学习，三年级转西安校本部学习。

师专尽管办学条件简陋，师资力量不足，但在郝耀东的带领和影响下，教学质量得到一定保证。1947 年 12 月，师专建校三周年校庆时，西安的《西京日报》推出"师专校庆特刊"，发表郝耀东的《师专三周年》、学校训导处的《师专的校庆》等。

解放战争时期，在国统区的大专院校中，国共两党或秘密或半公开的斗争非常激烈。郝耀东思想开明，虽身为国民党陕西当局委派的校长，但对国民党当局的政治活动并不热心，而是积极参与民主政治活动。1945 年上半年，中共地下党员王维祺主编的进步报纸《文化周报》为弘扬五四精神，抨击国民党的思想控制，推动陕西民主运动，筹备在省立师专召开五四座谈会，国民党当局甚为震惊，派遣特务监视和捣乱。郝耀东顶着强大的政治压力，使会议如期在学校召开。西安名流景梅九、关梦觉、李敷仁等参加会议，郝耀东在会上发表了讲话。

1947 年，西安进步学生"六二"罢课的前夜，国民党当局实行大逮捕，师专有 13 名地下党员和进步学生被捕。当时，郝耀东正带领部分学生在南京实习考察。返校后，他立即和国民党教育当局交涉，营救被捕学生。在各方力量的配合下，学生悉数获释。国民党教育当局令郝耀东在学校成立"锄奸团"以对付共产党，他坚决予以抵制。当局给学校发送的反共传单，他交给有关职员，让其原封不动地保管起来，不予散发。对列入国民党教育当局黑名单的进步学生，只要郝耀东探听到消息，都暗地里通风报信，促其离校，以免遭逮捕。对郝耀东同情进步学生，追求民主、自由的政治态度，国民党当局非常不满，迫使他于 1948 年 8 月辞去师专校长职务，迁任安徽大学教授。

1949 年后，郝耀东在西北大学师范学院、西安师院任教。1960 年西安师院与陕西师院合并成立陕西师范大学，他在教育系任教授直到 1965 年 9 月退休，主讲心理学、儿童心理学、教育学等课程。其间，他还担任中国民主促进会陕西省委员会常务委员、西安市政协常委，参政议政，为社会主义革命和建设进言献策。

"文革"开始后,郝耀东受到迫害,1969年3月在西安逝世。1979年经陕西省委有关领导批示,西安市委统战部召开平反大会为郝耀东昭雪,充分肯定了他热爱教育、献身教育、爱国奋斗的一生。

严谨治学,教育报国

出生于国家任人宰割、饱受欺凌的晦暗年代,郝耀东视教育为救亡图存、改变中国命运的最重要途径,他热爱教育,重视教育,寄厚望于教育,更寄厚望于新的教育。他认为,"个个教育者,都要以复兴民族为己任,不特能坐而言,还要能起而行,先由学风变成士气,再由士气变成民族精神,然后国家才有办法"。他研究和教授的主要学科是教育心理学,但他对当时整个教育事业的发展非常关心,他对教育发展与改革提出的重要理念和精辟见解,至今仍有重要的借鉴意义。《中国教育改造之途径》《吾人应有之努力》《洗心革面的道德教育》等文论中突出体现了他的教育理念,大致可概括为五个方面。

其一,对大教育观的思考。一是强调办教育要符合社会需要。郝耀东分析当时的教育弊病之一,即"设学未根据社会需要","往往有学校的地方,招不下学生,有学生的地方,没有可人的学校。且社会所需要的人才,学校没有培养,学校所制造的出品,社会上无人过问"。"学校中所学的东西,常与社会上的需要不相应。学生在校读书是一事,毕业后在社会上服务又是一事,两者常不相关;甚至有学校毕业生出去做事反不如未入校的人优良,言之殊可浩叹"。二是强调包括学校教育、家庭教育、社会教育在内的广义教育,并提出"社会改造应与教育改造同时并进"。他说教育的目标,在于改善人生。而人生不能离开社会,故教育的改造需要同社会的改造结合起来,"生产事业与生产教育须同时并进"。同时,他还提出要革除读书为官的旧思想,提倡职业平等。"教育的范围很大,不仅包括学校。在家庭有家庭教育,在社会有社会教育。"他十分重视社会环境在品格陶冶上的影响,强调"近朱者赤,近墨者黑""蓬生麻中,不扶自直"。他还提出,教育既包括正规的学历教育,也包括非正式教育，后者所需费用有限，而实际效果有时较狭义的学历教育力量为大。"要使教育的效果充分体现，此不可不注意。"

其二，对培养全面发展的人才的高度重视。郝耀东认为培养学生的健全体格、自治能力、公平竞胜、科学方法、致用学问，是"我们最应当注意的，如果样样能办到，不特可使教育发达，中国富强的基础即在于此"。在《吾人应有之努力》中，他针对当时教育发展与人才培养现状，特别指出应着力培养学生的五种品质，包括健全体格、培养自治能力、讲求公平竞争、培养科学的学习方法和创造精神、重视学以致用。

郝耀东特别强调健全体格，大力倡导健康卫生的生活方式并身体力行，他在做师专校长时，每天天不亮就赶到学校和学生一起做晨操。对西方人蔑称中国人为"东亚病夫"，郝耀东怀有切肤之痛，他认为："有了健全的体格，然后才有健全的思想，才可做惊人的事业……假设我们每个人对于体格的健全，都不讲究，都是气息奄奄，国家焉得不病？怎么还能讲打倒帝国主义？"他注重培养学生的自我管理能力和公平竞争意识，认为"有自治才能有自由，不能自治，就不能自由"，"竞争须依顺轨道，须用正当方法。竞争果得其道，竞争就是进化之母，争之不以其道，竞争即是祸乱之媒。中国向来讲礼让而不讲竞争，可是到底怎么样呢？人人讲礼而礼等于废纸，人人讲让而不肯放松丝毫。礼让其名，争夺其实，所异者竞争不在青天白日之下，而在暮夜暗昧之中"。他注重培养科学的学习方法与创造精神，认为教育有两种目的，一是传承延续过去的知识，一是创造新的知识。他认为，中国教育向来偏重读书"述而不作，信而好古"，"学生但知道把讲义书本记得很熟，那就算职责已尽，至于知识的来源、学习的方法、研究的路径等，不特学生不过问，教师亦未尝计及"，"学生但知其然而不知其所以然，但知道科学之内容而不知道掌握科学之方法。常此不改，恐中国学术永无独立之望"。他强调要"使因袭之教育，变为创作之教育"。要求教师在传授知识的同时，要帮助学生"掌握演绎、归纳、观察、实验等求知方法。只有掌握了求知方法，才可能实现创新，真正实现教育的价值"。他积极主张扩充学校图书及实验设备等，以培养学生独立研究之能力。

他还提出"于经师人师之外，还要以自然为师，要培养学生应对环境的能力"。关于重视致用学问，他认为："中国教育向来偏重文字理论方面，而对于实际应用方面多不注意，不特在科举时代为然，即现在学校，亦常犯此毛病，如农学校毕业的学生，出去不会务农，商学校毕业的学生，出去不会经商。""因为所学非所能，故不能尽其所长，徒耗光阴，一无成就。因为所学非所用，故不能适应社会之需要。"。

其三，对提高教育质量的高度重视。针对当时存在的国人所称之学校滥、办学之人滥、师资滥、教材滥、招生滥、升学滥的"六滥"现象，他认为这样的教育不能让人满意，"学生本身亦往往感学校教育，徒耗光阴，无裨实用。在学校肄业数年，出校时仍不免空疏与茫然，不易找到胜任愉快之职业"。郝耀东特别强调把提高教育的质量放在首要位置，"中国教育，向来偏重量的方面，所以政府当局要学校数目多，学校当局要学生数目多。至于学校学习科目的内容，学生的学习程度，都有时不能顾及"，所以"普及"变成"粗制滥造"，"要矫正这个毛病，须质量兼顾，应先于质上求充实，然后再从量上求扩充"。在教学方法上，强调因材施教。详细介绍心理学等方面的研究成果，认为由于每个人的先天条件和后天的环境与经历不同，学习者的智慧、情绪、性格、志趣爱好等等是有差异的。要针对生理和心理等方面的差异进行教学，学生才会有学习的兴趣和上进的信心，才能获得"事半功倍"甚至"起死回生"的效果，认为"这是教育获得成功的前提"。为了提高和评估教学效果，他注意通过测验等方法了解学生的差异，并注意测验量表、测量方法的改进。

其四，对道德品格教育的特别强调。郝耀东常常说："中国之教育目的，品格陶冶要较知识灌输为重。"在《洗心革面的道德教育》中，他特别强调道德教育的重要性。"道德教育问题关系民族复兴前途至为重要"，"一个民族要在国际上争自由平等，其仰赖于国民的道德品格较知识技能为大"。当时正是抗日战争时期，他说："当这山河破碎危急存亡之际，培养精神抗战力量，实较物质为重要。有了抗战的决心，自信的勇气，虽武器不如人，有时还可以少胜多，以弱制强"，"国民道德品性的修养，不特影响民族的盛衰存亡，对个人前途的发展，亦较知识技能为重要"。

郝耀东分析当时"国民道德堕落的原因"，认为主要有五：一是缺乏健全的人生理想或信念。二是"道德的鹄的过高渐养成社会上言行不相顾的虚伪习惯"，"陈义过高，近于作伪，所以不言利而利较锱铢，不言争而争于暧昧。公私人我之界限未分，权利义务之观念不明。于是糊涂、因循、苟且、麻木，由伪的道德变成一个伪的社会"。三是当局不能以身作则，徒以言教而不能以行教。所谓"其身不正，虽令不从"。四是训练的方法不符合学习心理与教育规律。五是忽略环境的诱因，"国民道德的形成，其构成因素往往为多方面的，训练的责任，绝非某一方面（如学校、家庭或社会）所能担负"。

针对这五个方面的原因和问题，郝耀东提出了具体的教育对策。例如，他认为道德教育不能只凭知识道理的灌输，更要身体力行，强调言教不如身教，宣传不如力行，"潜移默化的力量，实远过于耳提面命的力量"。他赞赏《学记》《孟子》等传统经典中春风化雨式的启发教化。他强调对学生要多诱导与鼓励，少惩罚，并要从不同学生的实际出发，在可能产生问题的方面，要防微杜渐，防患于未然；对学生表现出好的品德方面，要多加鼓励启迪，培养他们向善的兴趣和品格。他还强调注意情感教育，"在产生行为的原动力上，情常较知重要，'知之者不如好之者，好之者不如乐之者'"，要帮助学生把良好的品格自觉训练成具体的行动和优良的习惯。

其五，对教育与生产劳动相结合的重视。郝耀东在《中国教育改造之途径》《吾人应有之努力》等文中，鲜明地表达了自己反对"学而优则仕"、支持职业平等的理念。他指出："中国社会构造，向分为士农工商四种人民，但教育则限于士大夫阶级。所谓学就是学做官，所谓教育，就是教育统治人才。读书以外无学问，做官以外无事业。农工商等不过视作生产工具，为被统治阶级。读书人是'君子大人'，劳心的，治人的，吃现成饭的。农工商是'小人野人'，劳力的，被人治的，供给人的……'劳心者治人，劳力者治于人'。"他认为，这种读书不事生产的传统思想，是当时中国教育失败的重要原因，他主张革除这种旧的传统观念，注意教育与生产劳动的结合。

教育科学是郝耀东毕生学习、传授、宣传和实践的专业领域，实事求是的精神和严谨治学的态度贯穿于始终。《天才的研究》一文是他在哥伦比亚大学时所做综述，全文不过14000字，却涉及相关学者40多位，案例26个，参考专著27本，测量方法近10种，全面地展示了当时世界上关于天才研究的主要观点、逻辑脉络与重要案例；在《学校视察与教育政策》一文中，他详细阐述了学校视察的科学方法和具体操作，这篇登载于百年前商务印书馆《教育杂志》的文献，是我国教育研究领域运用调查研究方法难能可贵的早期重要著作，也是研究我国视学督导制度发展的重要参考文献，体现了他对学校督导工作细致周密的设计、对调查研究工作的严格要求和对教育事业高度负责的品格。诸如此类注重调查研究、注重实证的科学研究方法和严谨的治学态度的例子在他的研究成果中不胜枚举。

郝耀东对子女的教育从不夸夸其谈，而是以身作则，不是施加学习压力，而是自己常常伏案读书备课至夜半。郝耀东的子女多投身于教育事业，儿子郝克刚在计算机科学领域深耕，被授予陕西省有突出贡献专家称号，曾任西北大学校长等；女儿郝克明是中国教育发展战略研究会、中国教育发展战略学会和国家教育发展研究中心的创始人，是我国教育科学领域具有较高学术地位和威望的资深学者。

郝耀东曾在《一个教师的人生观》中，倡导教师从困苦中求快乐，在失败中求成功，在服务中求满足，这也是他本人修身的原则。作为著名教育家，郝耀东担负起那个时期的历史重任，为中国现代教育事业的建设、发展做出了卓越贡献。

【主要参考资料】

[1] 杨克勇：《我校的第一任校长》，载《陕西师大报》2003年3月15日。

[2] 郝耀东：《郝耀东先生论著译著选编》，陕西师范大学出版总社，2015年。

[3] 舒跃育、赵梓溢：《郝耀东：情系西北高等教育与心理学科》，载《中国社会科学报》2018年10月15日。

【人物档案】

郑伯奇（1895—1979），名隆谨、隆奇，字伯奇，陕西长安人。中国现代文学史上著名的电影剧作家、小说家、文艺理论家，左翼文学运动的开创者之一，陕西省立师范专科学校国文科首任主任。1910年加入同盟会。1917年负笈东瀛，先后入东京第一高等学校、京都第三高等学校、京都帝国大学学习。1921年与郭沫若、郁达夫、成仿吾等发起成立创造社。后参加中国左翼作家联盟，为七常委之一。1926年任广州中山大学教授、黄埔军校政治教官。1928年任上海艺术大学教授、艺术剧社社长。抗战期间，先到西安编辑《救亡》周刊，后赴重庆任职郭沫若主持的文化工作委员会。1949年后，先后任西北军政委员会文化教育委员会委员、西北文联副主席等。在诗歌、小说、戏剧和电影创作以及文学批评和文学理论建设等方面均有建树，编选《中国新文学大系·小说三集》。

郑伯奇：创造社元老与国文科主任

作为创造社元老，郑伯奇闻名遐迩，四海皆知。但其作为陕西师范大学中文系的奠基人，却散于烟云，鲜为人知。1944 年，陕西师范大学的前身陕西省立师范专科学校创建，郑伯奇受同乡校长郝耀东邀请，出任国文科主任，由此成为陕西师范大学中国语言文学学科的开创者、奠基人。在八十年的办学历程中，陕西师范大学中文学科汇聚了郑伯奇、高元白、霍松林、马家骏等一大批蜚声中外的专家学者，形成了悠久深厚的学术传统，在前辈学人奠定的坚实基础上，逐步成为雄踞西北的中国语言文学研究重镇。

动荡岁月中的求学生涯

1895 年，郑伯奇出生于陕西省长安县的一个小商人家庭。1903 年秋，9 岁的郑伯奇进入西安甘园学堂读书。郑伯奇在《我的文学经历》中写道："这是西安最早的小学校，教学方法很新，如教数理化，教外国地理，而不注重读经，不讲究写字，但偏重背诵，仍然是注入式教学法。"在此期间，随着识字渐多，郑伯奇读了不少中国古典话本小说。时常赴外经商的父亲从上海、汉口等地带回宣传改良的书刊成为郑伯奇课余耽迷的读物。郑伯奇后来回忆说，父亲带回的那些《新民丛报》，使他接受了最初的爱国主义教育。

小学毕业后，郑伯奇于 1909 年考入西安城郊的陕西省会农业学堂农业科学习。同学中，郑伯奇虽然年龄最小，但却聪明好学、谦和笃信，深为师生喜爱。在学校设立的课程之外，渴求知识的郑伯奇多方搜求阅读其他书籍，尤其关注人物传记（如《俾斯麦传》等），通过阅读名人传记，郑伯奇增长了学识，也逐渐确立了不甘平庸的人生志向。农业学堂是一所新办学校，师资力量很弱，教学方法落后，教学质量不高。对此，学生们表示不满，屡次与校方交涉，但诉求得不到有效回应。

1910年夏，学生们终因积怨日深而愤起罢课。农业学堂的罢课行动很快得到当地其他学校学生的同情和响应，形成一场声势浩大的西安学生罢课运动。这场学生运动反对的是清政府腐败落后的教育制度，包含着对清王朝腐朽没落的不满，得到当地社会开明人士的同情和反清革命党人的支持。持续将近两个月后，罢课运动以执政当局接受学生要求、撤换不学无术的教员、部分改善学生生活而结束。年少的郑伯奇参加了这场学运，在这次斗争中受到了锻炼，开阔了眼界，还结识了革命党人。学运过后不久，郑伯奇便经人介绍加入反清革命组织同盟会。罢课学运的经历，是郑伯奇投身中国社会革命事业的起步。

1911年春，同盟会在广州起义，远在西安的郑伯奇对此非常关注。起义失败后，牺牲的72位革命党人成为郑伯奇心中的英雄。同年10月，革命党人发动武昌起义，陕西革命党人响应，在西安发动武装起义，很快取得成功，建立军政府。郑伯奇虽然未能直接参加武装战斗，但被吸收参加革命军政府的外交部工作，随后参加革命军为培养军事干部而举办的"学生队"组织。但该组织很快解散，郑伯奇回家闲居。很快经朋友介绍，郑伯奇加入陕西的另一支革命军部队。1912年，南北和议告成，陕西战事结束，郑伯奇再次归家。

1912年夏，郑伯奇随前往上海经商的父亲抵达南京，进入民国大学政治科学习。次年，"二次革命"爆发，复辟军围攻南京，民国大学解散。郑伯奇转赴上海，考入震旦学院预备班继续学业。这是一所法国人兴办的教会学校，郑伯奇在这里进一步接触到西方现代文化知识，开始学习法国文学，前后经过两年多时光。求学期间，除学识有所增长之外，有两件事对他以后的人生道路产生了重要影响：一是开始对文学产生兴趣，"对法国文学的爱好，是我在震旦读书的时候，已经早种下了根"。二是结识了曾琦、左舜生、李璜、黄仲苏等一些志同道合的朋友。这些朋友对郑伯奇此后的海外求学、组织文学团体、开展文学创作、参加文学运动等产生了直接的影响。为此，"学校对我虽有免费升学和将来派送法国的优厚条件，也不能动摇我的决心"，郑伯奇这个决心就是放弃这所充满教会气息、充斥"恶劣空气"的学校，不再读其"高级班"，而是转回故乡另谋生路。

返回西安时间不长，郑伯奇就接连收到先期赴日本留学的曾琦的来信，劝他也到日本求学。当时许多有志青年，都把出洋留学作为学习现代文化知识、寻找救国救民真理的一条途径。郑伯奇也有这种想法。为此，郑伯奇于1917年秋考入第一高等学校预科取得官费生的资格；次年预科毕业，被分配到京都第三高等学校文科；毕业后于1922年考入京都帝国大学的文学部哲学科，主修心理学专业，直到1926年夏回国（1921年夏、1923年秋冬曾短暂回国）。郑伯奇在日本度过了将近十年的留学岁月。

创造社元老与左联常委

在日本留学期间，与少年中国学会的交往是郑伯奇的重要活动之一。少年中国学会是由李大钊、王光祈、李璜、曾琦、左舜生等创办的一个新文化团体，1919年7月成立，先后出版《少年中国》《少年世界》会刊。少年中国学会是推动中国现代五四新文化运动的著名团体之一，不少中国现代史上的著名人物如张闻天、毛泽东、恽代英、田汉、宗白华等，都曾加入该学会。1924年5月停止活动。郑伯奇在上海便与曾琦、李璜等为好友，自然成为学会的第一批会员。1919—1921年，郑伯奇为《少年中国》《少年世界》提供过10余篇文稿，其中有他的早期新诗作品，有介绍异域学术情况的文章，还有与学会会员的通信及关于学会建设的建议等。就是在参加创造社后，郑伯奇仍为《少年中国》提供过有关日本社会情况的通讯报道。郑伯奇是学会的积极参与者之一，这段经历对其思想发展产生了积极的推动作用。

郑伯奇到日本进入第一高等学校预科后，开始有系统地阅读文学书籍，如日本文学理论家厨川白村的文学论著、挪威易卜生的戏剧和一些自然主义小说等。在此期间，经曾琦、左舜生介绍，他结识了郭沫若、田汉。1921年6月，郑伯奇在京都与神交已久的郭沫若相见。郭沫若后来在《创造十年》中提到这次会晤："他和我虽通过很久的信，但是初次见面，他信上写的字迹异常纤细，就像姑娘们的笔迹一样，哪知一看见他才是一个矩形的面孔，身子比我还高，我觉得他可以称为东方的兴登堡。"

创造社酝酿期间，曾有三个中心：一是东京，郁达夫、成仿吾、张资平；一是京都，郑伯奇；一是福冈，郭沫若。1921年7月，郭沫若、成仿吾、郁达夫、张资平、田汉、郑伯奇等中国新文化运动的健将，共同发起成立创造社。作为五四新文化运动最早的文学团体之一，创造社以其独特的文学主张和锋芒毕露的文学活动，深度参与现代中国文化的构建，成为百年中国文学史的重要篇章。在创造社期间，郑伯奇除协助郭沫若编辑《创造季刊》和"创造社丛书"之外，还以"东山"等笔名或真名创作了小说《最初之课》、诗歌《梅雨》《拜月词》《断章》《无题》《蝴蝶儿和百合》《问月》等，翻译了《鲁森堡之一夜》（法国葛尔孟）等。可以说，郑伯奇作为主要发起人，与郭沫若、成仿吾、郁达夫等共同"打响了创造社的号炮，举起了创造社的旗帜"。1921年9月29日，上海《时事新报》刊载《文学季刊〈创造〉出版预告》，郑伯奇被列为七位创造社同人之一、创造社发起人之一。

1921年8月，原本为参加少年中国学会年会，郑伯奇抵达上海。但抵沪的另一个目的，是协助郭沫若、郁达夫筹划创造社丛书和刊物《创造》（季刊）的出版。停留时间不长，郑伯奇即返回京都。1923年下半年，郑伯奇再次回国，更多地了解了中国社会现实。1924年初重赴日本后，他"逐渐感觉到社会变革的必然性和中国革命的前途"。当时的日本对马列主义学说的研究和传播出现热潮。在为《新闻报》撰写通讯而大量阅读报纸杂志时，郑伯奇更多地研读了日本流行的社会主义书刊（如山川均的《社会主义思想》、河上肇的《社会问题研究》等），加深了对社会主义学说的理解，增强了对社会主义革命前途的信念。有了这样的思想基础，在国内大革命运动蓬勃高涨的感召下，郑伯奇于1926年夏回到广州，以极大热情投入革命运动。

1926年冬，为处理留学期间的遗留事宜，郑伯奇再赴日本。仍在日本留学、原本就与创造社有联系的李初梨、冯乃超等来看望他，提出"希望创造社转变方向，提倡无产阶级文学"。1927年初，郑伯奇返回广州，向成仿吾传达了李初梨等人的建议，又与成仿吾等一起做出创造社撤离广州、重返上海的决定。1927年4月底到7月底，郑伯奇、王独清、成仿吾等先后抵沪，创造社成功转移。后来，由于郁达夫的退出，郭沫若、成仿吾的相继出国，郑伯奇成为后期创造社的主要负责人之一。作为主管日常事务的"总务委员"，郑伯奇为维持后期创造社的活动，尤其对支持创造社倡导无产阶级革命文学运动付出了许多心血。他主编《文艺周刊》，而"上海咖啡馆""江南书局"等创造社防备政府迫害的"二线"机构，几乎全赖其奔走经营。

关于创造社阶段的郑伯奇，陕西师大教授、原国际汉学院院长陈学超说："中国现代文学中有两个人非常重要却被忽略，其中一个是文学研究会的郑振铎，另一个则是创造社的郑伯奇，'二郑'都是诚实而谦逊的文坛组织者。当一个文坛的组织者往往应具备一些专门的素质，首先他们一般是少年就热爱文学，有文学才华；其次，他们往往很快就在新文学运动中接近那些先驱者，参加最初的文学社团发起工作；再次，作为一个组织者，往往需要有很大的亲和力、感召力，能和各方面的人处好关系；最后，做这样的文坛组织者，要有激情，有家国情怀，有领导能力。可以说，没有郑振铎先生就没有文学研究会，而没有郑伯奇先生就没有创造社。"

1927年大革命失败后，许多作家汇聚上海。鉴于此，郑伯奇和部分创造社成员产生了新的设想，就是"大家联合起来，共同办一个刊物，提倡新的文学运动"，这样做"一定会发生相当大的影响"，"为迎接将来的革命高潮准备条件"。随后，郑伯奇即与由广州返回上海的鲁迅进行接洽，促成以鲁迅和郭沫若（化名麦克昂）为首、共有30位作家署名的《〈创造周报〉复活启事》公开发表。1930年初，郑伯奇作为创造社的代表，被革命政党选为中国左翼作家联盟（简称"左联"）的12位筹备者之一。左联成立后，郑伯奇被选入由鲁迅等7人组成的常务委员会，成为左联早期的领导人之一。为此，南京大学王彬彬教授说：通过史料的辨析可以发现，创造社诸人里，是由郑伯奇最早提出联合鲁迅的想法，只是到了1949年以后，才由郭沫若取代了郑伯奇最早倡议者的位置。

1928年中期，郑伯奇和冯乃超、沈起予等开始提倡无产阶级革命戏剧运动。他们认为，戏剧是一种以表演为主的艺术，即使观众只字不识，也可以眼看耳听舞台上的表演、对白，了解剧作内容，接受宣传教育。而革命作家完全可以通过戏剧，使革命文学作品与工农群众发生联系，向群众宣传革命道理和方法，给群众以教育和慰藉。随着无产阶级革命文化运动的发展，左翼作家进入电影领地。创造社被查封后的1929年秋，中国第一个无产阶级革命戏剧团体"上海艺术剧社"成立，郑伯奇被推举担任社长。在左联设立的第一个电影小组中，郑伯奇是最早成员之一，也是主要负责人之一。1929年任上海良友图书公司编辑后，郑伯奇先后主编《世界画报》《电影画报》《新小说》等刊物。

郑伯奇谦逊、宽容、博大，亲和力强，是中国现代文学史上举足轻重的文学组织者。上海左联纪念馆俞宽宏先生说："郑先生至少在1928—1930年是在上海的四川北路进行活动的。在这段时间里，在郑先生生活的地方集中了大量的左翼文化人，有很多的左翼出版书店，实际上形成了一个左翼文化运动中心。他自始至终参与了整个革命文学运动的过程，对左翼文化运动起了很大的推动作用。"郑伯奇对左翼戏剧运动的发展也起了很重要的推动作用，其开创性意义体现在两个方面：其一，领导上海艺术剧社首次举行了公演活动；其二，创办了《沙仑》和《艺术》两个月刊。同时，郑伯奇和阿英、夏衍合作成立电影小组，引介了不同于美国电影理论的苏联左翼电影理论，为左翼电影的发展做出了很大贡献。

1937年全面抗战爆发后，郑伯奇回到西安，主持《每周文艺》，与徐彬如合编《救亡》周刊。1938年冬赴重庆，在郭沫若领导的文化工作委员会任委员，同时任上海杂志公司《每月文库》的编辑。1943年因父亲病重返回西安，继续以文学和教育为业。1949年后，郑伯奇先后任西北军政委员会文化教育委员会委员、西北文联副主席、陕西省文联副主席、中国作家协会西安分会副主席等，是陕西省第一、二、三届人大代表，政协陕西省第四届委员会委员。1979年1月，郑伯奇在西安病逝。

献身革命文艺的文学创作

中国作家协会副主席、书记处书记阎晶明在总结郑伯奇的独特研究价值时说："郑伯奇的文学活动从五四开始，可以说是步鲁迅的后尘，同时又与郭沫若、郁达夫等风云人物同步，都有着家国情怀与文学情怀兼具的典型特征。郑伯奇的独特研究价值在于，他是贯穿了中国现代文学史各重要时期的人物，并且在学术研究、小说创作、戏剧运动、文学翻译等多方面均有所成就。"

郑伯奇的笔名有东山、何大白、虚舟、席耐芳、郑君平等。1920年春，郑伯奇的诗歌《别后》在《少年中国》发表。这是他的新诗处女作，也是他的第一篇新文学作品。《别后》之后，郑伯奇的新诗《落梅》《赠台湾的朋友》在《少年中国》刊出。此后，在《创造》季刊第3期上发表新诗《梅雨》《断章》《无题》《问月》等。这些新诗或借景抒情，或托物言志，篇幅短小，文辞清丽朴实，流泻着比较浓重的哀伤忧愁情调。据说郭沫若曾指出，郑伯奇的诗作有感伤主义倾向；穆木天也劝郑"不要作诗"，因为其"感情不够丰富"。他也对自己的诗作"常自憾有辞不副意之弊"，后来就不再作诗。

郑伯奇的小说主要有创作于20世纪二三十年代的16部短篇，小说突出反帝主题，文体上多用对话体，有明显的情节小说、人物小说的倾向。《最初之课》是郑伯奇的第一篇小说作品，主要描写中国留学生因国家贫穷衰弱，在日本备受侮慢凌辱的经历和郁闷愤恨的心情。这篇小说具有明显的爱国主义思想主题，情节平凡，但结构紧凑，选择讲述的事件富有典型性，对特定环境和人物形象的刻画简明生动，语言文辞朴实流畅。虽然小说在主要人物性格的展示上不免粗糙薄弱，但仍不失为闪烁着现实主义光彩的出色作品。郑伯奇在后期创造社的小说有《帝国的荣光》一篇。

创造社时期，郑伯奇同时开展文学评论创作。还在郭沫若《女神》发行之初，郑伯奇就在郑振铎主编的《时事新报·学灯》上发表评介文章。那时"评介作品的文章似乎还不大流行"，故郑伯奇可称为创建新文学批评的先行者之一。不过使文坛真正注意到郑伯奇的文学批评，还是1923年底接连发表的两篇评论《新文学之警钟》和《国民文学论》。《新文学之警钟》主要不满新文坛当时出现的模仿泰戈尔诗歌及日本和歌俳句而写作"小诗"、蹈袭"礼拜六"派旧套写作恋爱小说等现象，认为这是"新文学的真正的最大的危机"，"奉劝新文坛的作者""真切地体验现实的社会生活"。《国民文学论》对新文学运动的发展方向和使命提出了与众不同的主张。在郑伯奇看来，当时的新文学运动已陷入"暮气深沉、日趋衰运"的境况，要想避免继续"堕落"，就"应该认定新文学的使命"，"决定新文学应走的方向"。"方向"则是"国民文学"，"用深刻而富于同情的文字"，表现真实的国民生活、热烈的国民感情、深刻的国民意识，并勇于批评不合理的社会现实。《革命文学的战野》（发表于1928年《畸形》第2号，署名何大白）是郑伯奇在后期创造社主要的文学评论，集中代表了郑伯奇此时的文学思想。这篇评论的中心论题，是阐述革命文学"要用争斗的方式取一切既成的文学而代之"，主张"一切艺术的武器都是普罗勒特利亚的斗争的武器。一切既成文学的形式都是普罗勒特利亚文学——革命文学应当夺取而且利用的武器"。

出于对自己倡导的无产阶级革命戏剧运动的身体力行，郑伯奇在1928年之后几年主要从事话剧创作，先后完成剧作六部：《危机》《抗争》《合欢树下》《佳期》是独幕剧，《牺牲》《轨道》是三幕剧。《轨道》是无产阶级革命戏剧运动口号提出后第一部多幕剧作，尽管存在这样那样的缺点，毕竟为开拓中国戏剧新方向、新道路铺垫了最初的基石。写作剧本之外，郑伯奇还介绍外国的戏剧理论和演剧经验。例如其《东京观剧印象记》，除介绍剧情和表演艺术外，还介绍了异域的剧场、舞台美术及灯光运用等。

左联时期，郑伯奇以更高的热情投入革命文艺运动，积极倡导革命文艺的大众化、通俗化，并在这一时期陆续出版了中篇小说《宽城子大将》、短篇小说集《打火机》《墙头小说集》和文艺杂论集《两栖集》《参差集》等。郑伯奇的《中国新文学大系·小说三集》导言，洋洋2万余字，对创造社做了比较全面、公允的分析和评价。他分析创造社的作家倾向浪漫主义的三点原因：第一，是对国内外社会现实厌倦憎恶，坚强了他们的反抗心情；第二，未回国前对祖国悲哀怀念，回国以后的失望变成悲愤激越；第三，外国思想的影响。正因为分析中肯，上述观点常常被一些文学史著作所引用。难能可贵的是，郑伯奇还对创造社诸作家和作品进行了评论，如：郭沫若、郁达夫、张资平、成仿吾以及陶晶孙、方光焘、周全平、淦女士、敬隐渔等人的小说；郭沫若、王独清、穆木天、冯乃超等人的诗；田汉、郭沫若、李初梨的戏剧；成仿吾、郭沫若的评论；郁达夫、郭沫若的散文；等等。

郑伯奇长期从事编辑出版工作，先后主编或参与编辑创造社的《创造日》《创造周报》、左联的《文艺生活》，以及《世界画报》《电影画报》《新小说》《救亡日报》《救亡》《每月文库》等。

人民文学出版社编审、《新文学史料》主编郭娟指出：郑伯奇先生是一个中国现当代历史上贯穿性的人物，这种贯穿性是与新文学的起点同步伐、同水平的。他是创造社的元老，左联的七常委之一，是夏衍等左翼文人眼中的前辈和长者。郑伯奇是一个没有门户之见，诚实谦逊又拙于言辞的人。在创造社同人中，与鲁迅的关系仅次于郁达夫，他尊敬鲁迅，也赢得了鲁迅的信任；赵家璧也视郑伯奇为自己的良师益友，"文革"时为其仗义执言，后来更是为编校他的文集而呕心沥血。郑伯奇的老友郭沫若，也称赞郑伯奇重情义，非常谦逊。他以诚待人，凭借其知识与人品和左联的同志们一道开创了20世纪30年代中国电影轰轰烈烈的局面。

陕西省立师专的国文科主任

郑伯奇与高校结缘，始于创造社后期。1926年夏，郑伯奇接受郭沫若的邀请，离开日本赴广州就任广东中山大学教授。不久，又经恽代英举荐，出任黄埔军校入伍生部政治教官。1928年任上海艺术大学教授、艺术剧社社长。在此前后，主持创造社后期工作的郑伯奇促成创造社与上海艺术大学的一度合作，负责讲授部分文学课程。

创造社与陕西师大有着深厚的历史渊源。1944年陕西师大前身陕西省立师范专科学校创建，郑伯奇出任学校国文科主任，由此成为陕西师大中国语言文学学科的奠基人，为陕西师大文学院的发展、中文学科的发展做出了开创性、历史性的卓越贡献。对于这段经历，郑伯奇的回忆是："一九四三年冬，因父亲重病，我回到西安。次年，陕西省立师范专科学校成立，我被聘任国文系主任。一九四五年，为《秦风·工商》联合版编辑副刊《每周文艺》（即《秦风日报》和《工商日报》联合版副刊《每周文艺》），提倡文艺大众化，搜集民间文艺。共出五十二期，因《秦风·工商》联合版被捣毁而停刊。"

可以看出，郑伯奇这段回忆文字的重心还在期刊编辑、文学活动，这可能与回忆录的主线有关。当时的学生、后任陕西师大文学院教授，现年逾90岁的马家骏回忆道："1946年在汉中成立了陕西省立师范专科学校陕南分校。我1949年考入分校国文科。……我读一年级的第二学期，郑伯奇先生给我班继续讲文艺理论课。……我参考了老班同学的笔记，见到郑先生以毛泽东《在延安文艺座谈会上的讲话》为根据，讲了文艺战线是党领导下的和武装军队开展的军事战线一样重要的两翼之一，讲了文艺为工农兵服务的革命方向，讲了作家要全身心地、无条件地和劳动大众相结合等。……听课的第二学期，郑先生接续着上学期，讲文艺的普及与提高，使我懂得了文学要在提高指导下向人民大众、向工农兵普及革命的文艺，在此基础上还要沿着革命路线去提高他们。""郑先生还讲了文艺的批评标准等。……二年级的上学期,郑伯奇先生给我们班开设中国现代文学课。他本人就是现代文学的参加者,因此讲起来,如数家珍。他讲鲁迅的小说和杂文,并引用毛泽东主席在《新民主主义论》中对鲁迅的评价,说他是文化革命的主将,不但是伟大的文学家,而且是伟大的思想家和革命家。他讲郭沫若的诗歌,说郭沫若高歌猛进,歌唱民主自由,充满浪漫主义精神,非常豪放,气势宏伟。""郑先生谈到他在日本留学的时候郭沫若找他商量成立创造社的事,他和鲁迅、茅盾三人讨论为《中国新文学大系》小说卷三卷写前言的事等。"马家骏还说:"近七十年过去了,郑先生讲课的具体内容,已记不清了,但他讲课时喜气洋洋的神采至今还在头脑中闪现。""可惜,郑先生的课,只讲到 20 世纪 30 年代左联时期,就调到西北文联当专业作家去了。1958 年,中文系请郑伯奇先生到联合教室做关于创造社的报告。此后,我就没有再见过郑先生了。我是郑先生教过的最后一届学生,也许是听过他系统讲课的仅存者。现在,恍如隔世。"

马家骏教授说:"郑伯奇先生的教学对我产生了影响,我 1953 年毕业后留校任教,到中国现代文学教研组工作。""我就按郑先生的教导:贯彻马克思列宁主义、毛泽东思想,实事求是地从文学作家作品的实际出发去客观地评价,而不是按个人主观的好恶去评头论足,也不是按照既定的框框去套,对作品既要深入细致地作微观发掘,又要高屋建瓴地作宏观概括。"

2019 年是郑伯奇逝世四十周年。12 月 14 日,陕西师范大学文学院、人文社科高等研究院联合《新文学史料》杂志社举行"创造人生——纪念郑伯奇先生逝世四十周年"座谈会。座谈会上,陕西师大副校长任晓伟说:"郑伯奇先生一生身处跌宕而充满历史剧变的环境中,既参加过旧民主主义革命,又大力推进了五四文学、左翼文学、抗战文学和新中国文学的建设和发展,为中国共产党领导的新民主主义文化建设、社会主义文化建设做出了重要的贡献。"中国作家协会副主席阎晶明说:"挖掘郑伯奇留给我们的丰厚资源,确立和强化郑伯奇与陕西师范大学在建校渊源上的联系，是我们陕西师大学者义不容辞的职责，这既有助于大学人文传统的建立，也有助于对郑伯奇这个作家自身的深入研究。同时，郑伯奇先生的经历，可以将陕西师大、西北大学、陕西省作协等陕西几个重要的文学机构联系起来，这个课题也值得我们陕西学者深入挖掘。"

"紫阁之东绣岭西，一峰突起见雄奇。匡时远访维新策，振艺高悬创造旗。祸国群妖成粪土，催花春雨落珠玑。馀生待读河清颂，彩笔忽抛泪满衣。"这是1979年二三月间霍松林先生创作的七律《挽郑伯奇》。对于首联，霍氏自注"郑伯奇，长安人，终南山紫阁峰在长安西，骊山东西绣岭在长安东"，从而将生于长安的郑伯奇喻为雄奇的高峰。颔联讲郑伯奇远游日本，发起创造社。尾联情感深厚，饱含惋惜之意。陕西师范大学作为西北地区唯一的教育部直属师范大学、世界一流学科建设高校，历经八十载峥嵘岁月、几代人薪火相传，积淀了优秀的人文教育传统和浓厚的文化学术氛围。如今，陕西师大中国语言文学学科入选世界一流学科建设行列，这是由郑伯奇等老一辈人创设的学科经过八十年奋进发展的结果。

【主要参考资料】

[1] 武德运：《郑伯奇在文学史上的地位和贡献》，载《西北大学学报》1991年第2期。

[2] 郑伯奇：《我的文学经历》，载《新文学史料》1995年第3期。

[3] 赵学勇、吕惠静：《郑伯奇与新文学的大众化》，载《新文学史料》1995年第3期。

[4] 陈青生：《创造社时期的郑伯奇》，载《郭沫若学刊》1999年第4期。

[5] 王锦厚：《"郭老堪为我的良师益友"——郑伯奇与郭沫若》，载《郭沫

若学刊》2012 年第 2 期。

[6] 林夏:《郑伯奇逝世四十周年 | 他是创造社里最早提出联合鲁迅的人》,中国作家网,2019 年 12 月 25 日。

[7] 马家骏:《忆郑伯奇先生》,载《大西北文学与文化》2020 年第 1 期。

[8] 郑莉:《郑伯奇青少年时期的求学经历和革命活动》,载《大西北文学与文化》2020 年第 1 期。

【人物档案】

黄国璋（1896—1966），字海平，湖南湘乡人。著名地理学家、地理教育家，中国近代地理学先驱，陕西师范大学地理学科奠基人。1926年赴美，先后入耶鲁大学理科研究院和芝加哥大学地理系学习，获理学硕士学位。1928年归国后相继任清华大学、中央大学教授，1936—1940年任北平师范大学、西北联合大学地理系主任，1940—1946年任新成立的中国地理研究所所长，1945年后，先后任北平师范大学地理系主任，校务委员会委员、常委，1950年任中国地理学会副理事长（理事长为竺可桢）。1952年起先后任西北大学师范学院、西安师范学院、陕西师范大学史地系、地理系主任。1945年9月，与许德珩、潘菽、黎锦熙等学界名流发起成立九三学社。先后创办教研期刊《地理教学》、学术期刊《地理》《地理专刊》，参与发起创办《地理学报》等。代表性论著有《社会的地理基础》《我国国防地理》《中国地形区域》《为什么地理是革命建国教育的中心科目》《从地理方面检讨中欧政局的演变》等。

黄国璋：发展中国近代地理学的先驱

黄国璋是著名地理学家、地理教育家，是发展中国近代地理学的先驱，与丁文江、翁文灏并称中国地理界"三杰"。他是民国时期地理学界"南胡北黄"之一，"南胡"指中央大学的胡焕庸，"北黄"指北平师范大学的黄国璋，他们分掌地理学界南北学坛，皆因深厚的学术造诣和引领中国地理学发展而蜚声遐迩。黄国璋还被誉为民国地理"学阀"，创办大学地理系最多、担任地理系主任时间最长，创建民国时期的中国地理研究所并任首任所长，担任1949年后改组成立的中国地理学会副理事长，参与发起创办《地理学报》《地理》《地理专刊》《地理教学》等期刊，是地理学界毫无争议的泰山北斗级人物。

求学异邦，辗转各地执教

黄国璋心怀"国之大者"，求学异邦，"师夷长技以制夷"；接受民主、科学的洗礼，怀抱教育报国的理想，投身地理教育事业。

黄国璋祖籍湖南湘乡，1896年8月出生于上海。其父黄抚九曾在上海谋事，目睹帝国主义强盗侵略中国领土、欺压中国人民的种种暴行，经历清末期洋务运动的兴衰沧桑，深感国家落后，唯有"师夷长技以制夷"才有出路。为此，他聘请家庭教师，教黄国璋从小学习英语，期望他将来能掌握西方科学技术，成为国家的有用之才。黄国璋不辜负父亲的期望，将学好英语、将来学习西方先进技术当作青少年时期的志向。因此，从小学到大学，黄国璋的英语尤其是口语水平，总是全班第一。

清末民初，湘乡东山高等小学堂有不少留学日本和英美回归的学子担任教师，民主、科学气氛浓厚，校风学风严谨，关心国家民族命运，学校开设英语课。黄抚九遂将黄国璋送到这里读书。1911年，从湘乡东山高等小学堂走出两位学生，他们同时考入湘乡驻省中学。一位是语文成绩特优，怀着"改造中国与世界"的伟大抱负，走"政治救国"之路，后来成为共和国缔造者的毛泽东；一位是英语成绩特优，走"科技救国"之路，后来成为中国地理"三杰"之一，九三学社创始人之一，被誉为地学泰斗的黄国璋。

1915年，黄国璋考入长沙的雅礼大学，1919年毕业后在雅礼中学担任地理和英文教员。在地理教学中，他接触到魏源的《海国图志》和德国学者洪堡、李特尔的著作，逐渐认识到要报国图强，首先需要了解自己的国家。对比西方，黄国璋深感中国地理科学落后，国家疆界混乱，还被列强不断蚕食，令人痛心。他想，如能掌握西方地理科学，改变国内地学落后状态，有利于守土卫国、开发资源，有利于提高民众爱国热情。他认为这就是报国之路、强国之策。他在《学习本国地理第一要义》中写道："学习本国地理的第一要义，就是要明了我们国家的伟大，我们国家的可爱，唤起民众、一般国民的国家观念。"

1926年，黄国璋怀着振兴中国地理科学、改进中国地理教学的志向，辞去教师职务，毅然踏上赴美留学之路。在美国，他无心领略异国风情，不去任何娱乐场所游玩，如饥似渴地学习、吸收科学知识。1927年入美国耶鲁大学理科研究院，当年毕业；次年入芝加哥大学地理系，师从著名地理学家亨廷顿，当年毕业，获硕士学位。他的导师和同学，对他在如此短期内完成学业并取得优秀成绩赞叹不已。在美期间，黄国璋还阅读了大量欧美近代科学方面的书籍和资料，学习先进的野外考察方法和绘图技术，到美国的港口、草原和峡谷考察，获得丰富的地学知识。毕业后，黄国璋谢绝美方多家单位的邀请，决心归来报效祖国。他说："中国是我的祖国，我为祖国的需要来学，学到了就要回祖国去服务。"

黄国璋是20世纪20年代中国留美专攻地理学的三人（另有黄玉蓉、王成组）之一，以经济地理和人文地理见长。1928年底，黄国璋满怀报国图强之志，回到魂牵梦萦的祖国。怎么才能发挥自己学到的先进地理科学知识来为国家服务呢？他想到在雅礼中学教地理时的情景：地理教材内容陈旧，概念不清；教学方法落后；教师队伍良莠不齐。他认为，无论搞考察、做研究，还是从事地理教学，都需要专业人才。要改变这种状态，就要从教育入手，培养地理学科人才。从此，在近四十年的地理教学中，黄国璋殚精竭虑、呕心沥血，为国家培养了一代代地理学科中坚人才。

归国后的黄国璋先在清华大学短期任教。1928年黄国璋被竺可桢聘为中央大学地学系教授，开设人文地理、北美地理和地理考察3门课。他的教学为学生称道，"美洲细讲成名课，经济人生地理香"。1936年9月，黄国璋转任北平师范大学地理系教授兼主任，并以中国地学会副会长兼总干事的身份，改组中国地学会，整合北平的地理学力量，与南京的中国地理学会及胡焕庸领导的中央大学地学系，形成民国地理学术"南胡北黄"的格局。

1937年卢沟桥事变爆发，北平诸多高校或西南或西北，辗转西迁。北平师范大学到西安后，与同迁的北洋工学院等组成西安临时大学。不久，西安临时大学南迁陕西汉中，改称国立西北联合大学。此时，黄国璋受命筹建联大地理系。在国家艰危、烽火连年的岁月里，他克服重重困难，日夜奔波操劳，使地理系在短时间内筹备就绪，并及时开课。其后，西北联大一分为五，黄国璋先后任国立西北大学地质地理学系主任、国立西北师范学院史地系主任。

1945年抗战胜利后，黄国璋随北平师范大学北归。1948年底至1949年春，他顶住压力，拒绝赴台，与广大师生护系护校，使北师大地理系完整回到人民手中。北平解放后，他出任北师大校务委员会常委。1952年，黄国璋自京赴陕，先后出任西北大学师范学院、西安师范学院史地系、地理系主任。1960年，西安师范学院与陕西师范学院合并成立陕西师范大学，他继续担任地理系主任。1966年"文革"爆发后，黄国璋、范雪茵夫妇不堪其辱含冤去世。

1978年6月陕西师大隆重举行追悼会为黄国璋平反昭雪。1979年在广州举行的中国地学会全国代表大会为黄国璋恢复名誉。1996年5月，陕西师大召开黄国璋诞辰百周年暨学术思想研讨会，九三学社中央副主席陈学俊，以及中国地理学会理事长吴传钧等6位中国科学院院士，中国科学院、北师大、浙大等国内10多所大学54位教授，以及湘乡代表等参加大会，追念了黄国璋追求真理、献身科学、致力爱国民主运动的伟大一生。

呕心沥血，奠基地理科学

黄国璋是中国地理学奠基人之一，在地理学教育、地理科研、地理学会等方面均有建树，吴传钧院士曾评价他在很多方面都做出了开创性的贡献。黄国璋在国内较早引进西方先进的地理科学，对中国地理学的发展起到重要作用。1937年，黄国璋在北师大创办我国第一份地理学教育刊物《地理教学》，这是中国第一份具有地理教育特色、传播和论述基础地理教育的刊物。期刊聚焦中学地理知识，将西方地理科学与我国实际相联系。黄国璋可谓将西方地理科学与我国传统地学进行融会的第一人。20世纪30年代，黄国璋建立地理考察团前往云南实地勘界，开创我国综合性地理调查的先河。之后，黄国璋深入秦巴山脉、汉中盆地、川康两省等地考察，与西北联大历史系兼边政系主任黄文弼等共同考察青甘宁等地，成为最早对西北地区进行综合考察的科学家。黄国璋还创办了《地理学报》《地理》《地理专刊》等，热心开展地理学学术研究与普及工作。黄国璋于1930年发表的《社会的地理基础》，全面论述了环境的类别与变迁、地理位置、地形、矿产、土壤、水、气候、生物等与社会发展的关系，辩证地论证了人地关系的性质、缘由和结果，被学界认为是我国最早最全面论述人地相互关系的代表性著作。而其《上海港地理位置的择决因素》一文，在国际上有广泛影响，曾刊载于第四次太平洋科学会议会刊。

1939年7月，黄国璋在北平师范大学时期创办了《地理教学》复刊。复刊过程中，黄国璋不仅倾注大量的心血予以组织倡导，积极撰文给以热情扶持，同时强调知识分子教育报国的使命。黄国璋将地理学作为增进国民爱国心的工具、激发国民统一观念的利器，作为培养国民具有世界眼光的学科。黄国璋先后撰写《为什么地理是革命建国教育的中心科目》《从地理方面检讨中欧政局的演变》等文，将强烈的爱国激情贯穿其中，用娴熟的地理学知识和对国内外地理状况的深谙通达，鼓舞民众抗敌御侮的斗志，维护我国领土的完整和民族的尊严。复刊后的《地理教学》鼓舞士气、振奋民心，激发人们抗日信念，显示出地理学界在教学科研方面的学术水平，使我国西北地区抗战时期在地理学教育、普及和学术研究方面发挥了重要作用。

1940年8月，黄国璋辞去西北师院史地系主任职务，应中英庚子赔款董事会邀请，到重庆北碚筹建中国地理研究所。当时，抗日战争处于最艰苦时期，虽然经费由庚子赔款所出，但物资匮乏，时局动荡，地理研究所在中国首创，困难可想而知。但黄国璋运筹帷幄，擘画决策，延聘众多著名地理学家以及测量制图学家、地质学家到地理研究所工作。几个月后，中国第一个地理研究机构就在北碚建成。研究所下设自然地理、人文地理、大地测量、海洋地理4个组，以后又设置土壤地理组。研究所成立后，黄国璋担任首任所长，立即组织安排汉中盆地、嘉陵江流域、四川盆地等地区的综合地理考察研究，这些考察工作均有考察报告出版。在重庆任地理研究所所长时，黄国璋创办学术性刊物《地理》，创刊号于1941年4月1日正式发行，为地理学提供学术研究与传播园地。

踏遍青山，问苍茫大地。黄国璋注重地理考察，其考察工作主要有以下几个方面：一是云南边境地理考察。20世纪30年代初期，英国借助其殖民地缅甸，攫取掠夺我国云南银矿。由于当时疆界不清，谈判缺乏实据。黄国璋受命负责筹划、物色专家和随员，组团前往云南南部考察。1934年10月，由黄国璋领队，与国际联盟派来的奥籍专家费师孟（Herrmann von Wissmann）教授及滇籍外交专家张凤岐，助手王德基、严德一等5人组成考察团，绕道香港、河内到达昆明，随后考察团绕西双版纳一周，考察滇缅、滇越边界，勘察了澜沧江河谷。至1935年6月考察归来，历时八个月之久，获得了大量宝贵的云南西南部地区有关热带资源、农业地理、边界形势、民族历史等方面的一手资料。黄国璋撰写了《滇南人生与自然》《滇南之边疆情势及今后应注意之点》，明确指出滇南地区"关系我国目前抗战及未来国防"。他从"边疆形势""边区情况""边民特性""边防要点"等四个方面详细论述了滇南边疆在地理上的重要位置，阐释打通滇缅交通、发展边疆经济对巩固边防的重大意义。民族学家凌纯声、马长寿等认为，这是一次全方位的考察，除地理农林学外，还丰富了民族学和社会科学，使美丽富饶的西双版纳名扬中外。考察团成员严德一由于参加了滇南考察,后来担任在第二次世界大战中扮演重要角色的滇缅公路的勘察和设计工作,为打通西南通道做出了不可磨灭的贡献。二是藏区考察。1938年,黄国璋率领30多人的考察队,耗时半年,经历酷暑与严寒,对藏区进行了考察。黄国璋所著《西康边防问题及解决途径》,意义已超出单纯的地理学范畴。三是湑水河流域考察。湑水是陕南汉中盆地汉江的一条支流。1959年七八月间,黄国璋率队带领西安师范学院师生200余人,前往陕南城固、洋县等秦巴山区进行为期一个半月的"湑水河流域综合考察与规划"活动。这次考察,黄国璋等人完成了28万字的全流域规划,附有地质地貌、水文、土壤、植被、水土保持及水库坝址、焦岩水库等8个专项查勘、调查报告。黄国璋指导并直接参加了《汉中地理志》《湑水河流域调查报告》的编写工作,《汉中地理志》被国家地方志指导小组作为地理志的范本推广。这是西安师范学院地理系有史以来规模最大的一次结合生产需求的实习考察,对区域经济发展起到了积极的推动作用。黄国璋不怕艰苦,不辞辛劳,巍巍青山,滔滔江河,莽莽草原,皑皑雪域,到处留下了他地理考察的足迹。

团结学界,组建学术团体

黄国璋利用自己在地理学方面的声望,致力团结地学界人士和广大科学工作者,为人民民主和科学的繁荣做了许多卓有成效的工作。

黄国璋积极参加中国地学会的活动。1909年,著名地学家张相文在天津创办中国地学会,这是我国成立最早的三个群众学术团体之一。该会于1910年创办的《地学杂志》,为我国最早的地学学术刊物。1936年,中国地学会改组,推黄国璋为总干事。他为《地学杂志》内容的革新和编辑工作,倾注大量心血,并取得显著成效。次年,抗日战争全面爆发,地学会停止活动。1946年黄国璋回北平后,他以地学会总干事和北师大地理系主任的身份,和地学会理事张星烺联系,恢复地学会活动。张为理事长,黄为副理事长兼总干事。黄国璋积极做好会员登记和发展工作,并借此机会宣传九三学社主张,动员广大会员积极从事民主科学活动。1948年9月，中国地学会参加全国12个学术团体联合举行的年会，动员科学工作者为人民民主和科学大众化贡献智慧。

黄国璋积极参与中国科学工作者协会的筹建工作。二战期间，反法西斯阵营有一个进步组织——国际科学工作者协会。著名的李约瑟博士和居里分任英、法分会负责人。1944年春，黄国璋与潘菽等40多位科学工作者，共同发起筹组中国科学工作者协会。1945年8月，在重庆沙坪坝正式开会成立，推竺可桢为会长，梁希为副会长，潘菽为常务理事。1948年，黄国璋与钱伟长、马大猷等发起组织中国科学工作者协会北平分会，团结广大科学工作者，在民主与科学的旗帜下，为反对独裁，争取人民民主而奋斗。1948年3月28日，黄国璋在《大公报》发表《科学工作者要联合起来——庆祝中国科学工作者协会北平分会成立》，指出："只有为大众的科学才算真正的科学"，"科学与民主，这只有科学工作者联合起来去争取，才能达到目的"。20世纪40年代中后期，全国反饥饿、反内战的民主运动浪潮汹涌澎湃。在北平，黄国璋、黎锦熙、鲁宝重、叶鼎彝（即叶丁易，均为九三学社社员）等进步教授，纷纷参加游行队伍，多次参与签署宣言，如1947年5月29日《平津各大学教职员五百余人呼吁和平宣言》等，支持民主爱国运动。

黄国璋积极参与组织民主科学座谈会，发起组建九三学社。1943年，黄国璋由中国地理研究所驻地北碚转到重庆市区建设委员会。时日寇对我国西南地区发动进攻，桂林失陷，川黔吃紧，黄国璋为此痛心疾首。这段时期，黄国璋与许德珩、潘菽等教授，经常组织座谈会，忧国忧民，谈论国事。大家对中共代表林伯渠在参政会上提出"立即结束国民党一党专政，成立民主联合政府"的主张深表赞同。在许德珩倡议下，他们决定将座谈会固定下来，取名"民主科学座谈会"。1945年5月，黄国璋赴兰州讲学，介绍黎锦熙、袁翰青等参加民主科学座谈会。8月28日，中共代表团毛泽东、周恩来、王若飞到重庆参加国共和谈，黄国璋与各界人士到机场迎接。9月3日，日本签字投降，民主科学座谈会开会庆祝，定名"九三座谈会"，进而成立九三学社筹委会。

1946年5月4日，九三学社在重庆召开成立大会，黄国璋是16个理事之一。同年5月，九三学社第一次理监事联席会上，黄国璋被推举为常务理事。抗战胜利后，黄国璋回北师大任教，九三学社中央迁北平，他兼学社组织和财务工作，成为许德珩的重要助手。

1949年1月16日，黄国璋与北平10余位教授，应傅作义之邀，在中南海勤政殿座谈和平解放北平与军队出城事宜。1月27日，黄国璋与北平文化界30余位人士发表声明，坚决拥护毛泽东主席14日所提八项和平主张。6月17日，毛泽东到北师大看望汤璪真、黎锦熙、黄国璋及许德珩夫妇等九三学社朋友，听取黄国璋关于九三学社成立经过的汇报。事后，黄国璋积极参与政协筹备工作。1950年11月底至12月初，九三学社召开第一次全国工作会议，黄国璋被选为中央理事会理事兼秘书长。

情怀深厚，倾心教书育人

黄国璋一生从事教育事业，是多所高校地理系的开创者。他先后在南京中央大学、北平师范大学、西安临时大学、西北联合大学、西北师范学院、西安师范学院、陕西师范大学等高校任教。从1928年底到南京中央大学地学系任教，到1966年9月故去，黄国璋先后创办或主持过多所知名大学地理系，成为创办大学地理系最多、担任地理系主任时间最长的人，被称为专心敬业、思维敏捷、长于管理的地理教育家。

执教多所高校，黄国璋对培养地理学人才情有独钟。在近四十年的教学生涯中，他自1936年受聘于北平师范大学，然后随北师大西迁，执教西安临时大学、西北联合大学、西北师范学院等。1945年后，复随北平师范大学北归。1952年，再次自京赴陕，到西北大学师范学院任教，直至1966年在陕西师范大学去世。黄国璋近四十年的教育生涯，二十多年与师范教育紧密相连。

早在南京中央大学时期，黄国璋作为传播西方地理科学的主要学者，在教学中用爱国主义思想激发学生学习地理的积极性。他先后主讲世界地理、北美地理、中国经济地理、地理学原理、地理教学法及英语等课程。他的讲授内容充实，语言风趣，引发学生对地理科学的浓厚兴趣。他在教学中不断吸收科学新成果，充实教材内容。他常说："地理学家的思想，随着人类对地球的认识而演变，而人类对地球的认识又随着人类活动范围而与时俱进。"他经常注意在教学中启发学生的爱国主义思想，阐明学习本国地理的要义。他常说："一个近代公民对于自己国家内的山川气候等自然形势，人口聚落、物产交通等人文现象及相关之理应有一个深刻的了解，只有这样才能培养出共同的国家观念，才能激发出爱国激情。"由此，"地理新潮滚滚东来，在国内新兴科学中，俨如异军之突起"（《地理教学》发刊词），有力地冲击着传统的记述型地志学。

1936年，黄国璋被聘为北平师范大学地理系教授兼主任，他认为在师范大学才能更好地实现为国家培养地学教育人才的夙愿。为此，黄国璋决心将北平师大的地理系建成国内一流的地理学高地。黄国璋首先确定地理系的建设任务和目标：改进各中等学校的地理教学；培养中学优秀地理教师；开展地理科学研究工作。围绕办学目标，他采取了一系列措施：打破门户之见，聘请国内外名家学者来校授课；派得力教授到中学任教，从而了解教学情况，探索教改之路，发现和培养地理科学拔尖苗子；自己动手制定教学计划和教学大纲，实行野外考察与教学并举的方针；亲自联系学校，派青年教师出国深造。此外，黄国璋几经周折将中英庚子赔款董事会的捐款用来采购图书和仪器。

在此期间，根据多年教学实践，黄国璋深感基础教育和科学普及的重要，力主创立了地理丛刊委员会、中小学地理教学研究会、中小学课外读物编纂委员会，还组织王钧衡教授以及北师大附中地理教师组成中小学地理教材编写组，有计划地编写出版了大量中小学地理教材、教案和参考材料，绘制出版了多种地理教学用图和实习用图，对当时全国地理基础教育的改进起到了重要的指导作用。

在黄国璋的努力下，北师大地理系的教学与学术研究取得突破性进展，在全国声誉日隆，为培养高校地理教学人才，推动全国中小学地理教育做出了重大贡献。"为地理发展奠定了重要基础，可以说是北师大地理系发展史上的一个重要里程碑"（北师大地理系教授宋春青《黄国璋事略》）。

黄国璋自1952年10月调西北大学师范学院工作，时逢吴家坟新校址初建，生活条件很差，但他从不叫苦，总是兢兢业业地忙于繁重的系务工作，进行统筹和协调，坚持系主任办公会制度，经常深入一线去不同班级听课，指导青年教师提高教学质量。

在教学方面，黄国璋认真备课，重视学科新资料、新成果的收集、整理和再运用，授课内容深受学生欢迎。他先后讲授中国经济地理、地理教学法、经济地理导论等课程。1958年，他62岁时仍组织和领导全系师生跋山涉水，从事地理考察；主编《汉中地理志》《渭水河流域调查报告》《桔园公社规划》。1959年带领师生赴宁强县制定《大安人民公社规划》。1960年到商洛制定《尖角人民公社规划》，主持编制《陕西省经济地图》。这些工作不仅丰富了教学内容，还为陕西省经济社会发展做出了突出贡献。

在西安师范学院，黄国璋非常重视教师队伍建设和人才培养。他说，教师队伍建设是办学的关键，人才培养是提高教学质量的核心和长远之计。为此，黄国璋采取留下来、请进来、借过来、送出去的"三来一送"办法，充实教师队伍，提高学科水平。"留下来"是指从历届毕业班级中选择德才兼备、具有培养前途的好苗子。同时先后接纳由北师大、湖南大学、河南大学、西北师院、开封师院、华东师大、东北师大等校毕业的学生。"请进来"是指请外校老师来讲课。以地理系1955级为例，当时开设的植物地理请中国科学院研究员侯学煜讲授；地理教学法请西安师范学校地理教师王兼成讲授；土壤地理学、气象学、水文地理、地貌学、世界自然地理、世界经济地理、中国经济地理（部分）等课分别请西北大学地理系教授李学增、张继书、张仁甫、夏开儒、傅角今、王成祖、王成敬等讲授。"借过来"是指当时调不过，暂时以"刘备借荆州"的方式借外教老师来上课。讲授世界自然地理的韩宪纲教授就是这样从西北大学借过来的。"送出去"是指根据专业的特点，将年轻教师分别送往北师大、中山大学、南京大学、华东师范大学、中国科学院等有关高校和研究机构进修或代培。这些举措为诞生不久的地理系注入了新的活力。黄国璋不仅为本系培养人才付出了心血，还在1956年8月接受教育部委托，为全国其他师范院校培养经济地理进修生，先后有上海师院（今上海师大）的陈杏芬、杭州师院（今杭州大学）的蔡一波、延边大学的洪椿植、西北师范的王纯德、武汉师院的陈文宏、安徽师院的卢品高、天水师专的杨继仁等人来陕西师大进修经济地理专业。

1955年毕业于西安师范学院，同年赴北京师范大学地理系外国经济地理研究班深造，后来长期在陕西师范大学从教，曾任中国地理学会理事、中国地理学会《人文地理》杂志副主编，陕西省地理学会理事长的张远广教授认为：黄国璋先生为陕西师大留下了宝贵的精神财富，值得发扬光大，这笔精神财富，除重视师资队伍建设外，主要还包括以下四个方面：一是重视教材建设。建系初期，全国没有统一专业教科书。黄国璋要求各专业先编制教学大纲，然后根据本专业和学制的特点逐步编制教材。经过努力，各专业在20世纪50年代中后期和60年代初期均有自己的教材或讲义。为适应不同学制专业，黄国璋还先后编写测量与地图、自然地理要素、中国地理、世界地理、中国自然地理、世界自然地理、中国经济地理、世界经济地理、经济地理导论等课程的教材。为了提高教材编写质量，1961年黄国璋在出席上海举办的经济地理学术会议上提出协作编写教材的理念，认为应"组织全国高等师范有关专业分工协作来编好教材，为统一教材的编写和使用打好基础"。他的提议得到与会代表认可。随后，协同编制教材工作开始推进，其中陕西师大承担《西北区经济地理》《世界经济地理》教材中有关"法国""两个德国"协作编写教材的任务。这是黄国璋在地理学界教材建设方面的重大贡献。二是重视资料室建设。黄国璋主持系务工作时，将获得地理信息主要来源的资料室建设放在重要位置。他常讲："资料室相当于作战部队的后勤部，是获得精神食粮的主要来源地。"他指派韩宪纲教授兼任资料室主任，将资料室的编制人员扩充至4人。他要求资料室及时购买有关地理专业书籍、专业报刊，支出经费约占全系年教学总经费的三分之一；要求资料室定期刊出新近出版的书籍和资料名称，根据内容分别整理有关资料送给相关教师。资料室的建设强力支撑了地理系的教学科研工作。三是重视教学设备的科学化建设。对地质标本陈列室建设、植物标本陈列和试验室的建立、土壤化验室的建立等，黄国璋都付出了大量心血。四是重视学生思想品德教育。黄国璋认为，学生要有礼仪风范的修养。为此，他主张从日常生活中的小事抓起，以小见大，要求学生衣冠整洁，行事文明规矩，保持环境清洁，让学生养成良好的习惯作风。

在黄国璋的治理下，陕西师大地理系发展迅速，聂树人、韩宪纲、刘胤汉、张远广等很快成长为地理学界的后起之秀，地理学科逐渐成为位居西北的国内地理教育重镇。1956年，教育部确认黄国璋教授领衔的学科为全国高校代培经济地理学进修生的学科点，西安师范学院成为全国最早设立培养高层次经济地理学人才的院校之一。后来，从陕西师大地理系走出的傅伯杰成长为中国科学院院士，冯起成长为中国工程院院士，刘彦随成长为发展中国家科学院院士，扎根西北的董治宝成长为教育部"长江学者"特聘教授，现任陕西师大副校长、学校学术委员会主任委员。

【主要参考资料】

[1] 徐象平：《黄国璋与抗战时期的〈地理教学〉》，载《人文地理》1994年第2期。

[2] 吴传钧：《缅怀中国近代地理学先驱黄国璋先生——1996年5月30日在陕西师范大学黄国璋先生诞辰100周年纪念会上的发言》，见《发展中的中国现代人文地理学——吴传钧院士学术报告选辑》，商务印书馆，2008年。

[3] 孙鸿烈主编：《20世纪中国知名科学家学术成就概览·地学卷·地理学分册》，

科学出版社，2010年。

[4] 甘枝茂：《黄国璋先生与地理系的发展》，载《陕西师大报》2012年2月29日。

[5] 黄力民：《回忆父亲二三事——纪念黄国璋诞辰120周年》，载《中国统一战线》2016年第7期。

[6] 张远广：《弘扬黄国璋先生为陕西师大留下的宝贵精神财富》，九三学社中央委员会网，2016年7月4日。

[7] 周尚意、戴特奇、张华：《民国时期北京师范大学人文地理学教材建设回顾》，载《地理教学》2022年第11期。

【人物档案】

刘泽如（1897—1986），直隶束鹿（今河北辛集）人。中国马克思主义心理学的开创者与奠基人之一。1915年进入直隶省立第二师范学校学习。1922年赴京准备半工半读，在蔡元培安排下到北京大学研究所国学门工作，后在李大钊影响下转向革命，结识胡乔木、武光、于志远等革命工作者，1932年加入中国共产党。随后历任华北教育劳动者联盟组织部长、束鹿县第一任县委书记、山东省委组织部长等职。1938年到达延安，1939年参与组建八路军驻洛阳办事处。经刘少奇推荐到延安马列学院编译部工作，后任陕北公学师范部主任、延安大学教育学院院长、陕甘宁边区陇东中学校长、延安大学教育系主任等职。1949年后，历任西北大学师范学院院长，西安师范学院党委书记、院长，陕西师范大学党委书记、校长。曾兼任中国教育工会副主席、陕西教育工会主席、陕西省心理学会理事长、陕西省社会科学学会联合会顾问等。

刘泽如：中国马克思主义心理学的主要奠基者

1986年8月，《心理学报》第4期刊文《悼念刘泽如同志》，称"刘泽如同志长期坚持以辩证唯物主义和历史唯物主义为指导，从事心理学研究并为改造传统心理学而奋斗。他从青年时代开始研究心理学，一直坚持到晚年。在心理学基本理论方面、教育心理方面，具有独到的见解"。该说肯定了刘泽如在改造传统心理学方面所坚持的理论指导，但并未提及刘泽如从无产阶级革命的实践层面建构中国马克思主义心理学的独特贡献。梳理中国心理学发展脉络，我们基本可以说：在构建中国马克思主义心理学的探索与实践中，以潘菽等为代表的北京研究群体、以高觉敷等为代表的南京研究群体，与从延安走来的以刘泽如等为代表的西安研究群体，形成三峰并立、特色各异的学科发展格局。

求学北大，逐渐走上革命道路

1897年3月，刘泽如出生于直隶省束鹿县西良马村（今河北省石家庄市辛集市辛集镇西良马村）的一个贫苦农民家庭。刚满周岁，父亲去世。原本贫困的家庭雪上加霜，孤儿寡母，生活难以为继。无奈之下，刘母带着年幼的刘泽如回到邻近的旧垒头村娘家。1905年，刘泽如到当地农村的初等小学念书。1912年以全县第一名的成绩考入束鹿县立高等小学，1915年考入直隶省立第二师范学校。但读书期间经常生病的刘泽如，于1920年春决定暂时放弃学业，回到农村小学教书。1919年的五四运动激发起广大青年的爱国热情，保定地区的许多青年学生都渴望能去北京求学或工作。

1922年春，刘泽如离开束鹿老家，怀抱着理想和希望来到北京。他希望一面劳动谋生，一面求学问知。为此，他将最近完成的一篇关于人性问题的论文和一封表达自己半工半读意愿的信件，拜托北京大学的一位同乡同学送到校长办公室。蔡元培看到这篇论文后，立刻萌生爱才之心。通过会见交谈，蔡元培安排他到北京大学研究所国学门（刘泽如自述为"北京大学国学研究所图书馆"）工作。从此，刘泽如便在这所人才云集和图书资料充足的学府从事工读性的学术研究和革命活动，直至 1932 年夏离开北京。

北大期间，刘泽如利用便利条件，如饥似渴地追求科学真理，致力于学术研究。他博览群书，对哲学、人类学、社会学、伦理学、生物学、遗传学等广泛涉猎，尤其倾心兴趣最浓、已有初步研究基础的心理学研究。他曾向我国最早留学日本东京帝国大学的心理学家陈大齐求教，交流学习心得，也曾就理学的相关问题求教理学家单丕。但是，他感到这些求教和交流，都不能真正解决他所提出和研究的问题，只能继续沿着自己的研究道路探索前进。这显示出刘泽如在学术的道路上不囿于权威成说的品格。

北大期间，刘泽如追求先进思想，逐步接受马克思主义思想。出于学习研究需要，他经常到北大图书馆借阅书刊，从而与李大钊相识，他们经常就学术研究和国家前途等问题进行交谈。李大钊向他推介关于马克思主义的书刊。在李大钊和这些进步书刊的影响下，刘泽如逐步接受了马克思主义的立场、观点和方法，开始萌发革命思想。30 年代初期，居住在德胜门内羊房胡同的刘泽如，先后结识了一些进步青年，比如在北京从事中共地下活动的武光就与其长期同处一室。羊房胡同紧靠北海，较为隐蔽，日益成为共产党北方局代表和共青团河北省委负责人接头和聚会的重要场所。胡乔木等人也曾多次来到这里，与大家一起研究理论问题，交谈革命工作。在他们的影响下，刘泽如加入华北教育劳动者联盟，任联盟组织部长。1932 年，刘泽如加入中国共产党。

1932 年 8 月，刘泽如离开北京回到河北老家附近，开辟党的工作，从事革命活动。建立束鹿县党组织，担任县委第一任党委书记，还在深泽、安平等地开展革命工作。1933 年 6 月，刘泽如到济南参加中共山东省委工作。在山东，由于叛徒告密，刘泽如被捕入狱。关于这段经历，刘泽如自述："1933 年 7 月 3 日，宋鸣时（临时省委组织部部长）夫妇投敌叛变；4 日晨到济南高级中学找地下交通员马云祥（济南高级中学学生）时被捕入狱。1936 年 4 月被送山东反省院，鼓动反对反省院反共宣言失败，改为鼓动回监狱斗争，9 月以不服训官罪名被送高等法院，判处执行未定徒刑，送原监狱执行。1937 年 11 月，因第二次国共合作，集体保释出狱。"

出狱后的刘泽如先在泰安休养。1938年1月，刘泽如奔赴延安，在陕甘宁边区抗敌后援会工作。11月，跟随刘向三离开延安，到河南洛阳创建第十八集团军洛阳办事处。1939年，刘少奇在办事处停留期间，看到刘泽如撰写的心理学书稿，与刘泽如进行了交谈。在刘少奇的支持和推荐下，1939年6月，刘泽如回到延安马列学院从事研究工作。

学以致用，服务延安教育实践

1941年1月，刘泽如结束在马列学院编译部的学习研究工作，赴陕北公学执教，任师范部主任。师范部的任务是培养抗战教育的师资和教育行政干部。9月，后期陕北公学与中国女子大学、泽东青年干部学校合并成立延安大学。师范部转设成为延安大学教育学院，刘泽如任学院院长。

1943年4月至1944年5月，鲁迅艺术文学院、自然科学院、民族学院、新文字干部学校和行政学院先后并入延安大学，延安大学由此成为一所综合性大学，成为党中央和边区政府培养抗日干部和革命干部、进行抗日教育和革命教育的著名院校。在延安大学的这个阶段，自1943年春至1944年11月，由于教育学院撤销，刘泽如转任延安大学教育研究室主任。延安大学在办学指导思想、教学原则、办学方式、师资队伍建设和校园文化生活等方面形成了鲜明的办学特色，创造和积累了丰富的办学经验，对刘泽如产生了重大的影响，使他形成了后来执掌陇东中学、西安师范学院、陕西师范大学的基本教育理念。

1940年3月，为适应政治斗争和经济发展的需要，陕甘宁边区政府应陇东分区的要求决定创办陇东中学，9月正式开学。陇东中学是一所包括师范班在内的普通初级中学，受陕甘宁边区教育厅直接领导，其办学宗旨是"实施新民主主义教育，培养抗战建国人才"。1944年12月，刘泽如赶赴陇东分区，任陇东中学校长。这是刘泽如以校长身份进行办学治校的第一次教育实践。到任后，他凭借多年从事领导教育和教学研究工作的丰厚经验，坚持实事求是、理论联系实际、遵循教育规律的原则，采用相信和依靠学生、实行校内外结合的民主办学方式，做了大量富有成效的工作，成为陇东中学历史上最辉煌的时期。在此期间，刘泽如还撰写了《教育的基本理论问题》《陇东中学的政治思想教育》《谈目前教育工作的重点》《陕甘宁边区的普通教育》《陕甘宁边区学校中的政治思想教育》等文，全面总结了陇东中学的教育教学工作，为陕甘宁边区中等教育提供了宝贵的经验。

1947 年 2 月，国民党胡宗南部进犯庆阳，陇东中学被炸毁。刘泽如带领全校师生员工随军转战陕甘宁晋绥五省区。1947 年春，延安光复后，刘泽如被调回延安大学任教育系主任，任职至 1949 年 5 月赴西安前。在此期间，刘泽如撰写《怎样把毛泽东思想运用到教育中》《新教育原理提纲》《中学政治课教材的几个问题》《对文化教育工作的一点意见》《语言、思想与写作》等。

南下西安，整合陕西师范教育

1949 年 5 月 20 日，西安解放。25 日，刘泽如来到西安。27 日，西安市军事管制委员会派出军代表工作组接管陕西省立师范专科学校。工作组组长为辛安亭、刘泽如，组员为冯幼农、丁力、任平。辛安亭于 1949 年 8 月随军西进兰州，接管兰州大学，陕西省立师专的接管工作实际由刘泽如负责。军代表进校的工作主要是，宣传解放战争的新形势，党的新区政策特别是文教政策、知识分子政策，组织师生员工学习陕甘宁边区政府关于新区教育改革的精神，安定学校秩序。同时，开展学习运动和自我思想改造运动，帮助师生树立为人民服务的人生观、为实施新民主主义教育方针而奋斗的思想，为建设新型社会主义大学奠定政治思想基础。

初步完成接管工作后，8 月 4 日，西安市军事管制委员会决定以陕西省立师范专科学校为基础归并国立西北大学文学院教育学系，成立国立西北大学师范学院。校务委员会确定刘泽如、高宪斌负责筹划师范学院工作，刘泽如为召集人。随后，刘泽如被任命为西北大学师范学院院长。省立师专与国立西大文学院教育学系合并时，两校的历史、人员、条件、社会地位等存在很大差异，刘泽如根据相关政策，依靠地下党组织和进步力量，团结广大师生员工，对教学工作进行初步调整，迅速恢复了学校秩序，使西北大学师范学院以崭新的面貌回到人民教育行列。

成立伊始，师范学院设立教育行政、中文、史地、数学、理化等 5 个系，刘泽如兼任教育行政系主任。1950 年 4 月，根据第一次全国教育工作会议精神和西北大学的部署及师范教育的特点，刘泽如决定在师范学院就教学计划、教学组织、课程内容、教材和教学方法等方面以陕甘宁边区新教育建设的经验为基础，吸收旧教育的有益经验，进行全面改革。在刘泽如的带领下，师范学院根据第一次全国教育工作会议确定的全国教育工作的总方针和发展新教育的方向，经过解放初期的接管改造和以院系调整为中心的教育改革，把半封建半殖民地的旧教育逐步地改变成为新民主主义的教育，使学院获得了较快的发展，向着新型的社会主义大学迈进。在此期间，刘泽如编写了《辩证唯物论和心理学》《辩证唯物论与教育学》等教材，主讲心理学、教育学 2 门师范主干课程；根据新的国文教学的需要，撰写《国文教学发展的方向》，以"教育工作意见书"的形式对当时教育工作中存在的问题提出建设性意见。

1952 年 8 月，西北教育部根据全国高等学校院系调整的精神，决定将西北大学师范学院独立设置，选定在西安市南郊吴家坟建立新校址。刘泽如的三子刘盼之回忆说，当时父亲认为"高校要和城里离开，不然城市将来发展，学校也会受到影响，宁可放远点不要搁到跟前，这样是有好处的"。1952 年 12 月下旬，南郊吴家坟新校址修筑了 800 个学生规模的教室、图书馆、师生宿舍、食堂、操场、办公用房等，教育行政系师生和部分干部、工人开始搬到新校址。1953 年 1 月，语文系、数学系、史地系迁到新校址。1954 年 8 月初，实验教学大楼完成交付使用，理化系、生物专修科迁到新校址。师范学院迁校工作全部结束。同时，师范学院制定包含教学区、生活区、学生和单身教职工宿舍区、家属区在内的新校园规划，并逐步推进建设，形成陕西师范大学雁塔校区雏形。

1954 年 6 月，西北行政委员会通知师范学院正式改变建制，定名"西安师范学院"。西安师范学院时期，刘泽如一直担任学校的党委书记、院长。面临建校初期的新形势新任务，刘泽如带领全院师生员工，团结一心，发扬延安精神，一面推进建校，一面保证教学，引领学院逐步适应社会主义建设事业需要，不断发展前进。在刘泽如的治理下，学校坚持党对学校的全面领导，贯彻党和国家的方针政策，坚持师范教育主业，贯彻党委领导小组的校院长负责制，加强党团组织建设，推进教学改革，注重人才队伍建设和青年师资培养，提高人才培养质量。

1960年5月，陕西省人民委员会批准将西安师范学院和陕西师范学院合并成立陕西师范大学，提升发展，培养新型的中等学校教师。陕西师范学院的前身是1953年成立的陕西省中等教育师资训练班，1954年扩建为陕西师范专科学校。1955年在师专的基础上筹建北京师范大学西安分校（后未成），1956年8月调整成为陕西师范学院。两校合并成立后，刘泽如任陕西师范大学党委书记、校长。合校期间，他发挥1949年陕西省立师范专科学校与国立西北大学文学院教育学系合并成立国立西北大学师范学院时积累的经验，保证了合校工作顺利推进。陕西师大建校之初，刘泽如坚定正确的政治方向，在教学和科研工作中正确执行党的路线方针政策，加强思想政治和党的建设工作，贯彻《高教六十条》和全国师范教育会议（1961）精神，加快人才队伍建设，狠抓科学研究，全面提高教学质量，使陕西师范大学迈上新的发展轨道。

1967年1月，刘泽如被校"文革"筹委会宣布撤销党委书记、校长等党内外一切职务。1968年4月被关进"牛棚"，失去人身自由。1976年后的刘泽如不再担任学校党委行政职务，但仍任学校顾问，以及学校学术委员会顾问、学校学位评定委员会名誉主席等。陕西师范大学原副校长韦固安回忆说，刘老"学习刻苦，治学严谨，勤俭办校，处处以身作则等优良作风，给我们树立了榜样"；坚持"在原则的问题上展开辩论；在非原则的问题上要互助互让"；"他那种高尚的人品，和蔼可亲的态度，一心为公的作风，形成了无声的命令，使干部乐于接受任务"；"刘校长是陕西师大的奠基人，师大今天成为一所具有一定规模的大学，当然应归功于党和人民，但与刘校长的贡献是分不开的"。

"献身革命披肝胆，甘为教育耕桑田。早识大业园丁少，尽瘁培师数十年。心理之学深研索，独有创新一家言。九秩搁笔别世去，高风典范留人间。"1986年4月，刘泽如在石家庄病逝。

苦心孤诣，奠基中国马克思主义心理学

早在束鹿高级小学和保定省立第二师范学习时，刘泽如就对心理学产生了浓厚的兴趣。他善于从实际生活中发现关于人的心理意识的问题，比如：人为什么会思想、人的心理活动究竟是怎么一回事、不同的人对同一件事情为什么常有不同的看法等等。他带着这些问题，勤奋读书，以求得到合理的答案。当读到梁启超介绍西洋文化的著作时，他发现西洋人和中国的思想、性格不大相同，这就激发他更加认真地研究他所提出的那些问题。当研读明代的《性理大全》这部评论人性的著作时，他又发现这部书只讲性善和性恶，而不讲人性是什么，仍不能解决他所提出的那些问题。于是，他便自发地就人们的实际生活活动分析研究人的心理意识问题，主要研究人性是什么的问题，并着手撰写关于这类问题的文章。

北大时期，刘泽如对西方心理学各个主要学派进行广泛分析和研究，对行为主义心理学、精神分析学派关注更多。完成《〈西厢记〉中心理学问题研究》《爱情心理学长篇》等早期心理学研究论著。到20世纪30年代后期，完成《行为研究举例》长文。此外，在长期研究中国传统文化的基础上，他撰写的《关于格言、谚语之心理学研究》一文，1926年发表于北京《晓报》，这是刘泽如公开发表的第一篇心理学论文。《益世报》《社会日报》对这篇文章都做了部分转载。这篇文章的手稿，以及《〈西厢记〉中心理学问题研究》《爱情心理学长篇》等刘泽如20年代前期关于心理学研究的手稿，目前藏于陕西师范大学。

在山东反省院，刘泽如通过斗争，居然利用反省院图书室，坚持从事心理学的学术研究，并以日记的形式撰写了心理学问题札记《挥汗集》5册，约20万字。1938年在洛阳期间，刘泽如以狱中进行的心理学研究为基础，开始撰写论文《行为研究举例》。1939年初，刘泽如的《行为研究举例》在延安的学术期刊《理论与现实》第1卷第2期、第3期上连载。论文系统而概括地总结了他前期二十多年间关于研究心理学问题的最基本的认识。论文坚持以马克思主义为理论指南，运用大量事实和材料，深刻地论证和批评了旧心理学学派的错误，特别是行为主义和巴甫洛夫学说中的机械论的错误。论文发表后，受

到国内马克思主义哲学家和其他有关学者的关注。

在延安马列研究院期间，刘泽如钻研马克思主义理论，并将之用于心理学学术研究之中。1940年，他完成近4万字的论文《神经系统怎样运动——机械的还是辩证的？》和近7万字的论文《神经生理的矛盾运动和意识反映的矛盾过程》等，为以后的研究工作奠定了坚实基础。

西安师范学院时期，刘泽如主要撰写了《生物生长运动的辩证规律》、《从生物生长运动的辩证规律到高级神经活动的辩证规律》（1956）和《大脑产生意识的问题》（1956），以及《〈中庸〉的人性论》（1957）、《在心理学研究上必须贯彻反映论》（1958）、《存在决定意识和刺激决定神经活动》（1959）等学术论文。"文革"期间，刘泽如完成《读斯·阿·彼得鲁舍夫斯基〈心理学的哲学基础和自然科学基础〉笔记》（1968）、《关于解决大脑产生意识问题的意见》（1969）等。

1976年退居二线后的刘泽如将全部精力投入心理学研究，先后撰写完成《必须彻底批判巴甫洛夫的神经通路说——给李养林同志的信》（1977）、《马克思论心理学》（1978）、《建设心理学的两个渠道》（1978）、《谈谈心理学贯彻辩证唯物论的问题——与潘菽同志商榷》（1979）、《认识是脑物质反映自然界——关于心理学的基本理论问题》（1981）、《心理学为社会主义事业服务的问题》（1981）、《以辩证唯物论为理论指导研究心理学的问题》（1981）等心理学研究成果，正所谓"治学育师新杏坛，耄耋晚晴亦浩然"。1985年6月，刘泽如心理学文选《心理学基本理论问题研究》由陕西人民出版社出版。1993年5月，《刘泽如教育文选》由陕西师范大学出版社出版。

中国心理学发展以马克思辩证唯物主义思想为指导，但马克思主义心理学在中国的发展经历了曲折的过程。20世纪20年代末，我国的老一辈心理学者潘菽、高觉敷等就开始介绍苏联辩证唯物论心理学。潘菽一直在探索改革旧心理学和建立科学的辩证唯物论心理学的途径，高觉敷认为整个心理学思想史就应该是一部唯物主义心理学思想和唯心主义心理学思想斗争的历史。30年代，郭一岑、曹日昌、刘泽如等提倡用辩证唯物论的观点和方法研究心理学。郭一

❖ 1937年出版的《现代心理学概述》是我国较早用马克思主义哲学指导研究心理学和心理学史的著作。曹日昌坚持用矛盾统一律、质量互变律和否定之否定律解释心理现象和心理学的发展，提出"心理现象中的辩证法则""心理学的辩证法的发展"等。刘泽如提出关于改造传统心理学和建立马克思主义心理学的"两个决定、两个辩证发展"的理论，对马克思主义心理学的理论建设做出了积极贡献。

陕西师大霍涌泉教授说，随着时代的变迁、社会的变革，学术研究发展的格局与内涵必然会发生变化，刘泽如先生倡导的辩证唯物主义心理学体系、心理活动的主客观矛盾法则、对当时苏联巴甫洛夫神经生理学的批评等重要学术成就，逐渐淡出当代心理学的学术话语系统。按照当前国内外心理学研究的主流变化趋势来看，刘泽如先生的心理学研究缺少实证性、应用性，类似于哲学思辨，然而就学术研究所必须具有的思想性、批判性和深度创新性来讲，刘泽如先生在心理学基本理论研究领域所反映出来的独立思考、追求真理、质疑问难、勇于探索、创学立说和科学冒险的精神风骨，则是我们后辈学人科学研究中不可或缺的基本素养。

【主要参考资料】

[1] 陕西师范大学教育研究所心理研究室编：《心理学基本理论问题研究》，陕西人民出版社，1985年。

[2] 《陕西师范大学校史（1944—1994）》，陕西师范大学出版社，1994年。

[3] 陕西师范大学校史编写组编：《陕西师范大学编年纪事（1944—1984）》，内部资料，1994年。

[4] 陕西师范大学教育科学研究所编：《刘泽如教育文选》，陕西师范大学出版社，1995年。

【人物档案】

魏庚人（1901—1991），原名魏元雄，字庚人，河北安国人。著名数学教育家，新中国数学教育学科建设的开拓者和见证者。1925年毕业于北京师范大学数学系，同年9月从事教育工作，先后在江苏第七师范学校、北京西山温泉女子中学、北平师范大学附属中学任教。1937年到西安临时大学高中部任教。1944年被聘为西北大学数学系副教授，1949年夏晋升为教授。1950年调往北京师范大学，任初等数学教研室主任，是我国数学教育史上第一位数学教育专业教授，1957年兼北京数学会副主席。1958年调任陕西师范学院数学系主任，1960年后任陕西师范大学数学系主任、名誉系主任。主要从事中学数学教学和初等数学教材教法、数学教育史和有关理论方面的研究，学生遍布国内外，提出的"数学教材教法"跨越世纪发展为"数学教育学"。曾兼任陕西省数学会副理事长、陕西省科协副理事长、陕西省数学会理事长、中国教育学会数学教育研究会第一届理事长，以及《数学杂志》《数学学习》主编、《数学教育学报》名誉理事长等。

魏庚人：献毕生为育才　树风范垂久远

1991年5月，古城西安迎来五湖四海的数学教育工作者，全国高师数学教育研究会和中国教育学会数学教学研究会在西安举行年会，全国各省市中学、大学数学教育界知名人士齐聚一堂。两个研究会的议程均预留出共同的时间，在陕西师范大学庆贺魏庚人教授九十华诞。河南教育出版社出版的《魏庚人数学教育文集》同期面世。会上，魏庚人教授致谢："这么盛大的庆祝会，使我既感谢又高兴，但也很惭愧。感谢的是，对我这样一名一般的知识分子、一名普通教师的生日，竟然如此隆重地来祝贺，实在使我感谢万分。惭愧的是，我虽然做了六十多年的教师，而且自问在工作中从来都不敢有所懈怠，从来都以认真的态度进行教学，但是每当回顾起来，总觉得当时没能使学生得到充分的培养，从而深感惭愧。为了弥补过去之不足，为了在数学教育事业上继续做贡献，我愿在有生之年继续学习和研究，及时把研究心得奉献给同人，及时告诉下一代。"

师范求学，中学育人

1901年3月，魏庚人出生于河北省安国县奉伯村一个五世同堂的耕读之家。1908年，7岁的魏庚人在本村念初小，随后到县城住校念高小，由于受到数学和珠算老师的教学影响，少年魏庚人的学习兴趣逐渐倾向数学。1916年魏庚人高小毕业，考虑到家庭不富裕，他报考了公费学校，以优异的成绩被国立北京师范学校录取。魏庚人就此开启了七十五年的师范人生。

五年寒窗苦读，魏庚人各科成绩名列前茅，数学和音乐每次考试都是班级第一。两次亲历的教学实习，激发了青年魏庚人的教育兴趣，使他萌生"当一辈子教师"的愿望。1921年9月，魏庚人以第一名的成绩考取北京高等师范学校数理部（北京师范大学数学系前身）。

魏庚人上大学遇到的立体几何老师，是刚毕业一年的傅种孙。傅先生作为当时新生代的数学教师，对魏庚人的在校学习和日后发展都有巨大的影响。期末考试，傅种孙的"开卷"考题是"极大极小问题"。傅种孙对魏庚人和刘泗滨的解答最为欣赏，把两份答卷综合成一篇文章——《极大极小问题十五则》，于1923年7月发表在《数理杂志》第4卷第2期上，这是我国早期一份较有影响力的数理期刊。1924年，魏庚人与闫镇、刘泗滨合写了《历年国内专门以上学校入学数学试题详解》一书，这是目前能够见到的早期大学入学数学试题集。魏庚人在读期间就能发表论文、出版著作，殊为不易。在国立北京师范学校时，魏庚人结识了高年级同学老舍，参加过老舍自发举行的周末讲演会，并在老舍的指导下喜欢上了讲演，这为他后来讲课生动流畅、深入浅出打下了基础；他聆听过李大钊的报告，参加过五四运动的示威游行。

经过从中师到高师前后九年的专业历练，1925年7月，青年魏庚人以优异的成绩结束师范学业，开始了长达六十二年的数学教育生涯，其中前十九年主要在中学当数学教师，积累开创数学教育学科建设的经验，后四十三年主要在大学教书育人做研究，积极开创数学教育的学科建设。

1925年9月，魏庚人受聘到江苏第七师范学校任教，1927年9月调到北京西山温泉女子中学（北京中法大学附属中学），《数学游戏》一书是魏庚人这一时段的作品。1929年9月，魏庚人又调到北平师范大学附中任教，同时还在河北高中兼课。在北平师范大学附中任教期间，魏庚人注重言传身教，教学认真负责，讲课条理清晰，教法生动灵活，语言科学通俗，板书工整美观，批改作业细致到错别字与标点符号，因而深受学生欢迎，被誉为北平师大附中的"四大金刚"之一。

1937年七七事变后，魏庚人携全家迁往西安，先在西安临时大学高中部任教。1938年5月，该校由西安迁往陕南城固，临时大学改名为国立西北联合大学，高中部改名为西北联合大学师范学院附中，城固县曾修建 200 多间茅草房作为教室和男生宿舍。在魏庚人去世五年后，他在西北联合大学师范学院附中的学生路见可仍念念不忘："魏老师讲课时总显得从容不迫，但分析精辟，启发性强；他讲话慢条斯理，但不啰唆，更无废话，确保教学计划的完成。他对我们既严要求，又多鼓励，鼓励我们努力学习，刻苦钻研。他的教学方法是我一生工作中的学习榜样。"

西北联合大学分置为国立西北大学、国立西北师范学院等 5 所高校后，魏庚人在西北师范学院任讲师，同时在西北师院附中兼课。随后，西北师范学院迁往兰州，魏庚人没有随校前行，而是留在城固的西北大学担任副教授，讲授大学微积分等课程。从此，他再没到中学任教，结束了十九年的中学教学生涯。

九年师范学习加上十九年中学教学实践，魏庚人积累了开拓中国数学教育学科建设的丰富经验，直接的中学任教虽然结束了，但他对中学数学教学难分难舍的教育情结，将以一种更高层次的形式在他的教育人生中继续。

数学教育，誉满学林

抗战胜利后，魏庚人随西北大学由城固返回西安，1949 年 8 月被聘为西北大学教授。1950 年 8 月应恩师傅种孙之邀，魏庚人回到母校北京师范大学数学系任教授，随后又任初等数学教研室主任。作为中学数学教材教法专业的教授，他参与了国内教材教法许多第一次的学术活动或组织建设。新中国数学教育的早期叫作"教材教法"，魏庚人作为中国教材教法的早期建设者，经历了新中国数学教育学科建设的初创阶段。1950 年，北京师范大学受教育部的委托承担编写新中国第一部中学数学教学大纲，傅种孙为小组领导，魏庚人应邀参与起草工作。1951 年，魏庚人同时参与《中学数学科课程标准草案》的撰写。作为新中国数学教育学科建设的开拓者之一，魏庚人是国内第一位"教学法"教研室主任，并首先开设国内教材教法课程和编写国内中学数学教学法讲义；是国内第一位中学数学教材教法专业的教授，是从1950年到1980年间，唯一一位"专职从事数学教学法"的教授。

1952年，北京师范大学任命魏庚人为学校中苏友好协会主席。他努力学习俄语，积极配合苏联专家进行教改工作，并在工作中学习借鉴苏联教学的教学计划、教学内容、教学方法及组织管理等。他把苏联的教学法与二三十年代学过的英美式教学法进行对比，结合自己二十多年的中国教学实践经验，努力找出三者之间的共同点和差异点，探索其中可以扬弃的部分。在此基础上，魏庚人总结出适合我国数学教育实际情况的"三性、四法、五原则、六环节"课堂教学体系。"三性"是科学性、思想性、目的性；"四法"是讲解法、谈话法、问答法、练习法；"五原则"是直观性原则、系统性原则、量力性原则、自觉性原则、巩固性原则；"六环节"是组织教学、复习旧课、讲授新课、巩固所学、课程练习、布置作业。

1953年，北京师范大学数学系设立数学教学法教研室，魏庚人任教研室主任，同时被聘为数学教学法教授。魏庚人陆续编写有关这个专业的讲义，1953年出版《代数补充讲义》。教学法课程除课堂讲授之外，还有指导学生实习的任务，当时北京师范大学的实习学生要分散到10多所中学，一般都由魏庚人担任实习总领队，既要指导学生实习，又要指导实习学校的教师，积极指导学校教师如何备课、如何写教案、如何试讲、如何听课、如何评讲、如何写评语及如何组织观摩教学等。他的评课是当时备受欢迎的"亮丽风景"。这个传统，后来被魏庚人带到了西北。

1954年7月，魏庚人在北京主持召开首届全国师范学院数学教学法讨论会。从此，全国各省市师范学院数学系逐渐开设中学数学教材教法课程，逐渐重视教学法课程的教学与研究工作。1955年，魏庚人与赵慈庚、钟善基、赵亮坚等赴长沙师范学院，召开师范院校理科课程教学大纲讨论会。会上制定了我国高等师范院校数学教学法大纲及中学数学教学大纲。以此两纲为依据，魏庚人结合自己的教学实践，于 1957 年编写付印"中学数学教学法通论"讲义，缓解了当时教学法教材紧缺的情况。

1958 年 9 月，魏庚人调到陕西师范学院数学系任首任系主任。1958 年七八月间，魏庚人在北京四次参加中学数学教材座谈会。会后，根据会上提出的意见完成《中学数学教材将要怎样改变》一文，从一般、代数、几何、三角四个方面对全国中学数学教材的改革提出建议。

1960 年，西安师院与陕西师院合并成立陕西师范大学，魏庚人继续担任数学系主任，继续他的数学教育学科建设工作。1963 年获陕西省先进工作者称号，1989 年被授予陕西科技精英称号。

魏庚人担任陕西师范大学数学系主任期间，努力排除极左思潮影响，重视师范院校"学术性与师范性"的结合，重视体现师范性的教学法课程、初等数学研究课程和教育实习环节。1959 年的《如何分析一节课》从一个侧面反映出他对教学指导的细致与重视。1961 年 9 月《高等学校暂行工作条例》出台，文件强调以教学为主，尤其重视基础知识和基本技能。为此，魏庚人在陕西省数学会(时任副理事长)做题为《加强中学数学基本知识与基本技能的几点意见》的报告，详细讲解了什么是基本知识、什么是基本训练、怎样来加强等关键性问题。1962 年 7 月，作为系主任的魏庚人组织数学系各教研室的教师就如何加强"双基"问题进行研讨，制定了《基础训练规划（草案）》。同年 9 月又制定《陕西师范大学数学系对教学方面的要求》，对教学进度、备课、讲课、课堂讨论、习题课、课外作业、实验、辅导、复习、了解学生、考查考试、补考与升留级等 12 个项目，提出详细要求。

魏庚人 1950 年 6 月离陕赴京前，曾作为四位发起人之一创建中国数学会西安分会（陕西省数学会的前身），1958 年返陕后任陕西省数学会副理事长，1979 年被推举为陕西省数学会理事长。1980 年陕西省数学会机关刊物《数学学习》复刊（1954 年创刊），魏庚人被推举为主编。同时，他还推动《中学数学教学参考》创刊，应邀担任陆续复刊、创刊的数学教学刊物的顾问或名誉主编。

魏庚人教授在北京、陕西两地的工作，既丰富了他作为新中国数学教育学科建设先行者的教育人生，也得到了数学教育同行们的广泛认同，铸就奠定了他作为新中国数学教育发展见证人的学术地位。作为中国教育学会数学教学研究会的首任理事长，他率先开展中日数学教育国际交流；后来，他以《中国中学数学教育史》为代表，首开中国中学数学教育历史研究之先河。

1979年，广西师范大学、北京师范大学、上海师范大学等全国13所高等师范院校总结各地教学经验，起草了一套拟在高等师范学校推行的《中学数学教材教法》初稿。魏庚人受邀仔细审阅了初稿，整理出几十条修改意见。1980年4月，教育部在广西师范大学主持召开这部教材的审稿会，专门聘请魏庚人担任会议顾问，安排他在开幕式上做主题发言。在此阶段，魏庚人还对全国师专用书《初等数学研究与教法》的编写工作予以指导。《中学数学教材教法》出版时，魏庚人在序言中说："《中学数学教材教法》(《初等数学研究与教法》)是高等师范院校数学系科的一门主课。"当时说这些教学论课程是"主课"简直惊世骇俗！如今，国内师范院校均设有数学教学论或数学教育学等课程，可见魏庚人在数学师范教育方面的远见卓识！ 1982年3月，中国教育学会数学教学研究会成立，81岁高龄的魏庚人被数学教育界推举为首任理事长（1982—1986）。这是学界对他近六十年数学教育工作、对他作为中国教材教法研究开创者的公认与推崇。

此后，魏庚人以数学教学研究会理事长身份开展中日之间数学教育的互访，这在当时是为数不多的国际学术交流活动。1982年10月，魏庚人邀请中日数学教育学术交流会的日方负责人、日本山梨大学教授横地清来陕西师范大学为我国数学教育研究者和中学数学教师做学术报告。同时，他还向国外积极介绍我国的数学教育情况，在1984年第1期的《日本数学教育学会志》上发表《中国中学数学教育近况》。1985年4月邀请日本数学教育学会常任理事、日本国立教育研究所科学教育中心长泽立夫来西安给陕西数学教育界介绍日本数学教育的现状和动态。1985年8月应邀参加日本数学教育学会第67次全国代表大会并作为嘉宾在开幕式上第一位致祝词。这是日本数学教育界对外籍学者的最高礼遇，是日本数学教育历史上第一次请中国专家致祝词。

1985年9月10日是新中国第一个教师节，恰逢魏庚人从教六十周年。中国教育学会数学教学研究会、北师大城固附中校友会，以及他在北京师范大学和陕西师范大学的学生都前来庆贺。魏庚人感慨万千地说："我这一生，对师范教育的感情最深，兴趣最浓"；"教师的劳动是辛苦的，教师的工作是崇高的，教师的称号是光荣的。我要当一辈子教师的愿望达到了"。

魏庚人知行合一，用毕生热情耕耘在师范教育热土上，桃李芬芳，香漫天涯。刘少奇夫人王光美、著名作家杨沫、中央人民广播电台著名播音员齐越等，都曾是他的学生。时隔多年，陕西师大1977级校友王赵民仍对魏庚人教授的教诲感怀在心，他回忆道："魏庚人教授告诉我们，当老师一定要注重言传身教、为人师表、练好基本功，你的一言一行、一举一动，会影响和感染学生的……你培养十个学生，有一个是坏学生，那你就不是一个好老师。他谆谆教导我们说，要当一个好老师，责任重大啊！"

1987年9月，魏庚人教授以86岁的高龄退休。但实际上他"退而不休"，还在家里不时解答晚辈们提出的问题，参加数学教育专业硕士生的一些指导工作和论文答辩，整理史料《湖南时务学堂算学科的课程设置问题》和《算学丛刻社创业史》等。1989年12月，全国高师数学教育研究会年会在上海举行，出于对魏庚人的敬仰，组委会决定下一届年会在西安举办。中国教育学会数学教学研究会也立即决定1991年的年会定在西安市。两会联合在西安召开，同时在陕西师范大学共贺魏庚人先生九十华诞。其时，时任国务委员兼国家科技委员会主任的宋健为魏庚人教授发来贺词："献毕生为育才，发光热至无穷，树风范垂久远，托遗响于东风。"时任全国人民代表大会教科文卫委员会副主任的张承先发来贺词:"为人民教育事业而奋斗终生,对中国数学教育的开拓做出巨大贡献。"时任国家教育委员会副主任的何东昌发来贺信:"庚人先生钧鉴:欣逢先生九旬寿诞,谨致以衷心地祝贺!先生致力于我国数学教育事业凡六十年,培养的学生遍及海内外,现虽 90 高龄,仍热情关注我国数学教育事业的建设和发展,这种献身我国数学教育事业的精神,堪称年轻一代教育工作者学习的楷模。衷心祝愿健康长寿。"

"正正堂堂做人,勤勤恳恳做工",这是魏庚人的座右铭。1991 年 11 月,魏庚人教授因突发脑溢血与世长辞。虽然魏庚人教授离开了数学课堂,但他用正正堂堂的杏坛耕耘诠释了教师职业的崇高,用勤勤恳恳的立德树人奏响了教育人生的壮歌。

教材建设,笔耕不辍

魏庚人教授生命中的三个数字,见证着中国数学教育的发展历史:六十二年的杏坛执教,七十五年的师范经历,九十年的教育人生。其一生著述,遍及初高中数学的诸多知识领域,以教学中的实际问题为编写依据,融汇了多年的教学经验、研究成果和治学之道,也为研究魏庚人教育思想和数学教育发展提供极高的参考价值。

魏庚人教授是中国自编教材、自编教辅的早期探索者,主要成果产出于 20 世纪 30 年代、50 年代和 80 年代。

他的数学写作始于大学时代,论文《极大极小问题十五则》于 1923 年 7 月发表于《数理杂志》;1924 年与闫镇、刘泗滨合写《历年国内专门以上学校入学数学试题详解》,为研究我国 20 世纪 20 年代初的数学教学和考试情况提供了基础史料。从教之初,于 1928 年出版《数学游戏》,这是当时国内尚不多见的数学科普读物之一。1929 年魏庚人在北平师范大学附中任教,当时的教材都是英文原版,常常要花高价从英、美、日等国购书,既慢又贵。为了解决这个问题，北平师大附中的教师们集资成立了北平师大附中算学丛刻社，影印原版书籍，出版自编教材，这是我国当时最早的专门出版数学书籍的机构，对我国数学教育的发展、数学水平的提高都做出了很大的贡献。出版的自编教材有初中算术、初中代数、初中平面几何、高中平面几何等 12 种。魏庚人出钱入股支持这项活动，并参与编写了其中的两本书，成为中国自编教材的积极探索者。他与王鹤清、程廷熙合编的《初中算术教科书》（上下册）于 1932 年出版，与韩清波、李恩波合编的《高中立体几何教科书》于 1933 年出版。这些中学数学教材当时在全国颇有影响。在我国自编数学教科书刚刚兴起的时期，魏庚人与其他几位先生"敢为人先"，将多年的初等数学研究成果与自己丰富的教学实践经验融入教科书，编写的《初级算术教科书》内容由简入繁，知识具体详尽，清晰直观，适合当时初一年级学生的实际水平；编写的《高中立体几何教科书》则以中国学生数学实际水平为依据，借鉴国外教科书长处，体现严密的公理化体系，是当时我国较受欢迎的实用数学教科书。

20 世纪 50 年代，面对新中国数学教材较缺的问题，魏庚人在教学之余于 1953 年至 1955 年编写了《代数补充讲义》，翻译了苏联著作《几何证题集》（巴瑞彬著）和《青年工人学习算术教学法》（契克马列夫著），加强了数学教学中的教材建设。其中，《代数补充讲义》以"补充"的方式对代数教科书中的难点给予解释，旨在打牢根基、巩固知识。这也是魏庚人"重视双基和三大能力"思想的体现，他明确指出："为了提高中学数学的教学质量，首先应该加强基本知识与基本训练的教学。"

1976 年后，教育事业迎来"科学的春天"。1978 年 3 月，国家相继召开全国科学大会和全国教育工作会议，大大激发了教师们进行教学科研的工作积极性，魏庚人教授老当益壮，焕发出事业的青春。这段时间成为魏庚人教授继 20 世纪 50 年代之后又一个事业的黄金时期：生活最稳定、工作最繁忙、情绪最高涨、成果最丰富。1977—1981 年，魏庚人在教学、行政工作之余，完成《中学数学手册》和《排列组合》两本书。还积极支持《中国中等数学文摘》的编辑工作，为书作序。这段时期的新编教材执行"删减、增加、渗透"六字方针，很多中学教师不适应"增加"的近代数学初步知识，也不适应"渗透"的基本数学思想，魏庚人"想一线教师所想"，组织陕西师大数学系教师编写了《逻辑代数初步》《中学集合论》《中学概率论与数理统计》等8本教学参考书。这些教学参考书根据当时的教学大纲和教材编成，主要是开拓读者思路、提高解题能力、弥补教材的不足、提升教学的质量，于1980—1983年相继出版。这是我国较早结合新教材编拟的"雪中送炭"教辅书。

1972年，陕西师大数学系在万马齐喑时期率先创办国内第一家中学数学教学刊物——《中学数学教学参考》，刊物编辑部挂靠在以魏庚人教授为核心的初等数学教研室。他是刊物的强力推动者、学术顾问和积极撰稿人，1972—1989年间陆续写稿12篇（有时用笔名西畴）。这些数学教育论文具有很强的实用性，不仅注重数学思想方法，还强调解决实际问题。如今，《中学数学教学参考》已发展成为国内发行量和人大报刊复印数均名列前茅的数学教学期刊。

1978年5月，全国科学大会后不久，魏庚人赴京为《中国中学数学教育史》收集资料，几经波折，于1985年完成初稿，1989年由人民教育出版社出版。这部著作将国内数学教育视野上溯至19世纪60年代，为中国数学教育的百年发展提供了历史见证。该著梳理了自1862年至1949年数学教育的变迁与发展史实，对各个时期的教育宗旨、教育制度，中学数学课程标准、课程内容，中学数学教科书、教学参考书，中学数学教育期刊及相关论文，各类学校的入学试题，近代数学家，还有中学生发表在《学生》杂志上的论文，等等，都进行了客观详尽的介绍，内容丰富，资料宝贵。作为中国第一本系统研究中学数学教育的"史书"，这本书对后世数学教育相关文献的编写影响重大，是数学教育史学研究者的必读书，已经成为研究中国学制史，研究中国数学教育课程史、教材史、期刊史、考试史等课题的重要参考资料。这部填补中国数学教育史空白的论著，具有里程碑式的意义，被视为魏庚人教授学术贡献最多、对后世影响最大的一部力作。

《中国中学数学教育史》也是魏庚人投入精力最多、编写时间最长的一部作品。早在"牛棚"中，他就萌发了编写一部"中国中学数学教育史"的愿望，他曾对人说："老一辈数学教育家已经相继谢世了，我国早期有关数学教育方面的情况如今就我知道的还稍多一些，如果再不整理记载下来，今后就更难办了。"因此，拨乱反正后，魏庚人就风风火火着手资料收集工作。他只身来到北京，奔波于各大图书馆之间收集资料。连续劳累了三个月，加上气候炎热，他病倒了，最后由他的儿子将他接回。可一回到西安，他又着手整理资料、草拟提纲目录，终因人力不足、资料不全而暂时搁下。1981年，魏庚人以80岁高龄加入中国共产党后，决心重启编写，这次他约请了两位年轻合作者加入（学生李俊秀、高希尧，主要负责书稿的后半部分），工作进展较为顺利。正当编写进入全面展开的紧张阶段，魏庚人教授的夫人病重。他既要照顾病人，又要学着料理家务。1982年8月夫人病故后，他忍着悲痛，把全部时间和精力都倾注到这部书的编写上。著名数学家、中国科学院学部委员，北京大学江泽涵教授在为该书所作序言中写道："我国早已有了很多数学史和教育史这两方面的书籍，但数学教育史这方面的书籍，按我看来，本书还是第一本。""魏庚人同志是我国数学教育界的老同志，他毕生从事教书育人的工作。……本卷教育史有大半的年代是他亲自经历的，这样的老同志能主编这本历史是最合适的人选了。庚人同志慨然以此重担为己任，年逾古稀，不辞辛苦，仆仆风尘往返京陕各地收集资料，主持编写，这件事正表示了一位老知识分子的赤子之心。"1990年，该书被评为全国优秀教育类图书。

魏庚人九十年的人生就是为教育、为师范而鞠躬尽瘁的一生。他是新中国数学教育学科建设的一位功勋开拓者，是中国数学教育百年发展的一位历史见证人。他在漫长的教学生涯中，逐步形成的关于数学教育理论与实践的丰富的思想、方法，是我国数学教育史上十分宝贵的财富，对我国数学教育事业的发展有着深远的指导意义。魏庚人数学教育思想的核心是启发式教学与倡导基本知识和基本训练的"双基"教学，而思想性、科学性、理论性、艺术性与实践性相结合则构成其数学教育思想的基本体系。21世纪的中国数学教育已经发展到培养核心素养、实现立德树人根本任务的新阶段，这无论是数量还是质量都较20世纪发生了翻天覆地的变化，但魏庚人教育思想的合理内核并没有被淘汰，有的作为他的教育理想被实现，有的作为教育发展的阶段被升华。在陕西师范大学建校八十周年之际，我们纪念魏庚人教授，弘扬他忠诚教育事业、为国育才的精神，希望能激励新时代的数学教育工作者继承数学教育事业，并为其改革发展努力奋斗。

【主要参考资料】

[1] 魏庚人、李俊秀、高希尧：《中国中学数学教育史》，人民教育出版社，1987年。

[2] 《魏庚人数学教育文集》，河南教育出版社，1991年。

[3] 朱恩宽、黄秦安：《魏庚人数学教育思想评述》，载《数学教育学报》1993年第1期。

[4] 薛茂芳编：《中国数学教育人名辞典》，海南出版公司，1993年。

[5] 侯建荣：《中国现代数学教育的先驱——魏庚人先生》，西北大学硕士学位论文，1995年。

[6] 张素敏：《现代数学教育家魏庚人教授》，载《西北大学学报（自然科学版）》1996年第3期。

[7] 路见可：《忆魏庚人教授——纪念魏老师逝世五周年》，载《中学数学教学参考》1996年第12期。

[8] 王赵民：《魏庚人教授二三事》，载《陕西师大报》2016年9月25日。

[9] 赵东辰：《魏庚人数学教育贡献研究》，内蒙古师范大学硕士学位论文，2017年。

[10] 罗增儒：《纪念魏庚人教授诞辰120周年》，载《中学数学教学参考（上旬）》2021年第3期。

[11] 罗增儒：《纪念魏庚人教授诞辰120周年(续)》，载《中学数学教学参考(上旬)》2021年第4期。

【人物档案】

陈高佣（1902—1976），山西平遥人。知名历史学者，陕西师范大学历史学科奠基人之一。1927年毕业于北京师范大学，上学期间曾担任《中华日报》编辑。1928年赴日留学，次年春与吴羹梅等组织成立"人社"东京分社，任副董事长。青年时代加入中国共产党，在反帝反封建的热血斗争中践行教育救国理想。1930年回国任教于上海劳动大学，创办《世界与中国》月刊。1933年任上海国立暨南大学文学院史地系教授，兼任复旦大学、大夏大学、上海政法学院、沪江大学等校教授。1938年在上海主办《世界文化》杂志，宣传抗日主张。1939年任暨南大学文学院史地系主任，兼任该校南洋文化研究馆主任。1945年任上海市文化运动委员会主任委员，兼任教育部京沪联合办事处主任，同年秋任新创办的中国新闻专科学校校长，兼任《中国新闻》《新文化半月刊》杂志负责人。1951年应侯外庐邀请，支援大西北建设，到西北大学任教。此后任西北大学师范学院、西安师范学院、陕西师范大学教授。终生致力于中国本位的文化建设，情系家国，学识渊博，治学严谨，著述颇丰，在先秦哲学、逻辑学等领域均有精深造诣。

陈高傭：史以载道书报国

"要使中国在文化的领域中抬头，要使中国的政治、社会和思想都具有中国的特征，必须从事于中国本位的文化建设。"1935年新年伊始，34岁的陈高傭同另外9位著名学者联名在《文化建设》第1卷第4期上发表《中国本位的文化建设宣言》，即振聋发聩的"十教授宣言"。所言"中国本位的文化建设"，就是希望开展中国的科学与民主的启蒙运动，形成凝聚中华民族共识的"中国本位的文化"。史以载道，文以报国，对于陈高傭而言，学术研究之目的在于为民族和国家，承续一脉文化，保留一焰星火。

情系家国　碧血丹心

陈高傭于1902年出生在山西平遥杜家庄村一户农家。原名显文，1927年更名崇人，1930年更名高傭。幼嗜读书，亲族称其为"书呆子"。族中一伯父为前清秀才，对陈高傭极为厚爱，教作古文，给他讲十三经、宋明理学、中外历史地理等，并将家中所藏书籍借给他阅读，陈高傭由此打下坚实的国学基础。陈高傭嗜爱读书，但家中并不支持，希望他早点做生意或者到"票号"挣钱。以至于陈高傭在高小毕业后，与家庭闹了一个多月，才得以报考进入太原第一师范。时值五四新文化运动，陈高傭颇受进步思潮影响，师范毕业后，想继续前往北京升学。由于家庭的压力和父亲的反对，陈高傭只能悄悄向友人借钱，只身赴京考入北京师范大学。由于没有经济来源，他不得不半工半读，自力更生。

1925年，因为生活刻苦、对人忠实、关注民生、学习勤奋，大二的陈高傭经同学黄道、游宇介绍，先后加入共青团、共产党。他在北京师范大学就读期间，与平遥县早期革命者李舜琴有工作联系。李舜琴是平遥县净化村人，1924年加入中国共产党，1925年在北大上学期间，与陈高傭等成立"群新学会"。学会成为共产党领导下的革命青年组织，后来创办刊物《新时代》。他们发动学生，街头演讲，抵制日货，参加罢课游行示威及募捐，成为平遥县籍学生在北平革命运动的积极组织者与参与者。

1926年"三一八"惨案发生,陈高傭与大多数共产党人一样,疲于应对当局的残忍追捕。1927年"四一二"反革命政变后,蒋介石同奉系军阀张作霖对共产党人、国民党左派血腥屠杀。为了保存革命力量,北京师范大学党组织决定向外地疏散一批党员,其中李舜琴、阎林民夫妇及陈高傭被分配到山西省委开展革命工作。9月,在太原的共产党员陈高傭、郭子奇等均在清党之列。他们只能为安全考虑,回到平遥进行革命,经常在当地革命者家中聚会,分析形势,研究对策,进行革命活动。后来,陈高傭回到杜家庄村进行革命宣传活动,组织反帝反封建活动,提出改变当地殡葬习俗。国民党反动派得知他进行革命活动后,对他实施抓捕,但他当晚刚好没有在家,躲过一劫。

1928年,由于在平遥革命已经非常困难,加上北平组织遭到破坏,陈高傭选择前往日本求学。1929年春,他与留日同学吴羹梅等组织成立"人社"东京分社,任副董事长。1930年陈高傭回到上海,任教于上海劳动大学中学部。1932年由于其主编的《世界与中国》中有许多令当局不快之处,被租界巡捕房逮捕,关押三个月后,因未被查出党派关系得以保释。风雨飘摇,家国动荡。青年时代,怀抱赤子之心的陈高傭始终奔波在求学救国的征途。清澈的热血涵蕴一颗丹心,教育救国的志气鼓舞他走进更为广阔的学术天地。

笔耕不辍　治史终生

1933年夏,陈高傭任上海暨南大学教授(1933—1942;1939年始任文学院史地系主任,又任南洋文化研究馆主任),兼任复旦大学(1934—1946)、大夏大学(1939—1942)、上海法政学院(1937—1941)、沪江大学(1937—1941)等校教授。同年秋参加中华学艺社(任编委)、上海大学教职联合会(任执委)。1934年参加上海市作家协会,任理事会编委。1938年,暨南大学设立新闻专修科,陈高傭是主持人之一。

陈高傭教书育人,所授课程以中国历史为主,包括中国通史、文化史、经济史、社会史、民族史、风俗史、政制史、民族海外发展史、宗教史,以及中国近代史、中国现代史、中日外交史等约20门之多，此外还兼开哲学、逻辑等课程。陈高佣讲课很受学生欢迎。这个时期，陈高佣应商务印书馆之约所撰的《论理学》于1938年出版。很快，该书便成为当时师范院校的逻辑学教科书。此外，1933年至1935年间，陈高佣还发表了许多关于中国文化问题的言论，1937年6月由商务印书馆汇集为《中国文化问题研究》出版。

陈高佣的第一部著作《名理通论》（开明书店，1930）是在对美国杜威的实验主义和明儒王阳明哲学研究的基础上，在大学二、三年级时（1925年前后）写成的。该书简介道："作者在研究实验主义哲学的基础上论述名学与哲学的关系，中国、印度、西方名学发展略史，中国秦汉以来名学的派别，宋明朱陆两派不同的名学方法，并具体论述了逻辑思维与人类思想的一致性，以及与神秘主义之间的关系等。"该书内容分九章：名学与哲学、无名主义与正名主义、印度西洋中国三家的名学略史、中国近世哲学史上两派不同的名学方法、中国近世哲学史上一个科学的求理方法、思想一致、事实与意义、知与行、神秘主义与逻辑。所谓"名学"就是逻辑学。陈高佣1923年成为北京师范大学教育史地系第一届学生，进校不久就醉心于逻辑学的研究，《名理通论》是他初步"接受科学洗礼""了解现代思想"的结晶。由此开始，对于科学思想方法的追求贯穿陈高佣先生一生。

1939年，陈高佣编纂完成颇负盛名的《中国历代天灾人祸表》，并于当年出版。由于影响巨大，再版多次。该著是我国第一部有关中国历代天灾人祸的分类统计专著，将秦王朝至清代两千余年间的天灾人祸分为水灾、旱灾、内乱、外患等六个方面，用中西历对照，以年表形式予以记载，节录史料以年表形式予以呈现。书末另附各代灾祸统计图表30余幅，以及李四光、竺可桢相关研究论文各1篇。全书参考了二十五史、《资治通鉴》、《古今图书集成》，以及历朝会典、会要、实录等百余种文献，资料丰富，内容翔实；应用数理统计的科学方法，观察历代天灾人祸发生的频率波动，证明人类生活的两重环境（自然环境与社会环境）存在密切关系，说明天灾人祸也是影响社会发展的关键因素；还介绍了中国古代防疫情况。可以说，该著是研究中国通史、社会史、经济史、民族史、水利史、气候学以及环境史的重要文献。

这一著作的意义,正如时任暨南大学校长何炳松先生在该书序中所言:"篇幅的繁重,材料的充实,凡例的缜密与编制的新颖,无论读者一瞥的翻览或吟味的通读,都自能得到深刻的印象,而将不能自已地发为赞叹。至于这部书有助于中国社会史、经济史、民族史、政治史的研究,而必能促'尽善尽美的'中国通史早日产生,更是中国从事史学研究者所知晓,都不待我再费辞多说。"

忆及《中国历代天灾人祸表》在抗战中孕育而生的艰难岁月,何炳松先生写道:"自从'八一三'事变爆发,本校黉舍毁于炮火,图书化为灰烬,学校局促于上海租界的一角,可谓艰苦万状;但全校师生竟能继续着'弦歌之声'。而高傭先生和文学院几位教授以及史地学系多位学生,仍然计划搜讨,编述校印,埋头努力于本位的文化工作,不问辛苦,无间寒暑,真使我百感交集!然而,转念:全国文化工作者殆都具有这种努力向上的民族精神,而谓这民族将要沦于奴役或绝灭,虽极愚骏,也决不相信人世间会有此惨剧,则又不禁'色然以喜'!若干年后,民族复兴,国家安定,文化工作日异而月不同,我如能和高傭先生、各位教授以及各位学生,促膝围坐,清茶淡酒,纵谈史学,回话当年,那末,我们目前所身受的一切艰苦都已得到无价的心灵的快慰了!"

暨南大学八十年校庆时的相关文字显示:"因为有周谷城、郑振铎、陈高傭这样的大师,他们的历史系最有名。陈高傭先生治学严谨,著述颇丰,积极创办进步刊物,还长期掩护从事地下工作的同乡著名学者侯外庐";"80年来,历史学系先后有周予同、周谷城、陈高傭、沈炼之、谭其骧、朱杰勤、陈乐素、金应熙等诸多史学大师执教,铸就了历史学系沉潜厚重、究心学术的学风,为国家培养了大量杰出人才"。

从社会影响来说,这段时期的陈高傭因参与发表"十教授宣言"而闻名。1935年1月,他与何炳松(暨南大学)、樊仲云(暨南大学)、陶希圣(北京大学)、萨孟武(南京中央政治学校)、黄文山(南京中央大学)、孙寒冰(上海复旦大学)、章益(上海复旦大学)、武堉干(上海商学院)、王新命(上海政法学院)等十大教授联名发表《中国本位文化宣言》,史称"十教授宣言"。

《宣言》开篇提出："在文化的领域中，我们看不见现在的中国了。……中国人正在苦闷，正在摸索，正在挣扎。"《宣言》说："有人以为中国该复古，但古代的中国已成历史。历史不能重演，也不需要重演。有人以为中国应完全模仿英美，英美固有英美的特长，但地非英美的中国应有其独特的意识形态，并且中国现在是在农业的封建的社会和工业的社会交嬗的时期，和已完全进到工业时代的英美，自有其不同的情形，所以我们决不能赞成完全模仿英美。除却主张模仿英美的以外，还有两派：一派主张模仿苏俄，一派主张模仿意德。但其错误和主张模仿英美的人完全相同，都是轻视了中国空间时间的特殊性。"历史已经证明，《宣言》这样的见解是不错的。那么中国应该向何处去？作者回答："要使中国能在文化的领域中抬头，要使中国的政治、社会和思想都具有中国的特征，必须从事于中国本位的文化建设。"

《宣言》发表在抗战期间的 1935 年，日本侵占东北、深入华北、威胁平津，中华民族危急存亡之秋。他们的"中国本位的文化建设"，实质就是希望来一场中国的科学与民主的启蒙运动，形成凝聚中华民族共识的"中国本位的文化"。无疑，这种主张是陈高傭青年时代家国情怀的延续和彰显。

弦歌西往　思远文长

1945 年秋，上海创办私立中国新闻专科学校，陈高傭任校长，于右任任董事长。聘请主张抗日的进步人士阿英、柯灵、胡道静、刘海粟、周予同、周谷城等为教员，培养了一批资深的新闻工作者。1949 年 5 月，将该校交给政府。由于在文化界的深厚影响，1946 年陈高傭当选为上海市参议员。上海解放时，陈高傭拒绝去台湾，放弃香港英国皇家学院等大学的聘请，选择留在上海。1951 年，他应西北大学校长、著名历史学家、山西平遥老乡侯外庐邀请，举家迁往西安，支援大西北学术建设，任教西北大学。1952 年先后任西北大学师范学院教育系、史地系教授。1954 年师范学院独立设置，更名西安师范学院，他任历史系教授。1960 年西安师范学院与陕西师范学院合并，成立陕西师范大学，陈高佣继续在历史系任教。任教期间，他治学严谨，学识渊博，讲课生动，深受广大学生的爱戴。

这段时期，陈高佣参加"土改""资产阶级思想批判运动""三反运动""忠诚老实运动"等，"以严肃的态度作了思想上的激烈斗争"。同时，"为了教学编写的讲义，与提纲，与札记，至少约有一百万字"。在手稿《我的历史是一部沉痛的忏悔录》最后，陈高佣深情地说："我54岁了，头发已经几乎全白了，但是在新事物的刺激与滋养下，我不觉已将老年，我深深地觉着，如果一个人不能认识真理，为人民作出一些事情，是最可耻的。我要为了马列主义、为了伟大的祖国，鞠躬尽瘁死而后已。"

1957年到1976年，受政治影响，陈高佣的生活空间只剩下在学校对面吴家坟租住的一间农家小屋和陕西省图书馆，小屋里寄居着他风烛残年的病体，中国哲学原典间构筑着他闪闪发光的精神家园。"四顾茫茫，一无凭借"，1962年初到1966年，陈高佣在苦涩的现实生活中陆续完成《老子今解》《墨辩今解》《公孙龙子 邓析子 尹文子今解》。1973年到1976年，陈高佣完成《论语译注批》、《盐铁论评注》、通俗版《邓析子译注》等学术成果。

陈高佣晚年钻进先秦典籍，主要不是为研究历史，而是把先秦典籍视作自己的精神归宿，希望为后人留下通往精神家园的铺路石。这个精神家园属于中华民族，也属于全人类，就像苏格拉底、柏拉图、亚里士多德以及西方近代思想史上的伟人们的著述同样也可以是中国学者的精神乐土一样。当中国大地轰轰烈烈进行着"文化大革命"，中国传统文化被称为"四旧"而被"横扫"的时候，当许多西方学者认为中国文化已经死掉的时候，戴着沉重"右派"帽子的陈高佣在他的陋室中夜以继日、默默无闻地从事着上古文献的整理诠释工作。他自己的身心、精神也完全陶醉在这些瑰宝之中。这些珍贵的稿件是陈高佣先生以心血和生命写成的，是他含垢忍辱近二十年思想的结晶。

应陈高佣先生女儿陈杰瑶之请，由陕西师范大学历史文化学院臧振教授整理陈高佣先生于20世纪六七十年代完成的研究手稿，整理而成的《老子今解》《墨辩今解》《公孙龙子 邓析子 尹文子今解》等著作受陕西师范大学出版基金资助，于 2016 年、2017 年出版。

"此种坚毅和伟大的理想，正是治学治史不可或缺的精神品质和高尚追求。从前对陈高佣先生的了解不多，只单纯抱有对学术前辈的尊重。更深入地了解了陈高佣先生的一生和他呕心沥血写出的著作的价值后，更多了一丝钦佩和景仰。中国的学术的发展正是得益于像先生这样的一代代学者的艰苦奋斗和努力耕耘。先生已去，但他的事迹和著作仍能不断地激励和引导着我们不懈前行。"臧振教授在《整理后记》中深情写道。

2021 年 5 月，陈杰瑶向陕西师范大学历史文化学院捐赠陈高佣名著《中国历代天灾人祸表》（商务印书馆，2020）。"早年他利用自己的社会地位，利用自己在史学界的影响，指点江山，激扬文字，发扬努力向上的精神，积极推动中国民族文化的发展。晚年，他刻苦著书，并时刻关心祖国的统一大业，希望通过他在台湾的学生、朋友为海峡两岸的统一做出贡献。"陈杰瑶回忆父亲时说。

陈高佣一生坎坷，但他以一颗知识分子的拳拳爱国之心，为我国的解放事业和高等教育事业贡献了毕生精力，新中国成立之初从东部来陕，在陕西教育热土上挥洒热血、奉献韶华，树立起陕西师范大学建校早期"西部红烛两代师表"精神的典范。先生之风，山高水长。

【主要参考资料】

[1] 陈杰瑶：《陈高佣》，见张建祥主编：《陕西师范大学校史人物传略（1944—1966）》，陕西师范大学出版社，2006 年。

[2] 臧振：《整理后记》，见陈高佣：《墨辩今解》，商务印书馆，2016 年。

[3] 臧振：《治学当如陈高佣》，陕西师范大学历史文化学院微信公众号，2018 年 11 月 26 日。

[4] 历史文化学院资料室：《陈杰瑶女士向我院捐赠陈高佣先生著作》，陕西师范大学历史文化学院网站，2021 年 5 月 20 日。

【人物档案】

高元白（1909—2000），名崇信，字元白，陕西米脂人。著名语言学家、教育家，陕西师范大学中文学科主要创始人之一。1915年随家迁居北平，1935年于北平师范大学国文系毕业，学习期间师从钱玄同、黎锦熙、沈兼士、余嘉锡、吴承仕、唐兰、商承祚、高步瀛等名家。七七事变后，携眷西迁，先后在西安多所高校任教。1946年任陕西省立师范专科学校国文科主任，1947年任国立西北大学国文系主任，1949年任国立西北大学师范学院中文系主任，1954年任西安师院中文系主任，1960年任陕西师范大学中文系主任，1981年改任名誉系主任。曾兼任中国语言学会理事长，中国音韵学研究会顾问，中国训诂学研究会学术委员，陕西省语言学会会长，陕西省文史馆馆长，民盟中央委员兼陕西省委员会副主委，第一、二、三届陕西省人大代表，政协陕西省第四、五、六届委员会委员，等等。

高元白：授业精诚天地心

"万里家山一梦中，吴音渐已变儿童。每逢蜀叟谈终日，便觉峨眉翠扫空。师已忘言真有道，我除搜句百无功。明年采药天台去，更欲题诗满浙东。"这是苏轼的《秀州报本禅院乡僧文长老方丈》。1934年，这首诗被现代著名作家朱自清书赠给时年25岁的大三学生高元白。这份墨缘，要从高元白青少年时代在北京的读书经历说起。

北京求学，西北从教

1909年3月，高元白出生于陕北"两山围三水，四街串古韵"的米脂古城。高家是当地望族，父亲高祖宪（高又宜）曾任榆林中学教习、绥德中学堂监督、陕西都督府秘书长、关中道观察史、关中道尹等职，也曾创办纺织厂、畜牧场等，追求实业救国。

1912年，因父亲高祖宪到西安任职，高元白随家人迁居西安。1915年底，因不满袁世凯在陕弄权，父亲高祖宪愤然离开西安，携家人前往北京。1917年，高元白开始就读于北京高等师范学校附属小学，后以优异成绩连续保送进入北京师范大学附中初中部、高中部。

中学时代，高元白涉猎广泛，爱好哲学、音乐、美术、戏剧，经常发表新诗、散文。读书时期的高元白非常勤奋，后来曾自述：北平冬天风大严寒，穿着棉袍，两手冻得写不出字来。在家里既不敢跺脚取暖，也不敢动静过大，怕影响父母休息，只能搓搓双手，喝口开水驱寒。高三时，高元白与同学尤炳圻合作，校注黄遵宪的《人境庐诗草》。这标志着高元白开始踏入学术研究的殿堂。由于学业繁忙，校点工作只能利用课余时间进行。他们克服种种困难，对书中469首诗进行了整理、校注，完成了黄遵宪诗歌的第一部全注校点。1935

年 7 月,《人境庐诗草》校点本由北平文化书社出版,学者钱玄同题写书名,后由北平书局再版发行。

1931 年,高元白被保送至国立北平师范大学国文系读书。当时的北平,大师云集,他们经常在不同的高校兼职,传道授业。高元白得到黎锦熙、钱玄同、沈兼士、余嘉锡、吴承仕、唐兰、商承祚、高步瀛等专家学者的指导。1934 年,清华大学教授朱自清在北平师大讲授选修课"中国新文学研究",同时准备《中国新文学大系·诗集》的编纂工作,听闻该校大三学生高元白收集了不少新诗,便想借用参考,高元白便将从报纸上搜集的四大本新诗剪贴本全部送给朱自清。作为感谢,朱自清回赠高元白一幅墨宝,内容即为本文开头的苏轼《秀州报本禅院乡僧文长老方丈》。

1935 年,高元白自北平师范大学毕业,任该校附中高中国文教员。其时《毕业歌》正被北平学子传唱:"同学们!大家起来,担负起天下的兴亡!听吧,满耳是大众的嗟伤;看吧,一年年国土的沦丧!我们是要选择'战'还是'降';我们要做主人去拼死在疆场……"年底,北平爆发了声势浩大的"一二·九"运动,青年学子呼出口号:"华北之大,已经安放不下一张平静的书桌。"高元白就在这样艰难的国运中,怀抱教育救国的信念,开启了此后的教育生涯。

1937 年七七事变爆发,中华民族开始全面抗战。7 月底,北平沦陷。8 月,为保存抗战期间的中国高教事业,《国民政府教育部设立临时大学计划纲要草案》出台。9 月 10 日,北平大学、北平师范大学、北洋工学院等 3 所国立大学和北平研究院,开始迁至陕西西安,组建国立西安临时大学。10 月 18 日,西安临大在陕成立。1938 年 3 月,日寇占领风陵渡,潼关告急。西安临大自 3 月 16 日起南迁陕西汉中,4 月初师生全部到达汉中。4 月 3 日,国民政府教育部发布训令,指出为"发展西北高等教育,提高边省文化",将西安临时大学改称国立西北联合大学。5 月 2 日,西北联大开学,在汉中城固校本部举行开学典礼。7 月中旬,西北联大改组为 5 所独立的国立大学,即国立西北大学、西北联大工学院与焦作工学院合组的国立西北工学院、西北联大教育学院改称的国立西北师范学院、西北联大农学院与西北农学院合组的国立西北农学院、国立西北医学院。

知道这段教育历史，才能了解这段时期高元白西迁的时代背景和从教历程。1937年9月，高元白随北平师大及其附中迁往西安，任国立西安临时大学文理学院国文系讲师，并在该校附中兼课。1938年，高元白随校南迁汉中城固，先后在国立西北联合大学及该校附中、国立西北大学、国立西北师范学院及该校附中任教。1943年8月，高元白赴陕西武功任国立西北农学院国文系副教授兼生活指导主任。1944年，赴四川金堂铭贤学院任国文教授兼训导主任。

1946年，高元白回到西安，出任陕西省立师范专科学校国文科教授兼科主任。1947年8月，兼陕西省立商业专科学校训导长，11月，任国立西北大学文学院中国文学系教授兼校长秘书，仍兼任省立师专教授。1949年9月，高元白任国立西北大学师范学院中国文学系教授兼系主任。

潜心学术，教书育人

高元白潜心学术，笔耕不辍，在音韵学、文字学、庄子研究、汉字改革等方面颇有建树。作为语言文字学家，高元白早在1943年就出版了文字学专著《汉字形体的源流》，1954年该书更名为《汉字的起源、发展和改革》再版。该书从人类语言的产生谈到汉语的开始时代，进而论述汉字的起源，从汉字的形、体两个方面论述汉字的发展，分析了汉字与汉语发展的矛盾和汉字本身的特点，提出"创造民族形式的汉语拼音文字"的改革主张；全书论点精辟，论据充分，论证严密。《汉字形体的源流》深为语言学界推崇，长期作为汉字教学方面的重要参考书。他的老师、著名学者黎锦熙在该书序文中称之为"伟大而充实"的论著。

作为文字改革的倡导人，高元白主张文字学研究应以实用为本，以汉字的改革为目的。高元白陆续出版了《现代汉语》、《古代汉语》、《新诗韵十道辙儿》、《汉语音韵学要略》、《庄子校释》、《庄子译注》、《广韵提要》（与金德平合著）等 10 余部著作。其中《广韵提要》在"广韵"音系的分类与构建方面严密精深，为学界同人称道。有别于从古文字到古文字的考据之方，高元白的系列研究成果为新中国成立之初汉字简化方案提供了可靠的理论依据。

高元白赞同鲁迅"押大致相近韵"的主张，提出诗韵应通俗化，易于掌握，以适应现代汉语语音的发展，成为有新生命的格律。黎锦熙对这个观点也表示肯定。遵循这个原则，高元白于 1984 年出版《新诗韵十道辙儿》，汇入改革开放后"诗韵革命"的春天，为新诗的押韵拓展了创作途径。

高元白哲嗣高振祥谈道："父亲的治学理念有三点值得学习：一是破除门派壁垒，不墨守执固。在音韵学上父亲原来主张钱玄同先生的古韵分部，经过研究对比后认为王力先生的二十九部更为优越，便在教学和科研中采用王力的说法。这种追求真理更甚恩师的科学态度，应大力提倡。二是理论与应用相结合。如《新诗韵十道辙儿》在音韵学上有突出贡献，有两个特点：第一，消除了文字和语言学上的鸿沟。第二，把音韵学的原理和应用有机地结合起来，既有详细而科学的理论阐述，又有可指导实际应用的《十道辙常用字表》，这样可以参照字表进行创作和分析韵字。三是鼓励后学超过自己。父亲经过多年的研究将诗韵简化为十道辙，而他的学生、宝鸡文理学院中文系李慎行教授又将之简化为九道辙。当李慎行来看望他时，他很满意学生的挑战，鼓励对方要有超越老师的信心和勇气。"

在长达六十五年的教育生涯中，高元白不惧战火纷飞，不畏颠沛流离，始终铭记"勤学爱国"的家训，以传道授业为己任，以教书育人为根本，循循善诱，诲人不倦，为中国教育事业培养了一批批优秀人才，影响着一代代莘莘学子。他先后为专科生、函授生、本科生、研究生开设过现代汉语、古代汉语、文字学、训诂学、音韵学、《广韵》研究等课程，编撰了《现代汉语》《古代汉语》《汉语音韵学要略》《广韵提要》等教材。1982年，高元白开始招收汉语史硕士研究生，为配合教学需要，他全力赶编《汉语音韵学要略》，该书于次年出版。

"听高老师讲课，是一种艺术上的享受。"耄耋之年的康唯实在回忆当年在西北师范学院的读书生活时说，"西北师范学院附中在关帝庙有10间教员宿舍，都是草顶纸窗，里面配一张竹桌、两把竹椅、一副床板、一盏油灯。先生们便是在这样艰苦的条件下，黄卷青灯，孜孜以求。高老师在讲国文课时经常会插入哲学、美学以及民族前途的知识，既引人入胜，又发人深思。高先生有一次在讲《孔雀东南飞》时，门口和窗台外都挤满了外班来听课的学生，到了下课时间，同学们停不下来，喊着'继续'，高老师只好接着讲。及至天色渐暗，仍有热心的学生跳窗出去，取来汽灯，继续听讲。"

年逾古稀的高元白仍坚持授课。陕西师大文学院教授、当年的学生张国俊回忆说，高先生"匆匆挥着手臂，白色的灰屑纷纷落下，一堂课下来，那清瘦的脸上就茸茸地铺了一层白粉，深蓝的制服上好像密密地挂了一片秋霜"。文学院后辈、现在已经退休的郭芹纳教授，对高元白教书育人的形象记忆深刻："高老师的床上，有一半的地方让给了书"。在高元白九十寿辰时，郭芹纳作诗相赠："授业精诚天地心，归来两袖尽粉尘。夜伴书眠觅新句，独将诗韵传后人。"高元白的研究生刘静回忆说："高先生传授给学生的不仅仅是他渊博的学识与治学良方，更重要的是立身之道和为人之本。"

高元白一生潜心语言文化事业，直至耄耋之年，依然耕耘不辍。同时，高元白积极参加社会活动，推动学术组织创立。1978年创立陕西省语言学会并担任会长。1980年创立中国语言学会并任理事长，同年创立中国音韵学研究会并任顾问。1981年创立中国训诂学研究会并任学术委员，同年任中国写作研究会西北分会副会长、陕西省中学语文教学研究会名誉会长。1985年任陕西省文史研究馆馆长，1991年改任名誉馆长。1995年任陕西省诗词学会顾问。同时，高元白曾任民盟中央候补委员、委员、参议委员，第一、二、三届陕西省人大代表，政协陕西省第四、五、六届委员会委员。

"登彼太行，翠绕羊肠。杳霭流玉，悠悠花香。力之于时，声之于羌。"1990年秋，北京师范大学教授、中国书法家协会第二任主席启功先生书以上《诗品》句赠高元白先生，以句中"声之于羌"称颂高先生在汉字音律学、文字学方面的学术贡献。因启功字元白，故元白先生书赠"元白先生"翰墨成为文艺界一段佳话。

执掌科系，奠基中文学科未来

1946年，受陕西省立师范专科学校校长郝耀东邀请，高元白自川返陕，出任国文科主任。此后，高元白于1949年任国立西北大学师范学院中文系主任，1954年任西安师院中文系主任，1960年任陕西师范大学中文系主任（1981年改任名誉主任）。

高元白1946年出任陕西省立师专国文科主任时，由于时事动荡，教学理念并未得到充分施展。1954年他出任西安师院中文系主任后，开始大刀阔斧地进行课程、教学改革，加强学生基本技能训练，重视函授教育，推进学术研究，培养师资队伍，为中文系、中国语言文学学科后来的快速发展奠定了坚实基础。在课程改革方面，他将汉语课分为现代汉语和古代汉语，增设语言学概论、外国文学、美学等课程。他鼓励全系教师改革教学方法，自己身体力行，在讲授古代汉语时，采用"文选、通论、常用字三结合"的教学方法，教学效果得到显著提高。陕西师大成立后，高元白主持中文系，制定了加强学生基本技能的训练方案，强化学生讲课、阅读和写作能力。这个方案由高元白向光明日报社社长杨明轩介绍，经记者到校采访后在《光明日报》

上发文推介。

高元白非常重视函授教育，以系主任兼函授部主任，直接参与函授教材和教学计划的制定，亲自给函授生授课，推动函授教育发展。按当时的体制要求，函授教师不能给在校生上课，在校生教师也不能给函授生上课，他认为这样划分很不合理，是人才资源的浪费，因此力主函授教师与在校生教师合并使用，这样，在校生和函授生的师资力量都能得到加强。他的主张得到刘泽如校长的支持，受到了函授教师和在校生教师的拥护，既调动了教师的积极性，也提高了在校生和函授生的教学质量，还在建设西北教师教育师资力量的同时，扩大了陕西师大中文系在陕西乃至全国的影响力。

为活跃学术气氛，推动学术研究，高元白邀请吴宓、李健吾、阎文儒、陆宗达等著名学者来陕西师大中文系讲学。名家的渊博知识、大家风范调动了学生们的学习积极性，增强了中青年教师教学科研的动力。吴宓是陕西泾阳人，与高元白是陕西同乡。吴宓当时在西南师院工作，他不但受邀到陕西师大讲学，可能还被系主任高元白邀请加盟，遗憾的是，吴宓虽然觉得陕西师大的氛围不错，但并未想到陕工作。三联书店《吴宓日记续编》第9册记载，1961年9月，吴宓在陕西师范大学见到朱宝昌，此时的吴宓正被其学校批判，而在陕西师大讲学却"未受轻侮"，让他甚为感慨。三联书店《吴宓书信集·致郭斌龢》显示，1969年12月，他给郭斌龢写信，谈到自己遭受批斗，真恨"不能早死"，"甚悔前多年，不去清华、北大、陕西师大而留在西南师院"（书中"陕西师大"均被误写为"陕西师院"）。

作为中文系主任，高元白认为办教育必须具备蔡元培先生那样的胆略、胸怀和眼光，必须尊重教育规律和教育原理。他为中文系的建设和发展殚精竭虑，在人才队伍建设方面做了大量工作，主要有这样几点：一是不拘一格延揽人才，为中文系聚集了一大批学有专长、术有专攻的学者，如王捷三、傅子东、高宪斌、曹冷泉、冯成林、刁汝钧、周骏章、郭子直、辛介夫、江弘基、霍松林等著名教授。这些学者的薪火相传、不懈努力，为陕西师大中文学科跻身国家一流建设学科奠定了坚实基础。2017年，陕西师范大学中国语言文学学科入选国家首批"双一流"建设学科。二是知人善用，甘为人梯，充分发挥教师专长。黎风是研究鲁迅的专家，当时被划为"胡风反党集团嫌疑分子"。他曾说："是高先生冒着政治风险据理力争才使我走上讲台。"在以阶级斗争为纲的岁月里，高元白坚持为一个有"严重政治问题的人"争取上无产阶级讲台的做法，充分显示了他坦荡的胸怀和知人善用的胆识。三是着力培养青年教师。主要举措有：第一，选拔青年教师送出去培养，如送马家骏到北京师范大学进修苏联文学，使之后来成为国内知名的苏俄文学专家；第二，请专家、教授来校培训青年教师，如邀请北师大陆宗达教授等给青年教师举办讲座、报告会等；第三，开办青年教师教学能力培训班，由本系教授做示范讲课，提高青年教师的授课水平；第四，发挥名师示范引领作用，请知识渊博的教授做青年教师的教学、科研导师，如请文史哲贯通的朱宝昌教授辅导青年教师刘学林等，刘学林教授后来出任陕西师大辞书编纂研究所所长，主持浩大的学术工程《十三经辞典》的编纂工作。

家风承传，成就教育报国世家

在高元白的青少年时代，父亲高祖宪以"勤学爱国"勉励高元白："凡我黄帝子孙必须勤学进取，崇文崇理，尚实尚武，树立完全人格，为爱国之志士，任救国之前驱。"1915年高祖宪带领家人入住北京四川营棉花二条。当时说客盈门，许以高官，拉拢其支持袁氏复辟，均被其拒之门外。不愿同流合污的高祖宪，鬻字行医，维持生计，在收入微薄的状况下，支持陕籍反袁志士。于右任敬佩其德行人品，曾托惠又光（曾加入中国同盟会、中华革命党，1927年于右任为陕西省政府主席时，惠又光为省政府委员）赴北京相赠一联，联云：

"救国尊今圣，读书为庶民。"

辛亥革命后国民政府两次为高祖宪颁发三等嘉禾勋章。1938年在匆匆埋葬母亲后，兄长高建白将军率部队北上抗日，高元白则率领全家翻越秦岭远赴城固西北联大任教。1943年高祖宪病逝于城固，监察院院长于右任撰文致祭，其墓志铭由林砺儒撰文、黎锦熙书丹。

在父亲高祖宪的影响下，高元白的哥哥高建白是著名爱国将领，姐姐高佩兰是米脂女校的创校者，高元白则投身教育，富国强民。"高君儒将籍米脂，二五一旅八四师。䧟循部曲在陕北，瓦窑堡上建将旗。东征令下兼程进，横渡黄河溽暑时。并车碾月起汾阳，雁塞踏云趋朔方。即指赤城移察北，长城风卷日昏黄。"这是高元白的老师之一，也是在西北联大的同事、著名语言学家黎锦熙1941年发表在《城固青年》创刊号上的长篇叙事诗《铁军抗战歌》的一部分，赞颂高建白将军北上抗日的壮举。

1982年，高元白在学校开学典礼上作为教师代表讲话。他说："教育工作是崇高的，做人民教师无上光荣，希望新同学在学习中，要特别注重基础知识和基本技能的训练，攀登科学技术高峰。"高元白的讲话不仅是对在校学子而言，也是承传"勤学爱国"家训，勉励子孙致力教育报国。他经常讲："即使战火烽烟、国破家亡，但书不能丢，学不能停。一个民族没有了教育就没有了希望，没有了教育就没有了站起来的根本。"

"飘然斗笠雨中过，应比乌纱受用多。樵叟担云攀北岭，牧童倚树梦南柯。残碑评说兴亡事，赤子忍看荆棘驼。过往芸芸名利客，山灵冷眼恨那那。"这是1938年夏，高元白携带家人翻越秦岭赴国立西北联大任教途中所作的《山行遇雨》。这首诗的激励和鞭策，以及平时的言传身教，让高元白的8个子女先后全部走上教育之路，后辈不少从事教育事业，形成备受赞誉的"教育世家"。

高元白先生的长子高振奇，清华大学三年级时就应征入伍担任抗美援朝志愿军英文翻译，先后担任外交部驻塞浦路斯大使馆参赞、驻尼泊尔大使馆大使等，退休后受聘北京大学博导，讲授国际关系相关课程。次子高振麟，中国人民大学毕业，先后在兰州西北民族大学等校任教，出版多部秦腔和话剧剧本、长篇快板诗、《诗词格律例解》、《高振麟诗词选》等。其女高一农先后在长安大学、西安外国语大学、陕西师范大学任教。三子高振远，北京航空学院毕业，先后在中国航发沈阳黎明航空发动机有限责任公司（410厂）、郑州飞机装备有限责任公司（国营第124厂）担任工程师，任124厂技校教师。长女高振美，中央美术学院毕业，在中央民族大学油画系任教。其丈夫喻统武为北京航空航天大学教授。其长女喻红，是中国著名油画家，任教于中央美术学院；次女喻高，是雕塑家，任教于北京服装学院雕塑系。四子高振儒，陕西师大数学系毕业，先后在山西桑壁中学、永和中学、西安铁路工程职工大学任教，出版《数学家诗词选》《琴剑诗词》等。其妻闫凯曾任西安市第十四中学校长。其子高大力任西北工业大学出版社社长。五子高振智，陕西师大中文系毕业，先后在宁强中学、汉中一中任教。次女高振秀，先后在文艺路小学、西安交通大学附小任教。其丈夫岳愉（西北大学物理学科奠基人岳劼恒之子）在西安交通大学任教。六子高振祥，在陕西师大图书馆工作。

作为家族的第四代从教者，高元白的孙子高大力毕业于陕西师范大学教育技术专业，现任西北工业大学出版社党总支书记、社长。他说，自己能够成为一名大学教师，和爷爷高元白的教导与影响是分不开的。在他的印象中，爷爷似乎"不通人情"，从不关心孙辈吃穿，永远只与书籍相伴。每次去看爷爷，他都不敢大声说话，因为爷爷瘦弱的身躯总是掩映在笔墨纸砚、书稿诗集之间。高大力说："永远能和学生在一起，帮助他们、支持他们，看到学生成才是这个职业带给教师最美好的馈赠。'抱道不曲，拥书自雄'是高元白先生一生的追求，也是融入每个师大人血液中的优秀基因，我们为此感到骄傲与自豪。"

【主要参考资料】

[1] 高振祥：《高元白》，见张建祥主编：《陕西师范大学校史人物传略（1944—1966）》，陕西师范大学出版社，2006年。

[2] 高振祥：《缅怀我的祖父——辛亥革命勋臣高祖宪先生》，陕西民革委员会网，2011年11月2日。

[3] 李琳：《没有教育就没有希望，教授爷爷谆谆教诲孙儿》，华商网，2019年9月9日。

[4] 高元白：《高元白文存》，商务印书馆，2019年。

[5] 《高元白：为语言文化事业奋斗一生》，陕西师范大学微信公众号，2023年8月12日。

【人物档案】

史念海（1912—2001），字筱苏，山西平陆人。著名历史学家，中国历史地理学的创建者之一，陕西师大中国史学科的主要奠基人。1936年毕业于北平辅仁大学。1954年到西安师范学院任教，历任历史系主任、唐史研究所所长、历史地理研究所所长、学校副校长、西北历史环境与经济社会发展研究中心名誉主任、历史文化学院名誉院长等职。一生耕耘在历史地理学的教学和研究领域，在中国历代疆域沿革、黄河流域环境变迁、历史经济地理、历史军事地理、历史文化地理、历史自然地理、历史地图学、历史地理学史、方志学、历史地理学等领域卓有建树，被尊为中国历史地理学的一代宗师。《河山集》一至五集、《西安历史地图集》分别荣获全国高等学校第一、二届人文社会科学研究优秀成果历史类一等奖。

史念海：山河、历史与祖国

在陕西师范大学的校园，生长着高大茂盛的喜马拉雅雪松和被称为植物界"活化石"的银杏树，每到金秋时节，雪松翁翁郁郁，银杏树则一片金黄。在这座美丽的校园里，曾有一位德高望重的老学者终其一生潜心治学、为国育才，他就是在全国历史地理学界享有崇高地位、被誉为一代宗师的史念海教授。有人说，史先生就是中国历史地理学的不老松、活化石。他心怀"国之大者"，坚信"华夏之不可侮与国土之不可裂"；他探索真理，潜心问道，坚持"宁可劳而不获，不可不劳而获"；他涉猎广博，著述甚丰，仅《河山集》一至七集，便可垂千秋功业；他立德树人，教育报国，培育了一代代历史学、历史地理学的栋梁之材；他勤勉治学，开宗立派，与北京大学侯仁之、复旦大学谭其骧一起被学界誉为开创中国历史地理学的"三驾马车"。

华夏不可侮　国土不可裂

1912 年 6 月，史念海出生于山西省平陆县的一个书香门第，"先高祖邃于易学，垂老之年，犹时时讲授，为乡里所崇敬。远道来学者，前后相望"。1918 年至 1932 年先后在平陆第三高级小学、山西第一职业学校（设于运城）、太原进山中学高中部读书。既备家学渊源，又兼勤奋好学，史念海在中小学阶段就打下了坚实的文史功底。

1932 年，史念海考入北平辅仁大学历史系。甫入校门，其才华、潜质和勤学好问便得到顾颉刚、陈垣等师长的赏识。史念海起初的兴趣在乾嘉之学。出于这样的兴趣，他将关于乾嘉学派代表人物之一钱大昕的研究作为毕业论文的选题，得到陈垣校长的赞赏。在陈垣的指导下，该文核心部分以《钱竹汀先生之史学》为题发表在 1936 年 5 月出刊的《国立北平研究院院务汇报》第 7

卷第 3 期《专著》栏目。

但抗日战争的艰难形势和师友的影响促使史念海的思想发生了变化。1934 年初《禹贡》半月刊创办，禹贡学会成立。1935 年大学毕业前，受顾颉刚之命参与撰写《中国疆域沿革史》（长沙商务印书馆，1937）。该著成为我国现代第一部专门探讨地理沿革的学术专著。参与撰写《中国疆域沿革史》，与禹贡学会的宗旨一样，是为了唤起人们对疆域的重视。顾先生说："处于今世，深感外侮之凌逼，国力之衰弱，不惟汉唐盛业难期再现，即先民遗土亦岌岌莫保，忧心忡忡，无任忧惧！窃不自量，思欲检讨历代疆域之盈亏，使知先民扩土之不易，虽一寸山河，亦不当轻轻付诸敌人，爰有是书之作。"由此不难看出，此书虽名为"沿革史"，但研究旨趣并非如前清学者那样仅仅局限于考辨学问，更着眼于勘界定标、据史力争，为大好山河寸土不失尽匹夫之责。

关于这段经历，史念海说："当时正值国难当头，东三省沦陷于日寇的铁蹄之下，爱国青年的胸中充溢着抵御外敌、共赴国难的激情。我坚信'华夏之不可侮与国土之不可裂'，慨于日本的侵略和国势的萎靡，我参加了顾颉刚先生创立的禹贡学会。后又在顾先生的指导下，协助他完成了我国近代第一部系统的历史地理专著《中国疆域沿革史》，旨在向国人昭示祖国的大好河山，以激励人民救亡图存。""半个多世纪以来，我的治学活动都不期然而然地贯串着爱我河山、建我中华的思想。"

在此后六十多年的学术生涯中，史念海与祖国的历史、神州的河山结下了不解之缘，在他 200 多万字著述的字里行间，充满了"苟利国家生死以，岂因祸福避趋之"的博大情怀和崇高境界。他多次表示："研究历史不是发思古之幽情，而是为了现代。研究古代是为了现代的借鉴。一个学科如果无用于世，那它就无法存在。我研究历史地理学就是要为世所用。"在《中国历史地理论丛》发刊词中，他写道："历史地理学能够成为一门现代的科学，其中的一个因素是适应社会主义建设的需要。当前国家现代化的建设有不少地方正需要这门学科的研究者的致力。这是不容漠然视之的。"他一改前人"书斋里面做学问，字里行间论短长"的陈规，积极倡导并身体力行"文献记载与野外实地考察相结合"的治学思路，不断使自己的学术研究适应国家经济、政治、文化和社会发展的需要。

1936年史念海大学毕业，留驻禹贡学会，协助顾颉刚编辑出版《禹贡》刊物。七七事变后史念海回到山西平陆，后来日军侵入平陆，遂辗转平凉、榆林、重庆、西安、上海、兰州等地，先后担任河北通志馆编纂、平凉师范学校教员、察哈尔蒙旗特派员公署秘书、西北文化学社主编、国立编译馆副编审。

在战事激烈的1938年到1939年，史念海在《西北纵横》上发表《西北的宗教与民族问题》《保卫大西北的外围地理形势》《推进大西北的义务教育》《发展西北交通与建设西北农村》等有关开发西北、巩固后方的文章。在担任《西北资源》编辑时，发表《敌寇套取法币之检讨》《现阶段西北游资之形成及其利用》等文章。受抗战的影响，史念海开始研究时政，体现出强烈的社会责任感。专著《中国的运河》1944年由重庆史学书店出版。这本著作体现了史念海先生对中华民族抗战事业充满必胜的信念，寄托着一位爱国学者期待祖国光复后迅速走上繁荣富强之路的执着之情。

史念海于1940年到西安任西北文化学社编辑，1941年到重庆协助顾颉刚编辑《文史杂志》，担任副编审。1946年兼任北碚复旦大学副教授。1947年经顾颉刚推荐，任兰州大学历史系教授兼代系主任。1948年由兰州大学调入西北大学任教授。

学统承继　有用于世

"甸服邦畿如指掌，神州禹迹探变迁。"史念海成为海内外享有盛誉的历史地理学专家，得益于一代名师顾颉刚的识拔和奖掖。

顾颉刚先生不仅引导史念海走上治学之路，还言传身教培养他形成求真务实、经世致用的治学精神，促其人生态度从修平治齐到心忧天下、治学报国的转变。在辅仁大学读书的史念海，逐渐不再满足于乾嘉学风，而是开始思考如何将其所学用于抗战救亡。他后来在《我研习中国历史地理学的过程》中说："我大学毕业不久，抗日战争开始。面对这样严酷的战争局面，山河破碎，国亡无日。这门学科对当前局势究竟有何作用？这使我感到迷惘。"他认为国家危亡之际，应该学以致用，对局势有所裨益，而不能像乾嘉学人那样为避世而研学。

顾颉刚先生欣赏史念海的一篇文章，主动与他联系。史念海在自传中说："在顾颉刚先生的汲引和熏陶下，走上了研究历史地理的道路。"他学生时代就加入禹贡学会，开始涉及历史地理的一些问题，并撰写《两汉郡国县邑增损表》《两唐书地理志互勘》《西汉侯国考》等学术论文。这3篇文章分别刊发在《禹贡》第1卷第3期（1934年6月），第3卷第2—6期以及第9期（1935年3月至6月），第4卷第2、5、9期（1935年9月至1936年1月）。1936年大学毕业后，顾颉刚先生推荐他协助张国淦先生整理和研究中国地方志。在此期间，他还撰写了《西汉淮南三国考》《秦县考》《西汉燕代二国考》等论文，分别发表在《禹贡》第7卷第1—3期（1937年4月），第7卷第6、7期（1937年6月），第7卷第8、9期（1937年7月）。正是由于顾颉刚先生的提携，史念海很早便展现出极高的史学天赋，在一个高起点上走上史学治学之路。

多少年后，每当念及顾颉刚先生当年的耳提面命，史念海都陷入深切的缅怀之中。尽管他后来也曾与顾先生共事数年，当有人说顾也可以算作其同事时，史念海马上正色道："不是同事，顾先生是我的老师。"崇敬之情毫不掩饰，溢于言表。

其实，史念海生前念念不忘的恩师还有曾任北平辅仁大学校长的学术泰斗、著名史学家陈垣先生。陈垣先生曾任辅仁大学校长，是当时全国有名的史学家。

他也是史念海大学时代的授业老师,主讲宗教史,还开设"史源学实习"课程。史念海回忆说:"虽然我后来走上了历史地理治学之路,但是,援庵先生对我的影响是不可低估的。他深得清朝乾嘉学派的治学方法,长于考据,学识渊博,学术成就显赫,且要求甚严。陈先生要求学生博学、深入,不能做井底之蛙、满足于当'三家村'里的学者。他当年任课时,要求学生的作业不要超过一页纸,也就几百字。一次有一位同学耍小聪明,每格写两个字,结果被陈先生毫不客气地退回重写。至今想起来还感到严师难得。"

其实,初入治史门径的史念海本来对乾嘉考据之学颇感兴趣,受顾先生点化以及陈垣先生"注重研究的客观性"学风的熏陶,此后在史念海治学理路中占有极其重要地位的"有用于世",原来渊源有自。从这个意义上讲,顾颉刚先生、陈垣先生对史念海的影响绝不仅仅限于具体史学专业知识的传授、一篇文章字斟句酌的修改甚至某一疑难问题的授业解惑,更在于学术思想、科学研究方法论甚至修平治齐家国情怀等方面的传道。这也是史念海在有生之年对二位先生的谆谆教诲念念不忘的原因所在吧!

开风气之先　树研究之范

自从青年时代追随顾颉刚先生走上历史地理学的研究道路,史念海便把全部心血倾洒在祖国的历史和大好河山之中,毕生致力于历史地理学的学科建设、科学研究和人才培养,为我国历史地理学建设和发展的指导思想、学科体系、学术体系、话语体系的形成做出了杰出贡献,为推动形成具有中国特色、中国风格、中国气派的哲学社会科学和人才培养体系进行了重要探索。

20世纪50年代,史念海系统考察了中国历史地理的变迁;60年代致力于历史经济地理的研究;70年代开辟了历史军事地理和历史自然地理新领域;80年代叩开历史人文地理的大门。根据研究需要,他在花甲之年走出书斋,投身于野外实地考察,北越阴山,西抵青海,南达珠江,东迄渤海,大河上下、长城内外、运河沿岸以及许多故垒废墟、荒山深沟之间，都留下了他艰辛跋涉的足迹。"奔波于路途，攀登于山原，亦颇辛苦。然欲减少错讹，舍此莫由。"正因如此，史念海的诸多论著，向来以史实清晰，论证严谨，绝无游谈无根之嫌而为学界所称道。

史念海对历史地理学和历史学的许多研究领域都有精深造诣，他既善于运用历史唯物主义的观点方法，又能广泛利用考古文物方面的新发现与史料相印证。自20世纪30年代初涉这一学科起，他便以锐敏的笔触、惊人的毅力，撰写了《中国疆域沿革史》（与顾颉刚先生合著）、《中国的运河》、《中国历史地理纲要》、《中国古都和文化》、《唐代历史地理研究》、《黄河流域诸河流的演变与治理》，以及《河山集》一至七集、《方志刍议》（与曹尔琴合著）等学术专著，在《红旗》《历史研究》《史学史研究》《中国历史地理论丛》等刊物发表学术论文200余篇，对中国历史地理学的形成和发展做出了巨大贡献。

史念海对中国学术界的贡献是多方面的，在史学理论、唐史、方志学等多个学科领域均有建树。他终生专注历史地理学，学术界对其在这一学术领域的全方位开拓、创新和贡献，概括为如下几个方面：一是对中国历史地理学史进行了深入研究；二是发掘了中国历史地理学的社会功能；三是提出并践行历史文献与实地考察相结合的研究方法；四是在《中国疆域沿革史》的基础上促进了沿革地理学的发展；五是以《黄河流域诸河流的演变与治理》为标志的一大批著述树立了黄河流域环境变迁研究的丰碑；六是从《春秋战国时代农业的发展及其地区分布》到《司马迁规划的农牧地区分界线在黄土高原上的推移及其影响（上、下）》，历时三十余年开辟了历史农业地理研究的新领域；七是以《中国历史人口地理和历史经济地理》为代表，揭示了人口稠密地区形成和演变的内在机制；八是从《保卫大西北外围地理形势》到《论西北地区诸长城的分布及其历史军事地理（上、下）》等半个世纪的数十篇论作，奠定了历史军事地理研究的基础；九是从学生时期的《两唐书地理志互勘》到中晚年的《唐长安的池沼与林园》《汉唐长安与关中平原》等，注重文化现象的地理背景，分析文化地理演变的内在机制，提高了历史文化地理研究的"学科生态位"；十是从《西北宗教与民族问题》到《中国历史地理纲要》的"历史民族地理"专章，开创了历史民族地理研究的滥觞；十一是从早期的《中国的运河》《秦汉时代国内之交通路线》到《隋唐时期运河和长江的水上交通及其沿岸的都会》《唐代通西域道路的渊源及其途中的都会》，以及主编的《陕西通史》《西安历史地图集》中对陕西、西安交通道路的深入论述，深化了历史交通地理的研究；十二是通过撰著《古代关中》《陕西地理区划的沿革》，编纂《陕西通史》、"古都西安"丛书等，致力于陕西历史地理研究；十三是创建中国古都学，为《中国古都研究》第1辑撰写序言，发表《中国古都学刍议》，为古都学进行学科"勘界"和学术定位；十四是创办《中国历史地理论丛》学术期刊，促进历史地理学科稳步发展及专业人才健康成长；十五是编撰《西安历史地图集》，为各地历史地图编制提供示范。

1954年，史念海获全国劳动模范称号；1986年获中国科学院科学技术进步一等奖；1990年获国家教委、国家科委联合授予的先进科技工作者称号；1995年获柏宁顿教育基金会颁发的"孺子牛金球奖"；1999年获"曾宪梓师范教育奖"。其《河山集》一至五集于1995年获得全国高等学校首届人文社会科学研究优秀成果历史类一等奖，其《西安历史地图集》于1999年获得全国高等学校第二届人文社会科学研究优秀成果历史类一等奖，史念海是当时全国唯一连获两次一等奖的历史学者。

改革开放后，史念海先后担任国家古籍整理出版规划小组顾问、陕西地方志编纂委员会副主任、陕西省社联副主席、陕西省历史学会会长。还参与发起创建中国唐史学会、中国古都学会和中国地理学会历史地理专业委员会，并担任会长、名誉会长等职,创办《唐史论丛》《中国古都研究》《中国历史地理论丛》等学术刊物,有力推进了唐史、中国古都学、历史地理学研究的高质量发展,培育了一大批高层次专业人才。

严慈相济　培桃育李

1950年,史念海由西北大学历史系转到西北大学师范学院史地系任教授兼系主任。1954年任西安师范学院历史系教授兼系主任,1960年西安师范学院与陕西师范学院合并成立陕西师范大学,仍任历史系主任。1978—1983年任陕西师范大学副校长,1983年后任唐史研究所所长、历史地理研究所所长,2000年兼任西北历史环境与经济社会发展研究中心名誉主任、历史文化学院名誉院长等职。

史念海是新中国第一批博士生指导教师,一位立德树人、诲人不倦的大国良师。作为一位忠实党的教育事业的著名教育家,他在教坛默默耕耘,培育出来的本科生、硕士生、博士生、港台和国际访问学者,以及受他的著述、治学经验影响踏上求学、治学、教学之路者,不可胜数,可谓桃李满天下。在全国高校、科研机构和多个行业,他培养的众多学子已成为栋梁之材,他所开创的历史地理学派后继有人,在中国式现代化建设特别是教学和科研工作中发挥着重要作用。

在指导研究生的过程中,史念海授课之余曾谈及他的成长经历和治学心得,主要有如下几个方面对年青一代有所启迪:良好的家学渊源和从小受到的严格训练,奠定了深厚的传统文史根基,使其终身受益;师从一代史学大师顾颉刚、陈垣以及方志学家张国淦等,转益多师,站在巨人肩上,使他得以在一个高起点上开启学术之途,眼界更开阔,目标更远大;与白寿彝、杨向奎、谭其骧、侯仁之、王毓瑚等同侪的交流合作、互勉共进,也是他学术不断精进、取得丰硕成果的重要因素。

史念海与白寿彝的交往，在史学界堪称佳话。史念海与白寿彝在20世纪30年代相识于北平禹贡学会，40年代在抗战后方患难与共。白先生为史念海学术论文集命名《河山集》，1962年《河山集》出版第一集，书名一直沿用到世纪之交第七集出版，八九十年代二人合作编撰完成《中国通史》多卷本。六十多年亦师亦友的交往，破除文人相轻的陋习，相互支持的学缘关系对双方共进多有裨益。

史念海与谭其骧的关系也值得称赞。他对弟子提及他在辅仁大学读书时的经历：曾听过谭其骧先生的课。史念海20世纪30年代在顾颉刚的指导下完成《中国疆域沿革史》，开启了中国疆域变迁研究的先河。谭其骧则倾注三十多年的心血，主持编绘了享誉国内外的《中国历史地图集》；史念海在新中国成立后讲授中国历史地理，建立了中国现代历史地理学理论体系，谭其骧也在历史地理学领域做了大量研究，对黄河、长江水系，湖泊、海岸变迁等均有精辟见解。谭其骧高度赞扬史念海的研究成果，称其"早岁即以淹贯经史群籍，覃思卓识，著称当世"。两位历史地理学大家之间深厚的学人情谊、广泛的学术合作以及"和而不同"的治学理念，共同为推动中国历史地理学的发展做出了巨大贡献。

在指导研究生方面，史念海制定了一套独具特色、行之有效的培养方案。一方面，针对历史地理学的学科特点，除了要求研究生系统学习历史自然地理、历史政区地理、历史地理文献学、历史经济地理、历史人口地理等专业课程，还要求学生选修其他院系甚至外校的相关课程，以适应历史地理综合性交叉学科人才专业发展的需要。为确保开阔学生视野、夯实多学科基础、促进全面发展的举措落到实处，他不惜利用个人的社会关系和学术影响力，亲自联系其他院系甚至外校的任课教师，确定授课方式、时间及地点等具体环节。这些课程包括陕西师大地理系的综合自然地理学和遥感与卫星图片判读、古籍所的目录学，以及西北大学考古系的考古学。

史念海强调，历史地理学研究的基础是历史文献，没有目录学的知识不行；同时，历史地理学研究的对象是地理，如果不懂得现代地理学相关理论和研究方法，很多问题也就难以说清楚。在注重学科渗透、拓宽知识口径的总体要求下，史念海善于因材施教，根据研究生本科阶段的专业背景和学科基础，因材施教，在相对统一的专业基础课和方向课之外，每个研究生选修、辅修不同的课程，培养了学生融会贯通、知识迁移的能力，也启蒙了研究生综合应用跨学科的理论与方法分析问题、解决问题的学术自觉。史念海的研究生毕业后在科研工作、教学中，也借鉴这套办法进行学术研究、引导研究生走上治学之路。应该说，其教育理念、人才培养路径，对更大范围有效提高研究生研究能力乃至人才培养质量都产生了深远影响。

另一方面，史念海经常对弟子们说文章是逼出来的，并以顾颉刚先生当年在重庆对他的要求为例。每一届研究生入学，史念海就对新生"约法三章"。一要每天写学习日志，记录具体的作息与活动，如看了什么书、内容摘要、进度及页码；如果没有看书，也要记清楚干什么了。准备两个笔记本，每周轮换一本。二要每周写一篇读书札记，篇幅不得超过800字。他认为写长文章容易、短文章不易，用较短的文字把一个问题说清楚对思维和文字功力要求更高。短文章写好了，长篇大论自然也会写好。三要每学期提交一篇论文，期末全体研究生和指导教师在一起进行交流。为了了解研究生读书、自修的实际情况，史念海先生坚持认真审读并批阅弟子们每周提交的学习日志和读书札记，发现问题便及时予以指导。一次，他看到有个硕士生在学习日志里说某一天两个小时里看了100多页的历史文献，便让他到家里谈具体情况。当得知该生是"泛读"文献概况后，他严肃指出，该书是专业基本文献，必须字斟句酌"精读"。先生严肃的态度、严格的要求、严谨的学风、严慈相济的师长风范，春风化雨，使一代代年轻学子耳濡目染，受益终生。

"宁可劳而不获，不可不劳而获，以此存心，乃有事业可言。"大约

1936年初，审阅完史念海起草的《中国疆域沿革史》书稿，一代史学大师顾颉刚先生题赠给史念海这样一段话作为寄语。尽管历经辗转，顾先生的这幅手稿已不知所踪，然多少年来，唯此言史念海铭记于心，以此作为座右铭。1999年前后，史念海又把这则箴言誊写并表明"以前从顾颉刚先生受业，颉刚先生以此相嘱，数十年来得益甚多"，转赠青年学子。一时间，陕西师范大学数以万计的师生竞相传抄。

人文情怀　社会责任

"我的祖国和我，像海和浪花一朵；浪是海的赤子，海是那浪的依托。"这首唱遍祖国大江南北和华人世界的《我和我的祖国》，仿佛就是史念海家国情怀的真实写照。中国历史地理，以究"中国国家地理"的历史变迁及其影响为主，旨在通过对中国河山疆域变化对社会历史发展影响的研究，加强和改善生态环境治理，促进国家经济社会可持续发展。著名历史学家白寿彝先生给史念海论文集题名《河山集》，不仅体现了史学家对山河无恙的期待和作为，也有其深刻的学术思想渊源和爱国主义精神基础。

史念海1953年加入中国民主促进会，1979年加入中国共产党，曾任民进陕西省委员会第五、六届主任委员、名誉主委，第八届民进中央常委、民进中央参议委员会常委，第三届全国人大代表，政协第五、六、七届全国委员会委员，政协陕西省第五、六、七届委员会常委，政协西安市第六、七届委员会副主席。作为一位有良知的知识分子，史念海始终把个人荣辱与民族命运紧密联系在一起，忧国忧民，热心社会公益，积极参政议政，为国家建设、改革发展、民生改善、科教兴国建言献策，尤其在黄河治理、水源保护等方面着力甚多。

在黄河治理方面，史念海先后撰写了《历史时期黄河流域的侵蚀与堆积（上、下）》《历史时期黄河在中游的侧蚀》《历史时期黄河在中游的下切》

等论文，详细论述了黄河中游的侵蚀、侧蚀、下切，黄河下的堆积，以及由黄河变迁引起的自然环境和城乡变化、兴废。其《黄河中游的森林》论述森林变化和水土流失的关系及其对黄河安澜或泛滥的影响。他探讨治黄方略，开创研究黄河新理路，研究成果不仅深刻影响着学术界，也引起国家计委、水利部、林业部、中国科学院等部门的高度重视。其长篇论文《由历史时期黄河的变迁探讨今后治河的方略》，收入黄河水利委员会1990年《当代治黄论坛》。北京科教电影厂拍摄的获奖影片《黄河与森林》，脚本即据其《河山集》相关章节改编。

1997年10月《光明日报》组织的"人民治理黄河五十周年"专家论坛专版，邀请了以费孝通为首的12位专家，史念海位列其中。他探讨黄河治理的文章《防止河患应着眼治本》，肯定了治河的成就，同时指出必须努力治本，才能根绝河患。他说黄河之所以泛滥，是由于河水中泥沙太多，致使下游河床不断抬高。治理之道，应该综合治理，在中游保持水土、培植森林和改良农业操作方法。中游许多地区直至现在都还是广种薄收，乱耕滥垦现象较严重，高坡陡山，都被开垦，因而水土易于流失，如果改为精耕细作，土地平整，水土就不易流失，这样黄河下游的河身就不至于抬高，也不至于频繁溃决。

人民的疾苦牵系着学者的良知，无论是国难当头还是经济建设时期，史先生始终关注着人民的需要。20世纪80年代后期，西安市用水紧张。为此，史念海撰写《论西安周围诸河流量的变化》一文，从这些河流历史变迁的角度指出西安缺水与气候和地质无关，而主要是由于秦岭森林的破坏；秦岭森林的破坏非自今日起，然破坏今天仍在继续。为此，他提出培育森林，涵养水源，才能从根本上解决西安用水紧张的问题。建议被时任陕西省省长批转省林业厅处理。西安市林业局为此成立了水源涵养林工程建设领导小组及办公室。此事引起国家有关部门的重视，林业部决定直接管理，从当年起每年给西安增拨200万元专款，在秦岭培育森林，要求45度以下的山坡都要植树，培育适生水源涵养林。世纪之交，秦岭郁郁葱葱，林木茂盛，河流丰沛，西安市民因黑河而幸福……

【主要参考资料】

[1] 谭其骧：《谭其骧教授序》，见史念海：《河山集》四集，陕西师范大学出版社，1991年。

[2] 邹逸麟：《黄河流域环境变迁研究中的重大贡献——恭贺史念海先生80华诞》，载《陕西师大学报（哲学社会科学版）》1992年第3期。

[3] 于希贤：《甸服邦畿如指掌 神州禹迹探变迁——史念海先生对我国历史地理研究的杰出贡献》，载《陕西师大学报（哲学社会科学版）》1992年第3期。

[4] 费省：《万里河山尽入图——史念海先生的历史地图学成就述评》，载《陕西师大学报（哲学社会科学版）》1992年第3期。

[5] 朱士光、史念海：《求真求实 为世所用——史念海教授访谈录》，载《中国历史地理论丛》1996年第3辑。

[6] 郑焰：《勤勉治学 赤心报国——记著名历史地理学家史念海》，载《民主》2000年第6期。

[7] 王社教：《史念海先生与中国古都学研究》，载《史学史研究》2003年第1期。

[8] 陕西师范大学西北环发中心编：《史念海教授纪念文集》，三秦出版社，2006年。

[9] 李令福：《河山指点文字扬，学侣共进情谊长——论史念海先生与白寿彝先生的学术交往》，载《史学史研究》2006年第1期。

[10] 陈隆文：《史念海先生与关中水环境的研究》，载《唐都学刊》2010年第3期。

[11] 葛剑雄：《记忆中的筱苏（史念海）先生》，载《中国历史地理论丛》

2012 年第 4 辑。

[12] 萧正洪：《人文情怀、社会责任和史念海先生的历史观》，载《中国历史地理论丛》2012 年第 4 辑。

[13] 李令福：《史门问学记》，载《中国历史地理论丛》2012 年第 4 辑。

[14] 张岂之：《史念海先生的学术研究与"西北"情怀》，载《华夏文化》2013 年第 1 期。

[15] 毛曦：《历史地理学学科构成与史念海先生的历史地理学贡献》，载《史学史研究》2013 年第 2 期。

[16] 瞿林东：《史念海先生的治学与为人——从几封信札说起》，载《中国历史地理论丛》2014 年第 2 辑。

[17] 张修桂：《开辟中国历史地理学新阶段的史念海先生》，载《中国历史地理论丛》2014 年第 2 辑。

[18] 刘景纯：《沿革地理学向历史地理学的变革——史念海先生的主要思想与实践》，载《陕西师范大学学报（哲学社会科学版）》2015 年第 4 期。

[19] 张伟然：《历史与现代的对接：中国历史地理学最新研究进展》，商务印书馆，2016 年。

[20] 张晓虹：《历史地理学发展要旨——坚守区域性、历时性与综合性的学科特色》，载《中国历史地理论丛》2017 年第 1 辑。

[21] 扈晓冰：《史念海对新方志学的贡献》，载《中国地方志》2019 年第 6 期。

[22] 苗长青：《社会科学家的楷模——中国历史地理学创建者之一史念海》，载《党史文汇》2020 年第 1 期。

[23] 张伟然：《开风气之先 树研究之示范——纪念史念海先生逝世 20 周年》，载《大西北文学与文化》2021 年第 2 期。

[24] 王双怀：《史坛蜡炬相映红》，载《大西北文学与文化》2021 年第 2 期。

[25] 辛德勇：《历史地理学在中国的创立与发展》，载《历史地理研究》2021年第3期。

[26] 唐晓峰：《感想三则》，载《历史地理研究》2021年第3期。

[27] 李孝聪：《历史地理学的开创与传承：谭其骧、侯仁之、史念海》，载《历史地理研究》2021年第3期。

[28] 郭声波、宋健：《论史念海先生对中国历史地理学的开拓与贡献》，载《中国历史地理论丛》2022年第3辑。

[29] 邱海文：《史念海"有用于世"理念的产生与发展》，载《中国社会科学报》2022年3月6日。

【人物档案】

赵恒元（1915—1994），山西寿阳人。著名物理学家、教育家，中国声学奠基人之一，陕西师范大学物理学科奠基人和开创者。1934年入北平师范大学物理系，1938年西北联合大学毕业后，先后在陕西省洋县国立七中、西北师范学院、川北农工学院、西北大学、陕西省立师范专科学校、西安师院、陕西师范大学工作。创建的中国科学院陕西分院应用声学研究所为我国第一个声学研究所，主持编写的《机械工程手册·声学篇》、与原第二机械工业部协作研究的铌钛超导线的超声钎焊技术均获全国科学大会奖。曾兼任中国声学学会第一至三届理事会常务理事、中国电子学会应用声学学会副主任委员、中国电子学会超声专业委员会副主任委员、陕西省物理学会第一至三届副理事长、陕西省生物医学工程学会副理事长、西安声学学会理事长等。

赵恒元：扎根西北　声彻神州

"7月18日我曾向支部宣誓，不论在任何情况下，甚至付出生命，也绝不玷污党和祖国的一点荣誉……特警包围使馆并发出传票，要传讯我们，我们已做好精神准备，去坐洋监牢……如敌人胆敢逮捕，则誓与反动派斗争到底。"这是1966年7月，赵恒元在荷兰参加国际焊接学年会期间给陕西师范大学党委书记刘泽如信中的内容。其时，荷兰极右势力掀起反华逆流，驱逐我驻荷代办，迫害在荷中国公民，赵恒元被荷兰特警围困于使馆，"旋围解"。之后，赵恒元的学术交流得到西方相关学术组织重视，他们以丰厚优裕的物质条件予以邀挽，赵恒元全部拒绝，毅然回到祖国。在"文化大革命"的特殊年代，赵恒元依然坚守知识分子的赤子情怀，从未放弃对党的信仰、对祖国的深切眷恋和无限热爱。

奉献川陕教育

赵恒元1915年出生于山西省寿阳县，1922年就读于寿阳县第二区公立两级小学，中学就读于山西太原省立一中。他品学兼优，特别喜欢数理课程，高中毕业会考时名列全省第三。1934年考入北平师范大学物理系，以科学救国的信念激励自己奋发读书。1938年在战乱中的西北联合大学毕业，获理学学士学位。

临近本科毕业之际，赵恒元跟随北师大师生西迁陕西，先在西安临时驻留（北平师范大学等在西安组成西安临时大学），随后南下汉中（在汉中城固，西安临时大学改称西北联合大学）。毕业后，赵恒元先在洋县国立七中任教。1943年起在国立西北师范学院任教。1945年起在陕西省立师范专科学校任教，兼任西北药专教授。1949年至1950年任川北大学（在四川南充，西华师大、四川师大的前身）数理系主任，1950年到西北大学物理系任教。

1954 年西北大学师范学院独立设置为西安师范学院，搬至西安南郊办学，赵恒元到西安师范学院物理系工作，代系主任。1960 年西安师范学院与陕西师范学院合并成立陕西师范大学，赵恒元继任物理系主任，1961 年转任学校科研处处长。在西安师范学院、陕西师范大学期间，他长期担任学校学术委员会副主任、学位评审委员会委员等。1978 年 12 月，他与史念海教授同时被任命为陕西师范大学党委委员、副校长。

赵恒元注重开发实验仪器，改进教学方案。他自幼养成爱动手的好习惯，在长期的教学生涯中，深切体会到实验工作在理工学科中的重要性，始终强调学生动手能力的培养是学生进一步学好现代科学技术和在未来工作中进行科学实验和技术革新的基础。他不论在哪里任教，一直非常重视学生实验能力的培养，训练学生动手设计、制造实验仪器。

早在国立七中任教期间，赵恒元就很注重直观性教学，几乎每堂课都有生动且富有启发性的演示实验。这些实验很受学生欢迎，教学效果良好。演示所用的仪器设备都是他用很多时间和精力准备的。他亲自设计、率领学生制作了 101 种物理仪器，受到当时教育部的奖励。在陕西师范大学任教期间，1958 年他组织学生及有关工作人员制作各种仪器模型 120 件，既培养了学生的动手能力，又解决了实验设备短缺的问题。

为了振兴和繁荣我国的科学事业，在搞好教学工作之余，他夜以继日、全身心地投入科研工作，先后在第十一届和第十四届国际声学会议、中日声学会议及《科学通报》《声学通报》《中国生物医学工程学报》等学术会议、学术刊物上宣读、发表过《功率超声学》《医学超声学》《超声点焊》《超声清洗》《生物和医学超声工程》等学术论文 30 余篇，另出版专著 4 部。他主持研究的"声衰减系数中的相位对消假象"等 10 余项成果分别获省部级以上科研成果奖、科技进步奖，"内径为 29 厘米中心场强为 44 千高斯的铌钛超导磁体"等 10 余项科研成果被列为国家级重大科研成果。

奠基中国声学

"赵恒元,物理学家,教育家,中国声学奠基人之一","创建我国第一个声学研究所。致力于声学理论及其应用技术的研究,在超声钎焊、声透镜等方面作出了重要贡献"。这是《中国科学技术专家传略·理学编·物理卷4》中关于赵恒元先生的评价。1994年2月赵恒元教授去世后,中国声学学会称,赵恒元"毕生奋战在教学、科研战线上,严谨治学、兢兢业业、成绩卓著。为我国培养了大批高级教学和科研人才。赵恒元先生的不幸逝世是我国物理学、声学界的一大损失"。作为中国声学奠基人之一,赵恒元对中国声学创建和发展的贡献主要体现在:

一是主持编写《机械工程手册·声学篇》。1974年赵恒元接受由机械工业部、中国科学院、教育部等部门共同组织编写《机械工程手册·声学篇》的主编任务。该书是中国第一部系统概括机械工程各专业主要技术内容的大型综合工具书。赵恒元组织编写队伍,确立高标准、高质量的指导思想,按照大型科技著作要求,坚持"立足全局,勾画概貌,反映共性,突出重点",力求全面扼要地总结我国声学专业的发展状况、科技成果及应用经验。他从拟订书稿章节大纲到具体内容的编写、审定稿件等工作都亲自主持,付出了大量艰辛的劳动。

《机械工程手册·声学篇》分为三章:第一章"声学基础",包括声速、波动方程、反射、折射、干涉、衍射、衰减、多普勒效应、声学参量、声全息等内容;第二章"超声及其应用",包括发生器、换能器、振动系统、超声效应及应用等内容;第三章"噪声及其控制",包括噪声的性质、吸收、隔绝及振动隔离等内容。该书从基础出发,概括了声学专业的主要技术内容并和其他学科有机联系,同时考虑发展需要,总结中国声学方面的成就,吸收其他国家的成熟经验;汇集的资料丰富,有较高的学术水平和实用价值。该著获1978年度陕西省科研成果三等奖、1978年全国科学大会奖、1982年机械工业出版社优秀图书一等奖,1984年被选送参加全国伟大成就展览会。

二是创建国内第一个声学研究所。1958年12月30日，在陕西省政府、西安师范学院及其物理系的支持下，由赵恒元多方协调推动，中国科学院陕西分院应用声学研究所、应用光学研究所、半导体研究室成立。其中，应用声学研究所是国内第一个声学研究所，成立后由赵恒元兼任所长。

声学所成立后，购置了大量实验设备、图书和期刊，拥有单独的研究大楼。赵恒元根据科研发展需求，制定发展规划，加强学术交流，先后派教师赴中国科学院、长春光机所等地进行学术交流，活跃学术气氛。声学所研究方向主要是功率超声、医学超声、声学测量、噪声控制；研究内容以应用基础和应用研究为主。

在赵恒元任所长的十几年时间里，声学所在各类期刊发表学术论文近300篇，其中20余篇在国外杂志发表。鉴于超声学是一门应用性和边缘性很强的学科，具有极强的交叉性与延伸性，赵恒元主张大力开展合作项目，先后与国家大型企业合作，承接国家级的高难度的研制任务。声学所在超声波焊接、超声波清洗等研究方面得到国内外同行的认可和重视，达到国际水平；研制的多种医用超声换能器及诊断、治疗仪器，在国内具有一定特色，促进了我国医学超声的发展。

声学所的成立对于陕西乃至全国声学事业的发展起到了积极的推动作用，为当时国内声学界进行科学研究与学术交流、培养高端人才搭建起学术平台，在中国声学发展史上具有里程碑意义。1962年国民经济调整，陕西省政府将该所移交陕西师范大学，为陕西师大应用声学的繁荣发展奠定了坚实基础。

成立于1958年的陕西省物理研究所一度停办，1978年恢复，隶属省高教局，设在陕西师大，赵恒元兼任所长。研究所主要开展光热转换、吸热材料、激光全息、激光化学、噪声控制、超声技术及其应用的研究，设太阳能、激光、声学3个研究室和情报资料室，实验室与陕西师范大学应用声学研究所合用。

此外，赵恒元在致力于教学、科研及管理工作的同时，积极参加各种学术活动、社会活动。他多次组织国内物理学术会、全国超声学术交流会、陕西省超声探伤学术会、陕西省超声农业短训班；组织筹建陕西省超声技术交流协作组，起草制定陕西省超声技术发展十年规划等。

赵恒元于1958年加入中国物理学会，后曾担任中国声学学会第一至三届理事会常务理事、中国电子学会应用声学学会副主任委员、中国电子学会超声专业委员会副主任委员、国家科委生物医学工程学科组成员、国家科委发明评选委员会特邀审查员、陕西省物理学会第一至三届副理事长、陕西省生物医学工程学会副理事长、中国《应用声学》杂志编委、西安声学学会理事长。

注重技术创新

1956年党中央发出"向科学进军"的号召，在全国科技事业"百花齐放、百家争鸣"大局势下，声学事业展现出勃勃生机。在实践创新方面，赵恒元的突出贡献体现在：

一是开拓超声钎焊新领域。20世纪五六十年代，随着超声学技术在国防、工农业生产等领域应用的不断深入，超声学得到快速发展。赵恒元在致力于基础理论研究的同时，非常注重将超声学的研究成果转化为应用产品。

20世纪60年代以后，飞机上的铜母电缆逐渐被铝电缆代替。应用铝电缆的关键是解决铜接头和铝电缆的焊接问题。曾经试验过压接法、机械法和化学法，均不能达到质量要求。针对这种情况，赵恒元提出用超声波来解决这一焊接问题，遂于1971年开始与红安公司一分厂（西安飞机制造公司总装厂前身）合作研究航空母电缆的超声钎焊。赵恒元以其深厚、渊博的超声学专业知识和丰富的实践经验，经过长时间的艰苦实验，利用超声钎焊处理的接头研制成功。经检验，这项技术的各项数据均符合规定指标。同时研制出"铝导线超声搪锡机"配制锡、锌、锑复合焊料，全面解决了铝导线焊接技术问题。1972年5月鉴定后正式投入"运七""运八"飞机生产工艺，1973年该工艺在红安公司用于批量生产，并扩大应用到轰六型机的生产，以后推广到182厂、122厂、北京民航、成都民航等单位。经过几年的生产和飞行实践，证明超声钎焊的航空铝电缆性能良好。

赵恒元的超声钎焊技术成果在当时的焊接技术领域具有划时代的意义，产生了良好的社会效益与经济效益，为我国国防事业做出了重大贡献。这项研究技术打破了苏联对我国的技术封锁，以铝代铜从而减轻飞机重量的先进技术在我国航空工业广泛应用，为国家节约了资源，赢得了荣誉。1977年获陕西省高教局重大科技成果奖，1978年获陕西省科学大会奖。随后赵恒元等人在1972年7月至1973年9月又与第二机械工业部协作研究铌钛超导线的超声钎焊技术，解决了$\varphi 0.37mm$和$\varphi 0.42mm$铌钛超导线的接头连接问题。该技术方法简便，性能可靠，在全国得到大范围推广。1977年获陕西省高教局重大成果奖，1978年获全国科学大会奖。

二是研制出准平板系列声透镜。1980年前后，赵恒元主要潜心于准平板型声透镜的设计研究。以往使用的固体聚焦声透镜几乎都是中心薄而边缘厚，声波在其中穿过的路程愈长，损耗愈大，这样不仅损失了声能，还因发热而导致透镜的聚焦性能减弱。赵恒元经过一段时期探索研究，设计了一种聚焦声能的新型透镜：准平板型声透镜。它是根据声的折射定律和到达焦点的各声束所必须满足的物理条件设计的。这种声透镜特点是薄，犹如平板一样，声能在其中的损耗小，聚焦性能好，不仅可用来聚集声能以产生高的声强，还可用于声成像。

在这项研究中，赵恒元从点声源入射的情况出发，根据折射定律和经过透镜到达焦点的各声束必须同相的条件，从理论上推出了斜面和弧面准平板型声透镜的一般计算公式，结果证明这些公式是完全正确的，理论与实验相符。他用所推得的公式设计制作了斜面和弧面两种准平板型声透镜，用3种实验方法观测了聚焦性能。赵恒元研究设计的声透镜非常薄，具有声能损耗小、用料省、体积小、重量轻等特点，是当时用来产生高强度超声场的简单、价廉的有力工具，当时主要用于处理农作物种子，同时在抑制生物细胞生长、超声喷雾和声成像等方面也有广泛应用。该成果1980年获陕西省科技成果二等奖，1982年在美国IEEE会议上交流并收入会议论文集，1985年获国家教委科技进步二等奖。

引领学科发展

在陕西师大物理系任教期间，赵恒元主要讲授电动力学、近代物理、超声学等课程。为了推进教学工作，他主持编写了《电动力学》《声学基础》《超声学》《声学及应用》等教材。他治学严谨，富于创新，培养了大批教学科研人才。他1982年开始培养硕士研究生，坚持教学与科研相结合，收到明显效果，研究生中有许多成为我国高等学校及科研单位的教授、专家及组织领导者。赵恒元先后被评为西安市劳动模范、陕西省劳动模范、陕西省高等院校科研先进个人、陕西省先进工作者。1988年获全国劳动模范称号。1992年享受国务院政府特殊津贴。

满怀献身科学事业的强烈事业心和爱国主义精神，赵恒元率领物理系仲永安、董彦武、程存弟、张福成、马玉英、陈启敏等一批技术骨干，在当时科研条件比较简陋的情况下，研制出了超声波清洗机、模拟电子计算机、核子计算器等先进仪器，在国内产生较大的影响，曾被《光明日报》采访报道。这些仪器在教育部于北京举办的"教育与生产劳动相结合"等大型展览会上多次展出，受到普遍关注和好评。赵恒元及其团队研制出的固体发光、场致发光方面的发光材料，经鉴定认为达到国内先进水平。

赵恒元注重实践调研。为了结合中学的教学实际培养师范生实践能力，1956年他带领部分教师深入79所中学调查研究，收集物理教学方面的问题260多个，系统分析研究后，提出了改进物理教学的意见和方法，使物理系根据当时中学教学实际情况，调整教学方案，增强师范生的实践能力，为中学培养了合适、优秀的师资人才，受到各基层中学的欢迎，得到学界的推崇。这种自力更生、艰苦奋斗的办学精神一时传为佳话。

在担任行政职务期间，赵恒元善于将技术专家作用和组织领导作用相结合，既注意抓课题项目，又重视人才培养和科技人员积极性调动。任陕西师范大学物理系主任期间，赵恒元积极争取上级支持，努力创造科研条件，重视科研梯队建设，使当时的物理系表现出空前的凝聚力，形成了较强的科研、师资阵容，在物理系的建设发展方面厥功甚伟。他特别重视对青年教师的培养，不仅亲自制订培养计划，指导青年教师备课，亲自听课、亲临辅导，还根据青年教师的特长开设新的课程。担任陕西师大副校长后，为学校贯彻落实党的知识分子政策、开创教学科研新局面做了大量工作，取得了突出成绩。

赵恒元注重追踪学科发展前沿，倡导国际学术交流。1960年曾到苏联、捷克、匈牙利等国进行科学考察和学术交流，1966年出席荷兰国际焊接学会年会，1980年参加美国IEEE国际超声会议，并去日本考察生物医学工程，为我国与国际学术交流架起了一座座桥梁。

赵恒元不仅在教学和科研领域成绩卓越，而且对党和国家无限忠诚。爱国热情和强烈的社会责任感使他在工作、生活中始终保持奋发向上、积极进取的精神风貌。1956年12月加入共产党。1966年7月，在荷兰参加国际焊接学年会期间，展现知识分子的赤子情怀。"文命"中被打成"反动学术权威"关进"牛棚"，身心遭受严重摧残，但仍对教育科技事业保持高度的责任感。赵恒元朴素、深沉的爱国情操是宝贵的精神财富，是推动国家、民族进步和发展的精神力量。

【主要参考资料】

[1]《中国科学家辞典》编委会编：《中国科学家辞典·现代第四分册》，山

东科学技术出版社，1985年。

[2] 中国声学学会：《悼念赵恒元先生》，载《声学学报》1994年第4期。

[3] 魏墨盦、应崇福：《赵恒元》，载《应用声学》1995年第1期。

[4] 陕西省地方志编纂委员会编：《陕西省志》第64卷《科学技术志》，中国科学技术出版社，1995年。

[5] 中国科学技术协会编：《中国科学技术专家传略·理学编·物理卷4》，中国科学技术出版社，2012年。

【人物档案】

朱本源（1916—2006），湖北武汉人。著名史学理论家。1942年毕业于国立中央大学政治学系，1942年入重庆国立中央大学研究生院文科研究所哲学部学习，师从当时以研究中西文化及哲学而名震全国的方东美教授和享有国际声誉的希腊哲学专家陈康教授。1945年毕业，获文学硕士学位。1947年初到南京国立编译馆任副编审。1947年底考取公费赴美留学，进入纽约大学学习政治学。1949年夏响应中国共产党号召，中断在美学习，返回祖国，投身新中国建设。1950年初参加华北人民革命大学政治研究院学习班，1951年学习期满留校，在该校马列主义研究室任研究员。1953年春到西北大学师范学院史地系任教，1979年起任陕西师范大学历史系世界史教研室主任，1989年离休。1990年被历史系返聘，1991年被人事部核定为"早期回国定居专家"。精通英语和俄语，又可参阅德语和法语，兼通文史哲，融经史子集与当代学术于一体，主要从事世界上古史、苏联史和西方史学理论的教学科研工作。曾兼任中国史学会理论分会顾问、陕西师范大学周秦汉唐文化研究中心顾问等。

朱本源：以振兴光大中华史学为己任

2007年，朱本源的《历史学理论与方法》由人民出版社出版（2012年出版修订版）。何兆武先生在该书序中评价道："老友朱本源教授以耄耋之年竟能穷十载之力完成自己晚年的此一压卷大作，而我则有幸成为本书的第一个读者。我于拜读了全书之后不禁喟然叹道：这正是多年来我所期待于我国史学界的第一部完整的、全面的有关史学理论的著作。""先生早岁即服膺马克思主义，于马克思经典历历如数家珍，每每信手拈来均成妙谛，同时又潜心于古今中西之历史哲学与史学理论的研究。及至晚岁乃荟萃精力于本书，我于拜读之后，深感一个学人为学之不易，乃至于穷毕生之精力始能达到一种比较成熟的定论。至于本书之体大思精、旁征博引，于中国古代、西方现代以及前苏联的有关著作均有精辟的论断，其体例与阐述之允当是值得每一个读者仔细咀嚼的。"那么，朱本源何许人也？

求学：吾国青年当自强

1916年10月，朱本源出生在湖北武昌的一个城市平民家庭。1937年在故乡完成小学和中学教育。1938年夏考上国立中央大学政治学系。这时日军逼近武汉，南京告急。朱本源挥泪离开武汉，于9月乘轮船到达重庆，到由南京迁到重庆的中央大学报到。1942年在中央大学毕业，获学士学位。

1942年，朱本源在重庆考上国立中央大学的研究生院文科研究所哲学部的研究生。哲学部的主任是当时著名的哲学大家方东美先生，导师有希腊哲学权威学者陈康先生等。方东美为了使朱本源在学习中不受经济问题困扰，聘其为哲学部研究助理（相当于大学部助教）。当时一般研究生学习两年就可毕业，但兼助教则需三年。1945年朱本源毕业，获文学硕士学位，职称晋升为助理研究员（相当于讲师）。1946年，国民政府由重庆迁回南京。朱本源随迁回的中央大学来到南京。1947年初离开中央大学，到南京国立编译馆任副编审。

朱本源在青年时代就刻苦钻研马克思主义经典著作，大学图书馆里的英国共产党机关刊物《今日马克思主义》是他最爱读的杂志之一。深厚的马克思主义理论修养，严格的西方哲学的训练，对中外政治制度、思想文化的历史、演变及现状的洞察，使他具有敏锐的学术眼光和广阔的学术视野。1949年前就发表了一系列具有进步思想的学术性政论文，如在胡绳主编的《读书月报》上发表《中国传统文化的中和性》（1940年1月1日），用辩证法批判了中国传统思想中的折中主义；在上海《大公报》专栏《星期日论文》上发表《中国思想运动与政治运动之倒置》（1947年8月17日），针对当时全国汹涌澎湃的学潮被镇压后的"鱼龙寂寞秋江冷"的形势，主张用宣传社会民主主义的思想作为政治运动的继续；又在储安平主编的《观察》上发表《尊孔与民主之矛盾》（1947年11月1日），揭露国民党当局"民主宪政"和"读经尊孔"是自相矛盾、自欺欺人的谎言，等等。

1948年初，朱本源去美国留学，进入纽约大学学习政治学，计划学习三年取得博士学位。可是，到了1949年夏，祖国传来好消息：中国人民解放军已经解放南京。其时，中国的大江南北传递着如盛夏般热烈的喜悦之情——中华人民共和国就要成立了！远在地球另一边，身处美国纽约大学政治系攻读博士学位的中国青年朱本源听闻喜讯，一颗热爱祖国和人民的赤子之心早已冲破云霄，带着浓浓的思念飞回中华大地。"继续完成学业还是回国参与国家建设？"在这个重大的人生选择题面前，朱本源不假思索地选择了后者，立即决定中断在美国的学习，背起行囊，返回祖国，参加新中国的建设。

1950年初，朱本源为了改造旧思想，去北京华北人民革命大学政治研究院办的学习班学习政治。1951年学习期满后留校，任马列主义研究室研究员。

研究：学贯中西勇求索

1953年春，朱本源服从国家分配，到西北大学师范学院史地系任教，由此开启教育生涯，迈向其贯通古今、合璧中西、取精用弘、推陈出新、振兴光大中华史学的皇皇志业。

朱本源的史学研究始于中国社会科学院历史研究编辑部主编、新中国出版的第一个历史科学研究的专业性刊物《历史研究》。初出茅庐的年轻教授朱本源在《历史研究》1956年第6期上发表《论殷代生产资料的所有制形式》，尝试着将马克思主义理论用于历史学研究，用"经济基础决定上层建筑"的原理展开论述。然"问春何苦匆匆，带风伴雨如驰骤"，1957年朱本源被划为资产阶级右派分子，失去发表文章的自由。

二十年后的1978年，朱本源回到教学科研岗位。有一天，陕西师大学报编辑部主任拜访朱本源，请他为学报写篇学术论文。他慷慨应允，约一个星期后写成交稿。这篇《探索"两种生产的制约"的真谛——兼评近百年来对这一提法的各种理解》很快被发表在《陕西师大学报（哲学社会科学版）》1978年第3期上，学报成为他论作发表的主要园地。朱本源自认为这篇文章是他科研工作第二阶段开始的标志。

在这个阶段，朱本源积四十余年治西方哲学和历史学之经验，不断吸收新学科理论，着力从事历史学理论和方法论研究。在当时的国际局势影响下，他研究的核心问题是：以马克思列宁主义五种社会经济形态的更替规律作为理论的指针，探讨从资本主义社会发展到社会主义社会的两条道路——暴力革命道路与和平过渡道路——的问题。

从1978年到1997年，朱本源在《陕西师范大学学报》上发表了10篇论文。

其中论述马克思主义基本原理的论文除上述《探索"两种生产的制约"的真谛》外，还包括《马克思恩格斯列宁论古代革命同资产阶级革命的根本区别——兼评郭沫若主编的〈中国史稿〉中的古代社会革命论》《暴力革命是无产阶级革命的普遍规律吗？——马克思恩格斯列宁的暴力革命论与和平过渡论初探》《司马迁的史学原理本于〈六经〉》等。此外，朱本源的《论世界历史的统一性》《近两个世纪来西方史学发展的两大趋势》《西方历史认识论的形成和马克思恩格斯在该学科中的划时代的作用》《马克思主义历史理论的基本论题》等一系列重要论文，见之于《历史研究》《世界史研究动态》《世界历史》《史学理论》《史学理论研究》等全国一流史学刊物。

这些论文对在新形势下如何全面理解和发展马克思主义史学理论及在唯物史观的指导下进行史学理论研究，以推进中国史学理论建设等方面提出了富有价值的观点，引起国内史学理论界的高度重视。全国人口问题会议、中共中央编译局召开的相关学术讨论会、国家教委的有关理论工作会议都邀请他参加。诚如陕西师范大学档案馆保存的一份材料中所做的论断："朱本源先生自青年至晚年孜孜不倦地钻研马克思、恩格斯、列宁的经典著作，青年时又受过西方哲学思维方式的严格训练与熏染；精通英语和俄语，又可参阅德语和法语。故能在解放后迅速掌握苏联的马克思主义的历史理论的发展趋势以及西方各国的历史理论的发展趋势，因而受到我国学术界的推重。"

学术：平生治史振中华

在学术研究领域，朱本源兼通文史哲，融经史子集与当代学术于一体。他借助精通英语和俄语，又可参阅德语和法语的优势，学贯中西，在多个研究领域纵横驰骋，成为一代大家。从1953年到西北大学师范学院史地系任教后，朱本源即以历史学理论和方法作为自己主要的研究对象，其史学成就也最集中地体现在这一学术领域。

成就之一，对马克思主义的历史学理论和方法论进行持久深入的科学探讨，成果卓著。早在青年时代，朱本源就开始学习马克思主义经典著作。1949年后他始终坚持用马克思主义的立场、观点和方法指导教学和科研工作，即使在被错划为右派的二十年间，仍矢志不移。改革开放后，老而弥坚，志向高远，着重研究马克思主义重要理论与历史和现实相关的重大问题，并取得突出成就。如其《马克思主义历史理论的基本论题》一文结尾说："马克思主义本身是开放的，发展的，所以在我们探讨历史理论的基本问题时，把各家各派的马克思主义本身作为参照系（转益多师）最后去伪存真（别裁伪体），皈依于马克思主义奠基人的真谛。"朱本源半个世纪研究马克思主义哲学和历史学理论的经验，在不断吸收新学科的理论的基础上，运用历史的、辩证的和逻辑的相统一的方法，将马克思主义史学置于西方历史思维的不断发展的过程中，并从方法论高度阐明了马克思主义怎样对西方旧史学进行"批判性的改造"，以及我们对西方史学应持的科学态度，为我们全面正确理解马克思主义史学理论，并在实践中发展马克思主义史学理论做出了表率，其贡献弥足珍贵。

成就之二，坚持将西方史学发展的脉络同中国的史学传统相参证，用中西比较的方法来研究史学理论和方法，在中西史学比较研究领域做出突出贡献。20世纪90年代在《史学理论研究》上，朱本源连续发表《"〈诗〉亡然后〈春秋〉作"论》《孔子史学观念的现代诠释》《孔子历史哲学发微》等3篇长文，以大量的历史事实和深入的理论分析，探讨了孟子的中国史学起源论和孔子的史学思想，有力批驳了长期以来西方对中国史学的偏见，弘扬了中华民族的史学精神。文章一经刊出，学界反响强烈。中国社会科学院近代史研究所史学理论研究室主任蒋大椿说："近几年来中外史学的专题研究日渐展开，其中兆武对西方史学理论的介绍和探索，朱本源对孔孟史学观念的开掘，都显示出了相当的深度和功力。"中国社会科学院近代史研究所研究员李洪岩指出："北京《史学理论研究》季刊是报道外国史学理论研究成果的主要阵地，代表了中国学者的水平。其中何兆武、朱本源等先生的论文运用了中西比较方法，具有明显的历史哲学色彩，为史学领域的理论思考提供了参照坐标。"中国史学会史学理论分会副会长、复旦大学教授张广智认为，朱本源系列论文的旨趣"既在于开展中西古代史学的比较研究，也藏深意，即批驳如巴特费尔德之类的西方学者的皮相之见，即他们认为中国古代史学缺乏近代西方科学中的理论思维。……朱文立论的大气，释论的精微，堪称为当代大陆学者从事中西史学比较研究的典范"。

成就之三，倾毕生精力，将马克思主义史学思想与中西史学比较思想的研究成果相融会，撰成以中国学者观点研究西方史学的《历史学理论与方法》巨著。这一成果缘起于1986年朱本源承担国家文科博士生教材项目，历时十年，集中体现其历史观念。该著的突出特色在于：其一，从唯物史观出发，以理论联系实际的方法，在深入研究历史哲学和历史编纂学的内涵和特征的基础上，独辟蹊径，将历史哲学和历史编纂学，即历史学的理论和方法结合起来进行全面而深刻的阐述，丰富了历史学的研究领域和方法。其二，从历史理论的最新成果和国际前沿的角度对历史学的理论和方法进行了全面的总结和阐述，集中体现了国际史学理论和方法界研究的最新趋势。书中用历史思维方式这一主线，客观地总结了自希腊罗马史学到20世纪末西方史学发展的基本趋势，从中归纳出三种主要的历史思维范式，即以兰克为代表的实证主义、年鉴学派和马克思主义的史学思维范式，既指出了这三种范式不同于其他范式的本质内容，又指出三者之间所存在的客观历史关联，更阐明了三者之间所具有的在扬弃过程中所表现的历史发展关系。匠心独具，鞭辟入里，集国内学者该领域研究成果之大成。其三，释论中明显体现比较史学（中西史学比较）观点，并运用诠释学的方法，对中西历史学的理论和方法进行了系统的梳理、认知和深刻诠释。其四，不仅是作者个人对西方自希腊罗马以来西方史学思维范式的全面而深刻的总结，同时也是对作者自己六十余年的学术成果和学术规范的深刻总结和反思，极具教育意义。

朱本源之所以能够在西方思想文化和史学理论方面取得卓越成就，其原因在于：其一，博古通今。他在文集序中说："我生平最大幸事就是在方、陈二位老师指导下研究西方近代哲学，而以古代希腊哲学为源头活水。"两位老师古今一体的学术眼光，即在前后相继的历史过程中以探讨历史发展真谛的历时性研究方法，深深地启发并影响了朱本源的治学理念。其二，学贯中西。"取西方近代的历史科学（包括马克思主义史学）的发展趋势与我国固有的史学材料（即由孔孟开其端到司马迁而集大成的中国史学著作）相互参证。"也就是用共时性的研究方法来研究中西史学理论的不同特点，显示出作者宽阔而丰富的历史研究视域。其三，治史追求。这是最根本的原因。朱本源在文集序中说："学贯中西而归结为本民族史学传统之改造与发扬光大。"他认为这一方法是治学的座右铭，贯穿其一生的研究。这一思想不仅高度浓缩了中国老一代知识分子忧国忧民的情怀，也是朱本源人格魅力最集中的体现，更是后辈史学研究者所应遵循的正确史学思想和方法。朱本源先生以振兴光大中华史学为己任，将西方史学的研究同中国优秀的史学传统相结合，致力于中华史学的繁荣发展，为我们留下了珍贵的史学思想遗产。

育人：两代师表薪火传

朱本源 1957 年被错划为右派，从此二十年远离学术，历经坎坷。1978 年朱本源恢复教授头衔和工资级别，又成为传道、授业、解惑的历史系教授，苏联史、世界古代中世纪史研究生导师，同时兼任世界史教研室主任，直到1989年离休。

在教材建设方面，朱本源承担国家文科博士生教材项目，立足马克思主义的历史唯物史观，将西方史学发展的脉络同中国的史学传统参互比较，用十余年时间完成以中国学者的观点研究西方史学的《史学方法论》，国内著名学者誉之为"一部马克思主义的历史理论著作"，"填补了中国长期在西方史学理论研究方面的空白"。由于其丰硕的科研成果和在史学界的崇高威望，1986年他被推选为西方史学理论研究会顾问。

在长达四十年的执教生涯中，朱本源为教书育人耗费了巨大心血。他备课细致认真，讲授深入浅出，具有丰富的教学经验和高超的授课水平。他诲人不倦，乐在育人，富有爱心和耐心，深受历届学生的尊敬和爱戴。20世纪70年代至80年代，朱本源担任世界古代史和苏联史专业硕士研究生导师组组长，兼任世界史教研室主任，与其他教师共同培养了6届研究生，先后给研究生和本科生讲授世界史方面的5门课。即使在耄耋之年，他依然不顾年老体衰，亲自为研究生讲授史学理论。在授课中，朱本源注意理论联系实际，特别注意运用中西比较的方法来阐明西方思想文化和历史学的特点与方法。他所培养的学生，已有多人成为本学科领域内的中坚力量。

春华秋实，桃李天涯，朱本源在陕西师范大学教书育人的岁月，经年之后让一代代学生念念不忘、感怀在心。他对待学生的拳拳仁爱之心，散发出求真博爱的师者光芒，在他曲折斑斓的人生光谱中留下温暖的色彩。

印刻在陕西师大历史系1992届本科毕业生侯海英回忆里的，是朱本源先生独特的板书。给学生上课讲到一个名词时，先生会很自然地在黑板上用拉丁文、英语、法语、德语、俄语等多种语言写出这个词语，并在多种语言的转换中带领学生了解词义的演变和从中反映的历史变迁。这不仅帮助历史系的学生养成做学问追根溯源的习惯，还促发学生通过学习语言拓展学术视野。朱本源在与学生的思想交流和学术探讨中，不要求学生必须与自己保持一致的观点，而是始终保有一种怀疑的求真态度，启迪学生在司空见惯中保留疑惑，做值得做的事情。侯海英说："在朱本源先生的课上，我们才知道了'使一切恰如其本来''一切历史都是当代史'的真实内涵，才真正明白历史是什么、作为历史研究者我们需要了解什么。"

陕西师大历史文化学院王双怀教授在访谈中提到："1979年秋季，我考入陕西师范大学历史系，开始系统地学习历史。当时，历史系有一批著名的学者，如史念海、斯维至、朱本源、孙达人、黄永年、牛致功等等，都非常重视历史研究。"师大历史系这批潜心治学的"大先生"栽植起史学研究的茁壮树苗，几十年来经过一代代后学们不忘初心、薪火相传的浇灌与栽培，今已亭亭如盖。

2021年5月，在陕西师范大学红烛校史馆开馆仪式上，历史文化学院王国杰教授动情地说："今年我已年近八旬，但实实难忘恩师朱本源、杨存堂、韩敏、王国俊、傅正乾等对我的嘱托、希望、指教、关心及帮助。现在我们参观校史馆也是培养感恩之情，不忘初心，方得始终。"一份珍贵的资料，就是一页历史的见证。王国杰至今仍保留着恩师朱本源在85岁时，给当时在俄罗斯圣彼得堡师范大学的他写的一封信，信的开头先生用的是"国杰贤弟"四字。"这四个字让我激动得一夜没有睡好觉。先生是国内有名望的大家，这样的称呼，让我在异国他乡受宠若惊，倍感温暖。"王国杰曾这样说。

历史文化学院王成军教授作为朱本源的弟子，跟随先生多年，曾撰文说："先生为人朴素，心胸坦荡。若与先生闲谈，先生则讷然也似不能语，有问才答，颇为拘谨；若讨论学术问题，先生则口若悬河，滔滔雄辩，旁若无人，前后迥然不同，令人感慨时代造化的魔力；然若有事烦劳，先生则有求必应，不遗余力,古道热肠,尽善尽美,其童真般的赤子之心又令人为之感动不已。"历史的风烟吹过朱本源的人生原野,为他烙刻下一方黯淡的角落,也为他灌溉出一片肥沃的花园。无论逆流而上还是乘风破浪,他对学术的挚爱和对学生的关爱,都在潜移默化中影响了王成军,当他接过老师的接力棒,成为一名教书育人的教师时,朱本源先生孜孜以求、甘为人梯的精神在他身上得到了传承和弘扬。"西部红烛两代师表"精神的光焰照耀着朱本源先生及其学生们,也照亮了世界史学科的广阔天地。

2006年12月朱本源先生在西安逝世。他奋斗和生活了大半生的陕西师范大学历史文化学院以沉痛的哀悼表达了对先生难以尽言的尊敬与不舍:"朱本源先生虽然离开了我们,但他的好思想、好作风却永远值得我们学习和发扬。我们一定要化悲痛为力量,学习他坚定的马克思主义和共产主义信念,学习他热爱祖国,以振兴中华为历史使命的崇高精神,学习他在教学和科研中所具有的高度责任感,学习他教书育人的优秀品质和高风亮节,学习他活到老学到老的探索精神,为把我校建设成为以教师教育为主要特色的综合性研究型师范大学而奋斗!先生之风,山高水长,寿业俱臻,千古流芳!"

【主要参考资料】

[1] 寒洁:《朱本源教授》,载《陕西师大学报(哲学社会科学版)》1991年第1期。

[2] 王成军:《朱本源先生史学思想初探》,载《史学理论研究》2006年第4期。

[3] 陕西师范大学历史文化学院:《沉痛悼念朱本源教授》,陕西师范大学历史文化学院网站,2006年12月5日。

[4] 王成军:《深切缅怀朱本源先生》,载《陕西师大报》2007年3月15日。

[5] 朱红:《朱本源》,见张建祥主编:《陕西师范大学校史人物传略(1944—

1966）》，陕西师范大学出版社，2006年。

[6] 侯海英：《历史系的先生们》，见王涛主编：《师大故事》，陕西师范大学出版总社，2014年。

[7] 王双怀、黄彦震、明阳：《正高精勤 甘做人梯——王双怀教授访谈录》，载《地域文化研究》2020年第5期。

[8] 王国杰：《红烛校史馆：陕西师大人的精神家园》，陕西师范大学微信公众号，2021年5月12日。

[9] 王三义：《池岸秋香教泽近——记忆中的大学课堂和大学老师》，陕西师范大学校友工作办公室微信公众号，2021年9月26日。

【人物档案】

吴元训（1916—2012），安徽合肥人。著名教育学家，陕西师范大学教育学学科奠基人之一，外国教育史专业硕士学位点创建人。1940年获辅仁大学教育学学士学位，1943年获燕京大学教育学硕士学位。1946年8月到陕西省立师范专科学校陕南分校任教。后任西安师范学院教育学教研室主任、教育系主任，兼任学校工会主席。1960年后任陕西师范大学教育学教研室主任。1978年教育系恢复重建，任教育史教研室主任、教育科学研究所副所长。发表《教育始终与生产劳动相结合》《评苏格拉底的问题法》《关于比较教育研究中的几个问题》等论文，编著《西方教育史》《孔子教育思想研究》《中世纪教育文选》《西方教育的历史和哲学基础》等，主持完成"七五""八五"全国科研国家教委重点项目。曾兼任西安市雁塔区、碑林区人大代表，九三学社陕西省委委员，全国教育史研究会常务理事，全国比较教育研究会理事，陕西省比较教育研究会理事长，西安市心理学会理事长，等等。

吴元训：学贯中西　躬身育才

"宁可劳而无功，不要贪图虚名，方有学术可言。"吴元训常说，"宁坐冷板凳，不写一句空；不清楚不明白的问题，一定要实际调查，方可动笔为文。"他躬耕教坛、醉心学术、潜心育人，在引进、翻译外国教育名著和资料，深入研究国外著名教育家，将研究成果运用于我国教育实践，深入探讨中华优秀传统文化和道德教育的有益借鉴等方面做出了巨大的学术贡献。

求学北京　执教西北

吴元训祖籍安徽合肥，1916 年生于天津。童年时家境贫寒，但父亲的用功好学、认真工作给他留下了深刻印象。他在父亲的言传身教下敏而好学，刻苦自励。少年时进入天津南开中学学习，后考入北京辅仁大学，学习了一年美术后转学教育，在校时表现优秀，获得奖学金，1940 年获得教育学士学位。之后他继续求学，考入北京燕京大学研究生院教育专业，在校时获美国哈佛大学罗氏基金委员会教育奖学金。1941 年 8 月至 1942 年 6 月，他在冉村燕京大学教学实验区做农村儿童教养的调查研究，同时撰写硕士学位论文，兼任农村小学教师。1943 年毕业，获教育学硕士学位。

研究生毕业后，吴元训被聘请到当时在成都的四川统计处，编写四川教育概况。后任成都女子高级职业学校统计科主任。1945 年湖南国立师范学院教育系聘任吴元训为讲师，同年他完成个人第一本著作《指数》（正中书局，1946）。该书是高级职业学校教材，被一些职业学校选用。1946 年 8 月，吴元训被陕西省立师专陕南分校聘任为副教授，1947 年 8 月开始任国立西北大学教育学系副教授。1949 年 5 月西安解放后，吴元训在西北大学文学院教育学系、西北大学师范学院任教。1952 年 9 月加入九三学社。1954 年西北大学师范学院更名为西安师范学院独立设置后，任教育系教授、教育学教研室主任、教育系主任，兼任学校工会主席。在此期间被选为西安市碑林区人大代表。

1960年，西安师范学院与陕西师范学院合并成立陕西师范大学，吴元训任教育系教授、教育学教研室主任。1978年教育系恢复重建时，吴元训奔走各地，网罗贤才，广招旧部，为教育系重建工作做出了重大贡献。教育系成立后，他任教育史教研室主任、教育科学研究所副所长。同时作为外国教育史专业硕士学位点创建人，被聘为首批硕士研究生导师。

1979年，吴元训发起组织并参加全国教育史研究会在杭州召开的第一届学术年会。受研究会第一届理事会委托，1982年陕西师大承办全国教育史研究会第二届学术年会，年会论文集由吴元训主编。

吴元训长期从事教育学的教学科研工作。他著、编、译的成果除1946年出版的《指数》外，还有《西方教育史》（人民教育出版社，1985）、《中世纪教育文选》（人民教育出版社，1989、2005）、《杜威、赫尔巴特教育思想研究》（山东教育出版社，1985）、《孔子教育思想研究》（人民教育出版社，1985）、《西方教育的历史和哲学基础》（华夏出版社，1987）、《教育问题史》（安徽教育出版社，1991）等。他撰写的教育科研论文在全国教育史学界具有很大影响。吴元训还曾主持"七五""八五"全国科研国家教委重点项目"中小学教师素质的调查研究""我国民族优良道德教育传统与我国当前学校的道德教育研究"。

2006年，陕西师大举行"吴元训先生九十华诞暨从教六十五周年庆贺会"。陕西电视台制作纪录片《化作春泥更护花——教育史家吴元训》。2010年，吴元训被中共中央组织部评为有突出贡献的学者。2012年吴元训97岁高龄逝世后，时任国务院总理温家宝，以及中共中央组织部、中国教育学会、中国教育学会教育史分会、中国教育学会比较教育分会均发来唁电悼念。

学贯中西　深研精思

吴元训是我国教育学界著名学者，长期从事教育学教学和研究工作，在教育学界，特别是教育史学界享有很高声誉。他的主要学术观点有：政治经济的发展决定文化教育的发展，文化教育的发展又促进政治经济的发展；培养人要德智体全面发展，三者以德为先；治学之道在先打好基础，然后由博而专，再由专而博，螺旋上升；治学的关键在勤奋努力钻研，理论联系实际，学以致用和创新，有自己的观点和掌握新信息与资料等。

作为学贯中西的学者，吴元训注重汲取世界文明优秀成果，将其精髓引入国内，具体体现在三个方面：一是重视教育史资料建设，引进、翻译国外名著和资料；二是聚焦教育史专题研究，探究欧洲中世纪教育史和空想社会主义教育思想；三是注意深入探讨教育人物，引领对西方著名教育家的研究。

在教育史资料建设，引进、翻译国外名著和资料方面，他针对当时教学资料十分缺乏的现实问题，和国内著名的教育史专家滕大春、赵祥麟等协商，决定引进、翻译国外教育史名著和资料。改革开放后，教育科学重获生机，教育院系大多恢复重建，但教学资料匮乏。过去由苏联引进的教科书，尤其是教育史类著作，更是残缺不全，错漏甚多。吴元训将目光投向广阔的世界教育学领域，筛选各国所长，向我国教育界展示了新的学术维度。

吴元训主要从三个方面开展这项工作。一是引进、翻译国外教育通史。1982年他和西南师范大学任宝祥合作，翻译英国教育史学家威廉·博伊德、埃德蒙·金合著的《西方教育史》，由人民教育出版社1985年出版，为教育史专业师生提供重要教学参考书。其中丰富的教育发展史料，使学习者大开眼界，虽未能产生立竿见影的教育成效，却树立了全新的教育参考坐标。

二是引进、翻译国外教育专题史著作，主要有《西方教育的历史和哲学基础》《教育问题史》。前者由美国教育史学家S.E.佛罗斯特著。原著本着"教育史就是人们在从古至今对教育的认识过程中，不断地重建其教育观念和教育机构的历史；同时也是人们按照自己的设想，做出种种努力和尝试，去塑造下一代人的历史"的宗旨,对西方每一历史时期教育发展的历史背景和哲学理念进行系统考察,从而认识教育与历史、文化的紧密联系。后者由美国教育史学家约翰·S.布鲁柏克著。原著从教育的目的、政治与教育、国家主义与教育、经济对教育的影响、教育与哲学、教育与心理学、教学方法等19个方面对西方教育进行了全面梳理。

三是引进、翻译外国著名教育家教育思想研究著作,主要是主译、主校了《西方伟大教育家学说》(此书因故当时未出版)。该书由英国教育史学家拉斯克、斯科特兰合著,述评了从古至今11位世界范围内具有深远影响的教育家、思想家,包括古代的柏拉图、昆体良,近代的夸美纽斯、洛克、卢梭、裴斯泰洛齐、赫尔巴特、福禄培尔,现代的蒙台梭利、杜威等,对教育人物所处的时代、生活经历、哲学理念和追求、教育实践进行了系统研究,为人们认识、评论和借鉴世界著名教育家提供了一个全新的视角。

引进、翻译国外名著和资料,不仅是为了解决当时国内教育史界资料短缺的问题,还因为引进这些理论为我们提供了许多有益的经验和教训。这对研究教育对策和制订教育计划都是重要借鉴,对冲击我国陈旧的教育体系和教育观念都是具有意义的。

在聚焦教育史专题研究、探究欧洲中世纪教育史和空想社会主义教育思想方面,吴元训填补了相关研究空白。对于西方人来说,"从罗马的黄金时期到文艺复兴时期都是'中间时代'。这一时期,突出的是人文主义的爱好被掩盖了,所以它只能是个'黑暗时代',又因为它是一个过渡到形成关于人及其世界新的爱好和解释的时期,因此又名'中世纪'时代"(佛罗斯特语)。然而对于这长达千余年的中世纪,中外历史,尤其是教育史却常常语焉不详,似乎除了"黑暗、愚昧"外无可多言。西方究竟是怎样从希腊、罗马时代过渡到近代尤其是16世纪至20世纪的,人们知之甚少。

为了填补这一认识上的空白,弥补这一时期教学科研资料的不足,吴元训在研究西方别的历史时期的教育制度和教育思想的同时，集中力量探索研究了国外中世纪教育史和代表性人物。他带领团队搜集、汇编了这一历史时期的教育资料，整理、编译了《中世纪教育文选》。与此同时，他还重点研究了中世纪以后的近代空想社会主义思潮，撰写了15万字的《空想社会主义教育思想简史》（当时因故未公开出版），主要对16世纪至18世纪欧洲空想社会主义的代表人物莫尔、康帕内拉、温斯坦莱、梅叶、摩莱里、马布利、圣西门、傅立叶、欧文等9人的生平与教育思想做了全面系统的述评；还对康帕内拉、温斯坦莱、梅叶的教育思想做了深入研究。这些研究成果发表后得到学术界好评，为人们深入研究空想社会主义产生的历史意义、历史根源、历史局限性以及应有教训进行了有价值的揭示和铺垫。

在注意深入探讨教育人物、引领对西方著名教育家的研究方面，吴元训对苏格拉底、德谟克里特和皮亚杰等欧洲教育家的教育主张进行了深入研究。苏格拉底被称为西方思想史的圣哲和先驱，相当于孔子在中国思想史上的地位和影响。其创立的独特的"问答法"更是西方教学史上闻名遐迩的启发式教学的鼻祖。它充分调动了教学双方质疑问难、探求真理的主动性和积极性，为世人称道。但它与中国孔子的启发式教学相比，还是有一定的差距。为了弄清二者的异同，吴元训撰写了《苏格拉底问答法比较》一文，阐述自己的独立见解。德谟克里特被马克思称赞为"经验的自然科学家和希腊人中第一个百科全书式的学者"，但其具体思想如何，当时的资料介绍则稍显不足。为了填补这一空白，吴元训撰写了《德谟克里特教育思想初探》一文，为后学打开了一扇认识大家的大门。皮亚杰是现代著名教育家和儿童心理学家，其发生认识论在儿童心理学研究方面独树一帜。为了对这位有功于当代教育教学理论研究的学术大师的思想有一全新认识，吴元训撰写了《皮亚杰教学理论初探》，全面介绍了大师的思想精华。

在深入研究的基础上，吴元训还促成了国内对美国教育家杜威等人的理性评价。美国教育家杜威是在世界上具有重要影响的教育家，西方教育思想的集大成者，对近代中国教育改革与发展等产生了不可忽视的影响。然而在1949年后，杜威的教育思想没有得到学术界应有的重视，对其教育思想的研究也不够深入。改革开放后，吴元训和赵祥麟、滕大春等学者对杜威教育思想进行了较为系统的重新认识和评价。

在吴元训的努力下，1982年全国教育史研究会第二届学术年会在陕西师大召开。由于吴元训的学术影响，教育史学界巨擘毛礼锐、陈景磐、滕大春、赵祥麟、王承绪、陈学恂等不顾劳累，踊跃赴会。吴元训和其他学者一起，毅然将杜威研究列入年会的交流议程，他本人向大会提交了《试评杜威"做中学"教学思想》一文，对一度饱受争议的杜威教学思想进行了重新认识和评价。年会的相关论文被吴元训等汇编成《杜威、赫尔巴特教育思想研究》，交由山东教育出版社出版。

传道授业　潜心育人

吴元训始终心系我国教育事业的发展，潜心在理论探索与实践摸索中创新植根中华大地的教育理论。他强调洋为中用，着力推进将国外教育经验与中国教育改革实践相结合的教研工作。二战以后，尤其是世纪之交，在世界范围内，新技术革命从各个方面影响着人类，同样影响着各国的教育改革。如何利用这次机会对我国教育进行改革，成为吴元训特别关注的问题。为此，他经常和学生们一起，在分析时代背景的基础上对各国教育改革的经验和教训进行深入剖析。他曾总结世界教育改革的成功经验有：在教育内容上强调"新三艺"（教学、自然科学和外语），强调"双基"（基础知识、基本技能），发展学生的创新思维和创造力；在教育对象上提倡"天才教育"，强调因材施教；在教育方法上强调教学组织形式和教学方法的多样化，重视实验室教学、教学手段现代化等。以此为鉴，吴元训等从普及中小学义务教育、提高整个民族文化素质、提高教师质量、搞好课程改革等方面提出了针对性建议。论文《新技术革命与普通教育的改革》在《陕西师大学报（哲学社会科学版）》发表后，得到学界和教育行政机构的认可与赞扬，在中国教育学会年度评审中获优秀论文一等奖。

为了进一步吸引更多的学者支持教育改革，吴元训还与团队一道，就创新思维和创造力进行深度研究。研究心得《简论青少年创新能力及其培养》在陕西师大内部刊物《教学研究》上发表。

吴元训认为，创造力是一个民族进步的灵魂，经济竞争的核心。当今社会的各项竞争，与其说是人才的竞争，不如说是人的创造力的竞争。如果这个世界没有创造能力，便不会有今日人类的文明；如果一个人不具备创造能力，可以称为庸才；如果一个民族没有创新人才，可以称为落后的民族。因此，他认为，青少年培养创新能力极为重要：知识激增，需要新一代学会学习；科技革命，需要新一代革新创造；振兴中华，需要新一代开拓前进。为此他提出：尊重学生的个性发展，培养创造精神；营造校园创新环境，强化创新氛围；构建课程体系，开设专门的创新课程；改进教学方法，转变培养模式；改进考试方法，鼓励创新发现。所有这些研究，都对我国的教育改革起到了良好的促进作用。

同时，吴元训关注推陈出新，致力于中华优秀传统文化和道德教育问题的探讨。他晚年关注国内优秀传统文化和道德教育的探讨。20世纪90年代中期，他和曹鸿远等同事，承担了全国教育科学规划重点研究课题"我国民族优良道德教育传统与我国当前学校道德教育研究"，历时五年，完成20万字的课题研究报告。以王殿卿为组长，顾明远、王策三、王逢贤、詹万生为成员的专家鉴定组高度评价此项研究成果。该成果对于加强我国的道德教育与道德建设，对于坚持中国特色的社会主义办学方向等，都有积极的理论意义和实践价值。

吴元训勤奋躬耕在教学科研一线，他严谨治学，关爱学生成长。多年来讲授的主要课程有指数、社会学、教育学、中等教育、教育统计、教育实验法、外国教育史、英语、英文教育专著翻译等。吴元训年近古稀时仍坚持亲自授课，每每于课前仔细准备，在早年国外教育资料尚缺乏的情况下，翻译、核对有关外文资料，和大家一起研究、讨论。学生写的论文、做的作业，他都逐字逐句阅读、修改，甚至连标点符号都仔细审阅。

在教学方法上，吴元训注意在实践中摸索改进，提倡"读万卷书，行万里路"，常常带领学生们实地考察与拜访名家，帮助学生开阔视野，拓宽知识面，奠定学业基础。在科研方面，他坚持求真务实，积极探索，公开发表的学术论文散见于中国教育学会、中国教育学会比较教育分会、中国教育学会教育史分会等主办的学术刊物上。他对西方教育的熟稔和对著名教育家的钻研感动着学生、激励着学生。吴元训不仅自己正确认识、理性思考西方著名教育家的思想，而且还鼓励和引领研究生们努力进行学术探讨，其研究生的学术探索《杜威"做中学"教学思想研究》《卢梭教育思想剖析》等，均渗透着他悉心指导的心血和智慧。

吴元训将饱满的热忱与专注投入教育史领域，为新中国的高等教育事业发展做出了巨大贡献。他在教学科研百忙中也承担了不少社会工作：曾任西安碑林区、雁塔区人大代表，西安师范学院首届工会主席，全国教育史研究会常务理事，全国比较教育研究会理事，陕西省比较教育研究会理事长，西安市心理学会理事长，等等。

吴元训为人心胸开阔，热爱生活，晚年依然思想敏锐、耳目清新。他也是一位深情而富有责任感的丈夫，年近90岁时，老伴因病卧床，他几乎担负了全部护理工作，从而使老伴平稳安适地治病养病，战胜病魔，其"夫妻同舟共济、相濡以沫"的精神得到大家称赞。吴元训坚持体育锻炼，坚持太极拳运动；喜欢丹青，97岁高龄时仍能挥毫泼墨，写意作画。吴元训生命不息、奋斗不止、学而不厌、诲人不倦的精神风貌和人格魅力感染着众多师大师生，成为师者典范。

【主要参考资料】

[1] 刘新科：《教育家的一生 "铺路石"的奉献——吴元训先生生平及教育学术贡献》，载《教育史研究》2021年第1期。

[2] 吴令云：《吴元训》，见张建祥主编：《陕西师范大学校史人物传略（1944—1966）》，陕西师范大学出版社，2006年。

【人物档案】

斯维至（1916—2015），浙江诸暨人。著名先秦史专家。1931年浙江绍兴越材中学毕业。1940年至1947年间，曾在四川图书馆、成都中国工业合作协会工作，编辑通俗读物《活路》月刊，任华阳县中、国立六中、华英女中等校文史教师。1947年由著名学者蒙文通、徐中舒两位先生推荐，任华西大学讲师兼中国文化研究所助理研究员，走上先秦史研究道路。1947年发表《两周金文所见职官考》，为海内外学者所称道。1949年后，先后在西北大学师范学院、西安师范学院、陕西师范大学任教。著有《史学常谈》《周代的方国》《西周史》《中国古代社会文化论稿》《斯维至史学文集》等。曾兼任中国先秦史学会第一届至第四届副会长、陕西省文史研究馆名誉馆员、《陕西历史博物馆馆刊》顾问等。

斯维至：云蒸霞蔚书斋香

"满头华发的老人斜倚藤椅，用与年龄不相符的丰润双手捧着书本杂志，凑到光亮的窗前灯下，整张脸贴近去，眼镜几乎触到纸张，仿佛不是在读书，更像是用鼻子嗅纸，并深自陶醉于书香。它不同于关云长夜读《春秋》的神武，尽显一代文人手不释卷的痴迷。这是我去斯维至老师家求学问道时常见的情景。"这是旅居美国的郭政凯在回忆斯维至先生时说的一段话。他还说："我在前半生曾幸运地追随了几位难得的良师，其中对我影响至深至巨、关系也至亲至密的非斯维至老师莫属。"

教书：斯文长存　维真至善

斯维至 1916 年生于浙江省诸暨市东白湖镇斯宅村。幼年家贫，好在村里有一所新式学堂，他得以上学。这所学堂是具有百年历史的斯民小学，前身为斯氏家族建立的象山私塾（后改称象山民塾）。1904 年，清政府颁布癸卯学制，宣告绵延千年的私塾教育终结，新式学堂开始出现在中国城乡。斯氏家族于 1905 年将象山民塾改建成斯民小学。小学毕业后，在叔叔、舅父的资助下，斯维至到浙江绍兴越材中学读书，1931 年毕业。后因家贫辍学，以王冕、高尔基为榜样，刻苦自学，"孤身在茫茫书海中挣扎，手抄笔录，不舍昼夜。浓霜染了头发，昏灯弱了视力"（郭政凯）。

时值日本铁蹄南下，斯维至辗转流亡巴蜀。1940 年至 1947 年间，先后在四川图书馆、成都中国工业合作协会工作，编辑通俗读物《活路》月刊，任华阳县中、国立六中、华英女中等校文史教师。后从四川大学蒙文通、徐中舒等先生研读先秦文献、古文字学，旁听文化人类学、民族学、考古学等课程。1947 年由蒙、徐两位先生推荐，任华西大学讲师兼中国文化研究所助理研究员，开启教育生涯。

1949 年后，马克思主义理论家、史学家侯外庐任西北大学校长，斯维至自川入陕，受聘到西北大学师范学院任教。1954 年师范学院正式独立设置，成立西安师范学院。斯维至转入该校工作。1963 年、1980 年，斯维至在陕西师大（1960 年西安师范学院与陕西师范学院合并成立）晋升副教授、教授。1989 年离休。1991 年被聘为陕西省文史馆名誉馆员、《陕西历史博物馆馆刊》顾问。

先后在西北大学、陕西师大任教的陈峰教授在斯维至先生百岁寿辰时作文回忆："斯先生是我大学的老师，教过我们历史文选课。当年，我们1977 级的学生进入陕西师范大学历史系后，斯先生是最早授课的老师之一，所以印象深刻。"由于斯维至浙江乡音浓重，加上讲课的内容是《左传》，所以"听这门课时常懵懵懂懂，不得不经常在课间休息时讨教，先生总是透过厚厚的眼镜片笑眯眯地看着我，然后不紧不慢地解释一些字句的意思"，"日后使用古文的底子，还是得益于先生"。

斯维至关心学生发展，热心帮助学生。陈峰回忆："1984 年，我报考漆侠先生的研究生，需要有推荐信，当即想到母校的杨德泉先生。杨先生虽没有给我们上过课，但专治宋史，与漆侠先生相识，自然一口应允。听说最好再有一封推荐信，我便找到德高望重的斯先生。没料到一聊到此事，斯先生不仅爽快答应，还告诉我，抗战初期，他在重庆一所中学任过教，当年漆侠先生曾就读于这所学校，算起来彼此还有师生之谊。于是，在复试结束后，我将两封推荐信呈给漆先生，漆先生特意让我转达了对昔日老师的问候。"1987 年陈峰研究生毕业后到西北大学工作，经常去拜访斯维至。他说："先生对我的治学总是很关心，谈话既与古史的一些问题有关，也涉及工作环境之类的情况，每每令做学生的我为之感动。1997 年，我的第一部著作《漕运与古代社会》出版时，便请斯先生作序，其中多有肯定与勉励之意。" 2015 年斯维至先生百岁寿辰，陈峰撰文称"若用传统'道德文章'的标准衡量，先生可谓皆备"。

郭政凯回忆说，"1976年底，乘着工农兵学员的末班车，我进入陕西师范大学历史系"，"斯老师没有给我们上过课。听中国古代史主讲赵文润老师介绍，他是国内数得上的先秦史专家，很有学问。于是打听了住址，冒昧登门。初次见面，斯老师正在翻检一部线装大书"。熟悉之后，郭政凯经常登门求教，斯维至先生则"兴发纵论天下事，闲来几句家常话"，郭政凯认为，这种聊天式的"教学"在古代是老师向学生传授知识的重要方式，好处很多。它形式活泼，能够摆脱束缚，启发灵智。关于做学问，斯维至则告诫郭政凯，"带着问题读书，容易有先入为主的偏见，走上断章取义的歪路，知识系统会被搅得支离破碎。不如漫无目的地读书，在深厚累积的基础上，水到渠成地产生问题，然后再进行反复研究"，并"特别强调走快捷方式是浮躁的表现，急功近利是学术研究的大敌"。

陕西师大历史文化学院已故的何清谷教授说，斯维至"先生德高望重，学识渊博，著作宏富，蜚声海内外。斯先生是我的业师，我在西安师范学院历史系学习时，先秦史就是他讲的。先生讲课深入浅出，条理清晰，深受学生爱戴。以后我和斯老师长期在中国古代史教研室共事，多次一同参加全国先秦史讨论会，经常聆听他的指导和教诲，受益良多"。

学术：探幽得珠　取精用弘

1995年，扎根周秦汉唐故地的陕西师大成立周秦汉唐文化研究中心，着力培养周秦汉唐文化研究专门人才，提高整体学术水平。史念海、霍松林、黄永年、朱本源、斯维至、牛致功等教授受聘中心顾问。以中心为依托，斯维至与何清谷、赵世超、常金仓、臧振、陈学凯（现在西安交通大学任教）、徐兴海（现在江南大学任教）等专攻先秦史和周秦文化研究，使陕西师大成为中国先秦史研究重镇。可以说，斯维至先生是陕西师大先秦史研究的奠基者，功莫大焉。

斯维至自学成才，思路开阔，不囿于一家之言，不盲从，不迷信，富于独立创新精神。他是古文字学专家，对殷商甲骨文、周朝钟鼎文颇有研究。《两周金文所见职官考》《殷代风之神话》，是1949年前斯维至用古文字资料考证历史的杰作。《两周金文所见职官考》一文于1947年发表于《中国文化研究汇刊》，"列举金文所见67种两周职官，援据文献，加以论释。较之郭沫若《周官质疑》颇多新见，对《周礼》中的职官资料多有辨正。鸿篇巨制，论据确凿，见解深刻，言简意赅，有很高的学术价值。《两周金文所见职官考》的考释内容被收入香港中文大学主编的《金文诂林》，美国匹兹堡大学许倬云教授的《西周史》也有采用，国内张亚初的《西周金文官制研究》评其为进一步深入研究金文职官打下了基础。《殷代风之神话》于1948年在《中国文化研究汇刊》发表，被日本考古学家林巳奈夫收入其论文集，对文中提出的"殷代凤为风神"，即"飞廉之说"，深表赞许。何清谷指出，该文用甲骨文、卜辞资料解释神话，证明"风""凤"原为一字，"风即风伯"，"凤为帝之使者"。言之有据，学界无异议。这两篇文章发表后，在国内外史学界、汉学界影响巨大，台湾出版的甲骨文、金文字书皆有载录。

斯维至对中国古代史分期问题的讨论有积极贡献。何清谷回忆，1956年斯维至发表于《历史研究》的《关于殷周土地所有制的问题》一文，在西安师范学院引起轰动。当时许多人说，这篇文章对中国奴隶制转变为封建制在春秋、战国之交进行了详细论证，很有说服力。"我读了十分叹服，这样的大块妙论，在权威刊物上登出，真不简单！他引用经典作家的论断，却不像有人那样贴理论标签，而能史论结合，用无可争辩的史料说明问题。他同意郭沫若的战国封建论，但却有自己独到的见解。西周是早期奴隶制而不是发达的奴隶制，众人、庶人是平民而不是奴隶。这与郭氏恰恰相反。该文的真知灼见，受到史学界的重视，故编入《中国古代史分期问题讨论集》。其后发表的姊妹论文有《论春秋战国时期公、私贵族的斗争和阶级斗争》，是战国封建论的进一步发挥，史实更加丰富，说理更加充分。"

1978年，斯维至在《思想战线》发表《释宗族》。该文是继古史分期讨论后，斯维至经过二十多年的思考写成的与分期有关的专题研究。该文认为商周时期的宗族就是父家长家庭，也就是父家长家庭公社。"室"是宗族的基本单位，其上下关系是以血缘关系为纽带的。具体地阐述了父家长制家庭公社的形态。这是中国早期奴隶制的特点之一。此后，斯维至的《论庶人》用大量史料对庶人的来源、地位做了探索，说明庶人是公社农民，应属于平民阶级，不同意郭沫若的"奴隶说"和范文澜的"农奴说"，引起苏联史学界的注意。该文展现出斯维至坚持独立思考的一贯学风。《论"工商食官"制度及新兴工商业的作用》是一篇有深度的论文。何清谷评价说："能把一个古代记载模糊的制度作出具体阐释，不容易，这是作者创造性研究的结果。"

斯维至研究历史的方法主要是实证研究，即引用证据证明立论是否正确。实证研究的主要方法是引用历史文献资料考证，要求作者占有大量文献资料，旁征博引以证其说。清代乾嘉考据学派擅长此法，在研究古史上做出了成绩。斯维至擅用此法，乃由于他对先秦文献烂熟于胸，信手拈来，以证其观点。清末著名学者王国维主张以地下实物资料参订文献史料，进行历史研究，提出著名的"二重证据法"。斯维至就常用"二重证据法"丰富实证研究，其论著常用新出土的古文字、文物来与文献资料互证，以坚其说。如《早周的历史初探》，就是用新出土的周原遗址资料结合文献记载，揭示早周社会性质、经济、文化等状况，娓娓叙述，使人耳目一新。

斯维至发表论文百余篇，熔文史哲于一炉。他通古文字学、先秦经典，还参加姜寨考古，深入凉山彝族、西双版纳傣族等地区参观调查，用社会调查的方法，对少数民族的历史和现状进行研究。这些少数民族地区在解放前或民主改革前，不少还停留在氏族社会或早期奴隶制阶段，是历史的活化石，有历史学者援引这些调查资料与文献、考古资料三者互证，进一步丰富了历史研究的资料来源，提高了历史论断的可信度。这叫作"三重证据法"。斯维至非常重视对少数民族历史调查资料的运用，不少论文引用大兴安岭鄂伦春族，凉山彝族，云南景颇族、独龙族的资料，结合文献、考古资料，解释相应的商周历史问题。如其《关于庶人和曲诺的比较研究》，就是用解放前凉山彝族中近似平民的曲诺和周朝庶人的身份加以比较，证明庶人是平民而非奴隶。斯维至的有些论文被学界认为是"三重证据法"的典范。

1980年，斯维至受邀参加白寿彝任总主编的多卷本《中国通史》的撰写工作，与徐喜辰、杨钊担任第三卷主编。第三卷分上、下两册，甲、乙、丙、丁四编，100多万字。甲编为序说，论述有关上古史的文献资料、考古资料、甲骨文和金文材料，兼及对上古时代的研究概况和该卷的编写旨趣。乙编为综述，勾勒了商周时期历史发展的脉络和规律。丙编为典志，对生产力、生产关系以及政治上、经济上、制度性的历史现象做深入探索。丁编是传记，又分上、下两编，上编以国立传，下编以历史人物立传，还有一部分以学术专业立传。这种编排体例既具有涵盖面宽的优点，又便于各方面的专家在编写中保持自己的学术特色。此外，斯维至的《中国古代国家的起源》，论述了夏、商、周为三个部族，各经历了氏族公有制到私有制以至国家的形成。此文观点得到白寿彝的认可，作为附录收入《中国通史》第四卷。

《陕西通史》主持者郭琦非常欣赏《中国通史》的体例。1989年，《陕西通史》编撰工作启动，编委会邀请史念海、张岂之为主编，斯维至为该书第二卷"西周卷"主编。在书中，斯维至引用大量地下考古材料，大胆假设周人可能迁自西亚，后来与我国的蒙古、藏、羌族融合。这有待更多地下考古资料证明。

1997年，斯维至的《中国古代社会文化论稿》由台湾允晨文化公司出版。该书收录24篇论文，内容包括神话、社的崇拜、宗教、封建、等级、国家及民族文化的形成等，每有独到见解，如殷代风之神话、桑林之舞和禘祀的关系，春秋"分室"的室是家族的基层组织，等等；并由秦兵马俑而及于羌戎，由周原蚌雕人头像而及于斯基泰人等。全书结构整饬，值得史学界参考。陕西师大历史学教授臧振说，该书"所反映的先生研究方向和方法的变化，则可以说是半个多世纪中国先秦史研究的一个缩影"。

晚年，斯维至转向国家、民族、社会文化研究，陆续发表《说德》《汤祷雨桑林之社与桑林之舞》《神仙思想与兵马俑的羌戎文化》《论黄帝及五帝系统的形成》《论楚辞的形成及其文化圈》等，在学界均有一定影响。

书法：金戈铁马　劲健骏逸

斯维至是我国先秦史学界著名的史学家，远涉钟鼎，上师晋唐，对宋人苏东坡及米芾的字用功尤深，从而形成他风流儒雅、潇洒自如、含法度于自然当中的行书风格，在当代书坛亦堪称卓越之大家。但人们对斯维至的书法却了解甚少。陕西师大已故的刘念先教授指出："他讲授与研究先秦史，一开始就着力于金文史料的探索，他不能不直接抄录金文文献，临摹原文，从而无形中锤炼了他的篆书功底，……为其书法造诣奠定了扎实的基础，形成自己古朴、雄健、苍劲的特点，给人一种富有金石气息的感觉。唯其如此，其书强劲有力、古涩沉郁。"然而最能反映个性与逸趣的，当推其大字行楷。

中国历代的正直学人，由于传统文化与历史实践的影响，无不追求真理，重视正义，忧国忧民，爱憎分明，或则直言是非，或则抗节不屈，总之，重义守节，刚正不阿，大义凛然。斯维至的青年时代，正值抗日战争艰苦时期。当年日军残暴，国土沦陷，中华儿女谁不义愤填膺，踊跃抗战？青年斯维至为人直率耿直，刻苦学习，认真工作，积极投身抗日宣传。至老年，仍说话直率，不假雕饰，心口如一，激昂高亢。

斯维至的书法作品很能体现其性格特点。其所写条幅、对联，筋骨内凝，劲健挺拔，气势磅礴，有如金戈铁马，一往直前，笔势骏利，一任自然，看似粗放，漫不经意，然而飒爽之中有一种豪迈气质，有痛快淋漓之感，至其起承弯转、盘曲回旋则又如枯藤勃生，苍劲沉郁、倔强不屈，不失其在环境困顿之下顽强奋搏的表现。造诣如此，而不外扬，自甘寂寞，这是学者型书法家的典型特点。刘念先教授评价说："综观斯维至先生的书作，苍郁劲直，有金石之气；挺拔奔放，有豪士之气；随和自然，有书卷之气；笔墨秀逸，有山林之气。数端融合，别开生面，是其独具的风采。"

斯维至的书法经常落款"山越斯维至"，郭政凯的解释是："他自认是山越人的后裔，据说康有为曾给斯氏宗祠写过山越考。看老师一派儒雅，很难把他与断发文身的老祖先们联系在一起。我揣测，斯老师以山越人自诩，有返璞归真之意。"

刘念先教授说，与其书法特点相一致的"是斯先生旧体诗律绝写得清俊有致，也不轻易示人"。因此，我们很难看到斯维至先生的诗词作品，目前流传较广的是这首七绝："皓首穷经岁月长，云蒸霞蔚书斋香。会心不觉拈花笑，正是青山照夕阳。"这是斯维至在《中外历史》1987年第2期的"自我简介"中的附诗，云淡风轻，又自信满怀。

【主要参考资料】

[1] 胡悦：《斯维至先生与多卷本〈中国通史〉》，载《陕西师大学报（哲学社会科学版）》1995年第1期。

[2] 臧振：《会心不觉拈花笑——读斯维至教授〈中国古代社会文化论稿〉》，载《陕西师范大学学报（哲学社会科学版）》2001年第1期。

[3] 刘念先：《金戈铁马 劲健骏逸——斯维至教授的书法》，载《书法世界》2004年第12期。

[4] 何清谷：《探幽得珠 取精用弘——读〈斯维至史学文集〉》，载《文博》

2008年第5期。

[5] 臧振：《我与斯先生》，载《陕西师大报》2011年3月15日。

[6] 王丽：《一个家族书写的教育史》，载《中国青年报》2015年2月25日。

[7] 陈峰：《斯文长存　维真至善——贺斯维至先生百年寿辰》，载《中国社会科学报》2015年6月15日。

【人物档案】

霍松林（1921—2017），字懋青，甘肃天水人。著名古典文学研究专家、文艺理论家、诗人、书法家，国务院学位委员会第二届学科评议组成员，陕西师范大学教授、博士生导师。1945年入国立中央大学中国文学系读书，受到汪辟疆、胡小石、朱东润、陈匪石等著名学者器重，得到于右任奖掖。1949年毕业，先后任教于重庆南林学院、天水师范学校、西北大学师范学院、西安师范学院、陕西师范大学。1995年被中国作协列入"抗战时期老作家"名单，获颁"以笔为枪，投身抗战"奖牌。2008年获"改革开放三十年陕西高等教育突出贡献奖"和中华诗词学会授予的"中华诗词终身成就奖"。历任陕西师范大学古籍整理研究所所长、文学研究所所长、中文系副系主任、文学院名誉院长。曾兼任全国哲学社会科学"七五"规划委员会委员，中国唐代文学学会副会长兼秘书长，中华诗词学会副会长、名誉会长，中国杜甫研究会会长、名誉会长，政协陕西省第六届委员会委员，陕西诗词学会会长，日本明治大学客座教授，香港学术评审局专家顾问，等等。

霍松林：高蘀独树大先生

"所谓大学者，非谓有大楼之谓也，有大师之谓也。"霍松林是中国古典文学的一代宗师，也是著名诗人、书法家、教育家，在中国传统文化及文艺学等多个领域均有卓越建树。自20世纪50年代初在西安师范学院任教起，在六十多年的教师生涯中，霍松林扬葩振藻、绣虎雕龙，立德树人、滋兰树蕙，以自己的全部智慧和心血，繁荣学术，教育报国，为中国古典文学的人才培养、学术研究和文化传承做出了不可或缺的卓越贡献，成为当之无愧的"大先生"，被学术界、教育界誉为高标独树的一面旗帜。

读书：博观约取　学以致用

1921年9月，霍松林出生于甘肃省天水市琥珀乡霍家川村。其父霍众特曾师从陇南书院任士言山长，是一位饱读儒学经典、胸怀修平治齐之志的清末秀才。霍松林幼时接受父亲教诲，在认了几百个常用字之后，便在父亲的耳提面命下熟读"三百千千"等中国传统蒙学经典。他在《松林回忆录》中自述："对于'四书'，父亲也特别重视，在他的指导下，我反复地熟读背诵。至于'五经'，我只熟读了《诗经》，其他的没有读熟，却熟读了《千家诗》《唐诗三百首》《白香词谱》《古文观止》《幼学故事琼林》和张载的《西铭》，还阅读了《水浒传》《三国演义》《聊斋志异》等小说和中医的经典著作《内经》《伤寒杂病论》。"

1937年8月，霍松林从天水新阳小学毕业，后在家养病一年。1938年8月至1945年1月，先后在天水中学和天水国立第五中学读书。这个阶段，霍松林对书痴迷的天性展露无遗。当时正值抗战时期，沦陷区的文化人和失学青年来到天水，为了养家糊口，不得不把珍藏的好书廉价出售。霍松林从五四以来的新文学作品到外国文学作品，能借就借，不能借就买，把为《陇南日报》写专栏领到的稿费，统统用来买书。1945年2月至7月，霍松林到天水玉泉小学任六年级国文教员。

1945年9月至1949年4月，在国立中央大学中国文学系读书（先在重庆，后迁回南京），受到汪辟疆、胡小石、朱东润、陈匪石等著名学者的器重。"胡小石讲《楚辞》，朱东润讲中国文学史，罗根泽讲中国文学批评史，伍俶傥讲《文心雕龙》，吕叔湘讲欧洲文艺思潮，汪辟疆讲目录学……在大师级教授的熏陶下，霍松林在文学的海洋中恣意驰骋。"著名古典文学研究专家、国学大师钱仲联曾忆及此，说"时胡小石、卢冀野、罗根泽各以一专雄长盘敦，松林俱承其教而受其益。于诗尤得髓于汪方湖，于词则传法乳陈匪石"。大学期间因学费困难，霍松林曾短期兼任国民大会堂临时职员、铨叙部科员、鲁南中学国文教员等。

1949年5月至8月，霍松林到监察部任科员。1949年9月至1950年5月，应陈匪石先生之邀，在重庆南林学院中文系任教。1950年5月，因思乡思亲，霍松林回到甘肃，在天水师范学校执教半年，其间经人介绍加入中国民主同盟。

1951年2月，应西北大学校长侯外庐先生之聘，霍松林赴西北大学师范学院中文系任教。1954年师范学院独立，改称西安师范学院。1960年，西安师范学院与陕西师范学院合并成立陕西师范大学。自此，他终生在陕西师范大学任教。执教六十余载，霍松林培育本科生数以千计，博士生70余人，聆听其报告会者，更是不计其数。

"以文传道，以文化人。"著名作家贾平凹曾说："我父亲看霍老的书，我也看霍老的书，两辈人都是霍老的读者。在西安的空气中，到处都有霍老的味道，能与霍老生活在一个城市，真是幸运。"

教书：德才兼备　知能并重

在长达七十多年的教师生涯里，霍松林教过小学、中学、大学，讲授元明清文学、唐宋文学、魏晋南北朝文学，还涉及先秦两汉文学和古代文论，贯通整个中国文学史。从20世纪50年代一直到辞世，始终在教育一线教书育人。在陕西师范大学任教超过半个世纪里，他为文学院题写的"扬葩振藻，绣虎雕龙"作为院训，滋养着学院后学的心灵，也沾溉着学院的文化精神。

霍松林是教研并重、以教促研、以研哺教的典范。20世纪50年代，新中国成立之初，百废待举，全国高校中文学科也处于新旧交替、革故鼎新的创业阶段，国家鼓励高等教育自力更生、百花齐放，学校也要求多开新课，用新观点、新方法教学。遥想当年，霍松林初到西北大学师范学院，中文系分给他3门新课，其中就有文艺学，委实是一门没有教材、无参考资料、无教学先例的全新课程。年轻的霍松林敢为天下先，就从编写教材入手。他攻坚克难，从头搜集和阅读有关资料，力图用辩证唯物主义的观点、方法分析问题。经过备课、授课和课后辅导等教学环节的修改、补充、完善，先后油印讲义、印行函授教材，至1953年秋，数易其稿，完成26万字的《文艺学概论》一书。1957年，这本新中国第一部新型文艺理论教材由陕西人民出版社正式出版。

《文艺学概论》第一版后记写道："1953年，我在西安师范学院讲授'文学概论'的时候，编了一部讲稿。1954年，又改写一遍。我院教务处即选它作交流讲义；1956年，我院函授部又用它作函授教材。先后打印和铅印过好多次。这部稿子被用作交流讲义和函授教材之后，兄弟院校和中等学校的同志们函索者甚众。我院领导因感供不应求，所以推荐给陕西人民出版社出版。"此书出版后被各高校普遍使用，产生了广泛影响，为新中国文艺学学科的建设起到了奠基作用。文艺理论家、浙江大学原中文系主任陈志明教授曾评价说："《概论》不仅开了新中国成立以后国人自己著述系统的文艺理论教科书的风气之先，而且发行量大，加之其前已作交流讲义与函授教材流传，影响及于全国，大学师生、文艺工作者、中学语文教师以及文艺爱好者，不少人都从中得到教益，受到启发。"

霍松林先生有一句名言："我的岗位工作是教学，所谓研究，其实是备课。"在六十多年的高校教学生涯中，他先后为本科生、研究生讲授过文艺学、中国文法研究、现代诗歌、现代文学、写作、历代诗选、古代文学、古代文论等课程。他认真备课、讲课，批改作业，精心编写教材，坚持以科研促教学，以教学促科研。他学识渊博，教导有方，教学质量优秀，深受学生好评。

为本科生讲古代文学时，霍松林根据自己的读书经验和切身体会，要求学生精读古典名著、背诵一定数量的诗文名篇。中国唐代文学学会王维研究会会长师长泰曾总结霍先生的教学艺术："一是教学内容上的求博求深，二是教学方法上的求实求真，三是教学质量上的求高求新。"许多学生对当年亲聆霍松林授课的情景记忆犹新，有人回忆说："霍老师讲古文、诗、词，从来是边背诵、边讲解，根本不看本子，却一字不差。讲长篇小说，像《三国演义》《水浒传》《西游记》《红楼梦》等，介绍情节简要生动，通过某些典型场面分析人物之间的性格冲突，常常将四五个人物对话结合表情一一复述出来，不看本子，也一字不差。"

1979 年后，霍松林将主要精力用于研究生教育和高层次人才培养，他直接指导和培养了 20 多名硕士和 70 余名博士。"霍家军"在中国古典文学界闻名遐迩，一众弟子中有多位"长江学者"特聘教授、国务院学位委员会学科评议组成员、教育部高等学校教学指导委员会委员等，可谓桃李满天下。此外，霍先生甘当人梯，还为众多学子、同人撰写书序，评点推介，成人之美。

在长期的治学实践中，霍松林探索和形成了系统的、行之有效的人才培养方法。对于新招博士生，他有几条格言："敦品以化人，勤学以致用。务求日有进益，问心无愧；力戒虚度年华，于世无补。""博古而不泥古，须求古为今用；学外而不媚外，力争外为中用。兼取古今中外之长，放宽眼界，扩展心胸，慎思笃行，自强不息，始能有新开拓，新建树。"作为导师，他着重指点治学门径和学术研究方法，既严格要求，又放手让学生自己去读书、去研究、去创新，从而最大限度地调动学生学习的积极性、主动性和创造性，为中国古典文学人才教育培养探出一条成功之路。

霍松林作为陕西师范大学中文系、文学院和中文学科的创建者之一，曾长期担任古代文学教研室主任、系副主任、文学研究所所长、文学院名誉院长等职，以其超群卓越的领导才能和率先垂范的师者风范，为文学院建设与发展做出了重大贡献。他是陕西师范大学中国古代文学、文艺学两个学科的奠基者，创建了这两个学科的硕士点和古代文学博士点。他多次发起并举办国内、国际学术会议，多次赴国内外讲学，为全国学术研究的发展及国际文化交流做出了重要贡献。曾担任国务院学位委员会学科评议组成员，参加学科评议会，评定中文学科的博士生导师和博士学位授权点。任职期满后，被国务院学位委员会评为"为建立和完善中国学位制度做出贡献的同志"并颁发荣誉纪念牌。

霍松林是中华诗词学会、中国唐代文学学会、中国杜甫研究会、韩愈研究会、陕西省诗词学会等学术团体的主要发起人，曾担任多个国家级以及省级学会的会长与副会长，为中文学科的学术研究与学科发展及中华优秀文化传承做出了举世瞩目的卓越贡献。

霍松林于1989年被评为陕西省优秀教师和全国教育系统劳动模范，享受国务院政府特殊津贴；1993年获曾宪梓高等师范院校教师奖，2008年成为"改革开放三十年陕西高等教育突出贡献奖"的唯一获奖者，同时还被教育界同人誉为"关西夫子""海内儒宗"等。鉴于霍松林几十年来为陕西师大发展与建设做出的杰出贡献，2014年学校授予霍松林"陕西师范大学杰出贡献奖"。他随即用学校颁发的100万元奖金设立"霍松林国学奖学金"，奖掖后学。

著书：稽古拓新　厚积薄发

"教师教育，使命神圣。八字校训，引领校风：不愧人师，首要'厚德积学'；堪为世范，尤须'励志敦行'。讲授提纲挈领，举一而反三；著作厚积薄发，稽古以拓新。七拼八抄，往哲深讥赝鼎；千锤百炼，时贤更重真金。做园丁之园丁，乐育秾桃艳李；当人梯之人梯，共攀秀岭奇峰。"2008年12月5日，霍松林辞赋新作《陕西师大赋》首发于《光明日报》，这是文中先生对陕西师大办学史的回顾与展望，对师大学风的礼赞与期待，更是个人六十多年高校教育生涯中潜心治学之心得、呕心育人之体悟。

霍松林茹古涵今，涉猎广泛，早年在中央大学求学时，除主修中国古典文学外，对文字学、音韵学、训诂学、目录学、版本学、校勘学、哲学、美学、诗学、词学、曲学以及文学理论批评史等都刻苦钻研，在国学的诸多领域，他善于探幽析微、提要钩玄，勇于开拓创新，独辟蹊径，为往圣继绝学，成一家之言。先后出版论著30多部，主编文学著作50多本。2010年，600余万字的《霍松林选集》（十卷本）由陕西师范大学出版总社出版。除获得多种单项社科奖外，还于2009年被评为陕西首届社科名家，2010年获陕西"十二五"科学发展思想驱动奖等。其学术贡献主要集中在如下三个方面：

其一，首倡"形象思维"，为中国马克思主义文艺学创立做出卓越贡献。从中学时代开始，少年霍松林即信奉"若无新变，不能代雄"，不论诗文创作还是学术研究，都坚持据理据实，力求探奥抉微，别开生面。在中央大学读书期间，更是秉承了汪辟疆等先生"知能并重"的优良学风，并终生恪守。

这里尤其值得一提的是，霍松林撰写并发表的《试论形象思维》（《新建设》1956年5月），在文艺理论研究中首倡"形象思维"；继而在《文艺学概论》第二章"文学的形象"中专设"形象思维与逻辑思维"一节，指出"因为艺术的基本对象是作为'社会关系的总和'的活的整体的人，所以形象思维的特点之一是凭借具体的形象、主要是凭借出于特定环境中的人的形象（外在形象和内在形象）进行思维的"，"形象思维是从文学艺术上掌握客观世界的特殊形式，因而用逻辑思维代替形象思维是不对的。但是，形象思维有赖于逻辑思维的帮助，把形象思维和逻辑思维对立起来也是错误的"。此后，霍松林推出专著《诗的形象及其他》（长江文艺出版社，1958），这种学术探索和创新思维在当时"以阶级斗争为纲"的政治气候下在劫难逃，霍松林因此蒙冤，被批判，甚至被《红旗》载文点名批评而陷入困境。拨乱反正后，霍松林关于形象思维的论述受到学术界尊崇和好评，霍松林撰写《重谈形象思维——与郑季翘同志商榷》[《陕西师大学报（哲学社会科学版）》1979年第4期]，为形象思维正名，廓清极左思潮对文艺理论研究的干扰和扭曲，坚守"百花齐放，百家争鸣"的学术自由和研究旨归，为改革开放之初的文坛带来一缕新风。

继《文艺学概论》后，霍松林根据时代变化新形势和学科发展新动向，经过修订、增补，于1982年完成37万字的《文艺学简论》，由中国社会科学出版社出版。作为新中国成立以来具有自主知识产权的新教材，《文艺学简论》把一代代学人引入文艺理论的殿堂；作为新中国文艺学研究的开先河之人，霍松林构建了中国文艺学博大精深的学科理论体系，对许多重大理论问题独具真知灼见，"成一家之言"。

其二，创立中国古典文学鉴赏学，传承和弘扬中国古典文学优秀传统。中国古典文学是中华传统文化的重要组成部分，挖掘、整理、校注、研究、普及中国古典文学中的经典作品，古为今用，对于继承和弘扬民族文化遗产、传承国学要素、增强文化自信有着重要的现实意义和不容低估的学术价值。在这一领域，霍松林筚路蓝缕，以启山林，开展了大量艰苦卓绝的开创性工作。

"看似寻常最奇崛，成如容易却艰辛。"在学界和舆论热衷于高谈阔论学术问题或"言必称希腊"的学术生态下，中国文学作品鉴赏被视为不入流的"小儿科"和学术含金量不高的"杂碎活儿"。"不畏浮云遮望眼"，霍松林结合古典文学作品选读、历代诗词选和中国古代文论等教学实践，向学生讲授中华诗学，激发一代新人诗性，传承和光大中华诗教传统。在中国古典文学作品鉴赏这座学术"贫矿"中，点石成金，妙手回春，发掘和创造了丰硕的研究成果。除早期《西厢记简说》《白居易诗选译》以及《滹南诗话》《瓯北诗话》的校点外，仅改革开放之后，他就有《唐宋诗文鉴赏举隅》《白居易诗译析》《〈西厢〉述评》《历代好诗诠评》等30多种古典文学鉴赏研究的著作出版。此外，他还主编有《唐代文学研究年鉴》《万首唐人绝句校注集评》《辞赋大辞典》等多种诗歌鉴赏类著作，应邀与国内顶级学者共同编纂《唐诗鉴赏辞典》等。

1984年人民文学出版社出版的《唐宋诗文鉴赏举隅》以及刊发于报刊近百篇古典文学赏析论文，标志着霍松林历经四十载苦心孤诣，孜孜以求的中国古典文学鉴赏学基本创立。他以长期从事诗词曲赋等诸多体裁创作的心得为基本经验依据，在对古典文学作品做题解、作者简介、时代背景分析、逐句翻译并阐释等文本分析的基础上，在评点作品的写作特点时，以其独特的文艺心理学视野、鲜明的研究个性和学术品位，在文学鉴赏研究中做出卓越的学术贡献，被奉为中国古典文学鉴赏学的主要创立者。

其三，提出并坚持"德才兼备，知能并重"的教育理念，培养和造就古典文学一代新人。作为一位致力于人才培养工作的教育家，霍松林认为中国古典文学及文艺理论研究者不搞创作，所谓的研究未免隔靴搔痒；有了亲身体验，才能真切体味创作的甘苦和奥妙。据此，他提出并恪守"德才兼备，知能并重"的教育理念，不仅系统传授中国古典文学的发展历程、文体传承、名家名作、传统文论以及古人的为文为人之道，培养学生发现问题、解决问题和开展学术研究的能力，更着力倡导和培养学生试写诗词赋联和骈体文的素养，鼓励学生用毛笔书写自作诗词，在古代文人生活方式的文化沾溉中氤氲诗意、涵养性情，以身作则带动学生在各种文体创作体验中研究中国古代文学。20世纪90年代，台湾文津出版社推出的"大陆地区百部文史哲博士论丛"中，霍松林指导的博士论文有7种入选出版。

作为一位饮誉海内外的著名学者，霍松林才华出众，勤勉好学，视野开阔，学殖宏富，思想敏锐。活到老、学到老、思考到老、研究到老、育人到老，终生笔耕不辍，硕果累累，著作等身。除编著教材、著书立说之外，他还先后在《文学遗产》《文艺研究》《光明日报》《陕西师范大学学报》等报刊发表论文500余篇。

霍先生的学术研究，乃卓然大家；形象思维的讨论，领风气之先；尤其在唐代文学、文艺理论、诗词鉴赏等领域贡献卓著，在海内外影响巨大。作为一代学术宗师，霍先生的论著具有强烈的适应时代、勇于创新的开拓意识，往往独出机杼，别开生面，新见迭出，胜义纷呈。尤为注重"以文传道，以文化人"，至今仍给人启迪和教益。学界同人给予"学林泰斗""一代宗师""国学大师"等美誉。

诗书：自成一体　引领风骚

霍松林是一位著名诗人和作家。他幼承家学，擅长吟咏，上初中时便发表诗词和文章，多有佳作。"六七岁学作诗作文，调平仄，查韵书，从五古、七古、杂言体到律诗，十二岁便可成诗。"霍先生的诗词创作，从一开始就与国家的安危和民族的命运紧密相连。他青少年时期写的抗战作品，如《卢沟桥战歌》《哀平津，哭佟赵二将军》《闻平型关大捷，喜赋》《惊闻南京沦陷，日寇屠城》《八百壮士颂》《喜闻台儿庄大捷》《偕同学跑警报》《欣闻日寇投降》等等，歌颂为国捐躯的将士，谴责日寇的暴行，欢呼抗战的胜利，诗人的心声与民族的精神融为一体，有如战场的号角，令人感奋，催人向上。

1995年纪念抗战胜利五十周年之际，中国作家协会将霍松林列于"抗战时期老作家"名单，颁赠"以笔为枪，投身抗战"的奖牌。多年来，每有家国大事，他都"为赋新词""漫卷诗书"，先后创作诗词曲赋1000多首（篇），有《唐音阁吟稿》（陕西人民出版社）、《霍松林诗词集》（作家出版社）、《唐音阁集》（线装书局）、《青春集》（西安出版社）等作品集出版。香港回归前夕，他应邀创作的《香港回归赋》，大气磅礴、振奋人心、脍炙人口、广为传诵。霍松林的诗词创作，独树一帜，引领时代新风，在学术研究领域新见迭出、与时俱进，在其擅长的创作方面更是高蠹独树。"一代骚坛唱大风"，正如程千帆先生所言："松林之为诗，兼备古今之体，才雄而格峻，绪密而思清。"

"诗国起雄风，大纛已高揭。祝贺献俚曲，纪程树丰碣。"1987年，中华诗词学会在北京成立。作为学会的发起人和筹委会委员，霍松林先生赋诗以贺。他不遗余力推动当代诗词创作求变求新，一再呼吁当前的诗词创作必须破旧立新，用新观念、新感情、新语言表现新时代、新现实，率先主张用新声新韵取代旧声旧韵，创作了《金婚谢妻》和《八十述怀》两组27首七律。《中华诗词》发表的评论和读者来信，公认这两组诗是"新声新韵的奠基之作，在中华诗史上有划时代意义"，成为新时代新声新韵创作旧体诗词的"新经典"。2008年，他被中华诗词学会授予"中华诗词终身成就奖"。

霍松林不仅是古代文论研究、旧体诗词创作实现现代转型的倡导者和亲躬者，在传承中华书法文化、弘扬国学传统方面也功不可没。"三岁练书法，练身姿，看帖临帖，执笔运笔，十余岁，即为众邻里写春联。"他坚守知识分子特立独行的精神品格和文化人的教育使命，在传承中国文化的道德文章中以智慧教品育人。在他看来，书法不仅仅是"文人之余事"，自然也就成为他"写书"弘文、传道授业、教"书"育人生涯中不可或缺的重要部分，他的书作也成为当代文人书法一道高标亮丽的文化风景。

霍松林先生早年的受业弟子、中国书协原副主席、著名书法家钟明善教授，曾撰文评价其书法"笔法严谨而笔势活泼多变，纵笔挥洒，波澜起伏，留笔敛气，蓄势画末，方圆兼备，疾涩得体，寓刚于柔，潇洒自若"。霍松林的书作尤以自撰、自书的《香港回归赋》（六尺对开十七条屏）和《陕西师大赋》（四尺整纸十大张）等作品为代表，气壮山河，刚健遒劲，正气昂扬，引领书风。

关于书法，霍松林在回忆录中说："简单地说，我这一辈子的主要活动，就是读书、教书、写书。书，是一个字一个字地写出来的。不光是写书，开会签名，离别后写信，游山玩水时题诗，都得写。参加这样那样的考试，更要写试卷。所以旧时代的读书人都重视写字。作为我的启蒙老师，父亲在鼓励我把字写好时总要说'字是读书人的门面'。既是门面，当然越漂亮越好。"作为在新旧时代交替之际成长起来的一代学者，霍松林曾受于右任先生及汪辟疆、胡小石等多位名师提点，其书法，尤其是其自撰诗文书法广受社会各界特别是书画收藏者青睐。西安钟楼、兴庆公园沉香亭、大唐芙蓉园的西门南门北门，天水伏羲庙、南郭寺、麦积山，湖南衡山等全国多地名胜古迹，都有霍松林先生题写的匾额、楹联或诗词。2006年，《霍松林诗文词联书法集》由陕西人民出版社出版，陕西省文史馆、省书法家协会、省诗词学会曾联袂举办座谈会，研讨霍松林书法现象。因此，霍先生也赢得"书界名家"的美誉。2013年，霍松林将自己创作并手书的百余件书法精品及大批散见于全国各地他亲笔题写的书法艺术作品碑刻拓本捐赠给陕西师大。陕西师大设立"霍松林艺术馆"，以传承中华优秀传统文化，化育英才。

"高歌盛世情犹热，广育英才志愈坚。假我韶光数十载，更将硕果献尧天。"这是2001年霍松林《八十述怀》中的诗句。对于这片他深情热爱的土地，对于他始终不渝为之奉献的伟大事业，霍老仍寄予厚望。"生年不满百，常怀千岁忧"，霍松林像一株栉风沐雨、凌雪傲霜的不老松，扎根西部，坚定不移，以他终生的教育实践诠释教育家精神的丰富内涵，用一辈子的生命叙事告诉世人何为"大先生"、何谓忠诚党的教育事业！泰山其颓，哲人其萎；青出于蓝，滋兰树蕙。相信"霍家军"传人及代代学人,将接过中华文明火炬,传播西部红烛精神之光。

【主要参考资料】

[1] 霍松林:《若无新变,不能代雄》,见《陕西师范大学学人治学录》,陕西师范大学出版社,2002年。

[2] 刘锋焘:《霍松林先生的学术研究》,载《文学研究》2007年第5期。

[3] 易鑫:《霍松林:唐音塞上来》,载《中国教育报》2014年7月18日。

[4] 霍松林:《松林回忆录》,陕西师范大学出版总社,2014年。

[5] 王长华:《假我韶光数十载,更将硕果献尧天——访陕西师范大学教授霍松林先生》,西北翰墨网,2015年4月23日。

[6] 耿显华:《若无新变,不能代雄——访著名古典文学家、文艺理论家霍松林》,载《中国社会科学报》2015年6月9日。

[7] 易鑫、冯丽:《唐音塞上来,遗韵世间存》,载《中国教育报》2017年2月4日。

[8] 邓小军:《庭花晚更馨——霍松林的学术贡献和诗歌成就》,载《光明日报》2017年2月20日。

[9] 孙明君:《一生只做三件事》,载《光明日报》2017年2月20日。

[10] 尚永亮:《一代骚坛唱大风》,载《光明日报》2017年2月20日。

[11] 张新科:《霍松林:"唐音"永存》,载《光明日报》2017年2月24日。

[12] 李志瑾:《高歌盛世情犹热 广育英才志愈坚——霍松林的人文情怀》,载《中国社会科学报》2021年11月17日。

【人物档案】

聂树人（1922—1987），陕西三原人。中国医学地理学奠基人，陕西师范大学原地理系（地理科学与旅游学院前身）主任。1944年在东北大学地理系获学士学位，1947年在东北大学地理研究所获硕士学位，后留校任教。1948年任国立西北大学理学院地理系讲师、副教授。1950年在华北人民革命大学政治研究院学习。1951年起任西北大学师范学院史地系副教授、教授、助理系主任、史地专修科主任，1954年起任西安师范学院史地系、地理系教授，1960年任陕西师范大学地理系教授，后任地理系主任。所撰《陕西自然地理》《陕西自然经济地理概况》《华县地震史料汇编》以及榆林、渭南、咸阳等地的地理志等，为陕西省及西北的工农业生产布局、发展和经济区域划分提供重要依据。20世纪80年代完成中国第一部医学地理学理论专著《医学地理学概论》。曾兼任中国地理学会理事及自然地理专业委员会委员，国家教委地理教材编审委员会委员，陕西省地理学会第三、四届理事长，陕西省环境科学学会第一届副理事长，西安地理学会名誉理事长，陕西省中小学地理教育研究会理事长，等等。

聂树人：教书育人　情满三秦

"求学问道，乱世辗转，从西南到东北，孜孜以求；执教三秦，服务需求，从自然到区域，拓新立说。"1955年，西安师范学院地理系独立设置，在系主任黄国璋的带领下迅速发展，地理学界后起之秀撑起位居西北的地理教育重镇。新时期以来，聂树人接过地理系建设重任，管理有成，地理系走出多位院士校友。他躬耕讲坛，教书育人，身体力行，如烛如蚕；他情系三秦，深耕自然地理、区域地理、地震灾情和医学地理研究；他深于探索，发医学、地理学交叉研究之慧眼，撰国内首部医学地理学专著，被誉为中国医学地理学的开创者。

辗转求学，执教陕西

聂树人，原籍陕西三原，1922年1月出生于西安市。1937年于陕西省立三原初级中学毕业。省立三原初级中学的前身是渭北中学。建校于1919年4月，由三原籍国民党元老、时任陕西靖国军司令于右任倡建，校名、校址、办学组成多次变更，1959年1月更名为三原县南郊中学，沿用至今。渭北中学是一所富有光荣革命传统的学校，中国共产党早期优秀党员魏野畴、李子洲、刘志丹、习仲勋、汪锋、贾拓夫等曾多次来校进行革命活动。在这样的教育氛围中，聂树人的思想观念发生了很大改变，开始追求积极进步。

聂树人初中毕业后，抗日战争全面爆发。政府为收容安置华北、东北三省战区失学师生，从1938年1月起分别在河南、陕西、四川、贵州等地设立临时国立中学。1938年3月在陕西安康设立国立陕西临时中学（很快更名为国立陕西中学），半年后迁至四川阆中（更名为国立四中）。聂树人的高中求学阶段，故而先后在安康、阆中读书。当时，在国立四中师生中建有中共党组织，在党领导下建立的民族解放先锋队，团结广大进步学生成立了各种形式的读书会、壁报社、歌咏队、剧团等，在阆中城乡开展宣传演出，动员后方青年奔赴前线参军杀敌，掀起当地抗日救亡高潮。聂树人 1940 年于其高中部毕业。

高中毕业后，聂树人进入迁至四川三台的东北大学读书。成立于 1923 年的东北大学，抗战期间先后迁至西安、三台办学，1946 年回迁沈阳。聂树人 1944 年毕业于东北大学地理系，获学士学位。1944 年至 1947 年在东北大学地理研究所读研究生，获硕士学位。大学、研究生都就读于东北大学，但足迹辗转西南、东北。研究生毕业后，1947 年 9 月至 1948 年 5 月在东北大学地理系任教。

其时，解放战争已经爆发，国共双方争夺东北的战争局势路人皆知。1948 年 5 月，聂树人回到陕西，到回迁至西安的国立西北大学任教。在这里，他先后被史地系聘为副教授、教授，担任史地专修科主任。1949 年 10 月，聂树人加入中国民主同盟，在西北大学和西安师范学院任教期间曾任民盟支部副主委、主委，院工会副主席、主席。1950 年 5 月至 12 月，聂树人到华北人民革命大学政治研究院学习。

1954 年西安师范学院独立设置后，聂树人转任该校史地系教授。自此，其终生与陕西师范大学地理系相伴。1955 年春，西安师范学院地理系成立，黄国璋担任系主任，后由聂树人接任。地理系是该校最早设置的学科之一，前身是陕西省立师范专科学校史地科。1949 年，以陕西省立师专为基础，归并国立西北大学教育学系，成立国立西北大学师范学院，史地科扩建为史地系。1955 年，史地系分设为历史系和地理系。1960 年，陕西师范大学成立，聂树人继续在地理系任教，先后任地理系主任，学校学术委员会委员、学位委员会委员、学报编委会委员、《中学地理教学参考》编委会主编等。

身体力行，立德树人

1981 年学位制度实施后，聂树人任硕士研究生导师。他特别重视研究生培养质量，曾将自己的体会和感悟形成《关于保证和提高研究生培养质量的点滴体会》(1985年收入陕西省研究生教育协会编《研究生能力培养探索》)一文，用于学位制度建设初期的探索交流。

聂树人对研究生教育有独特的认识。其一，要把好入学质量关。招生录取时，要优中选优，不以私情代替政策，不因是本校毕业生、熟人子女等降低录取标准；录取的研究生年龄不宜过大，原因是如果年龄过大，则其不适应野外考察，对事物反应的敏锐性也较弱，毕业后也不宜从事野外工作；要重视外语成绩，外语好的学生在学习过程中便于吸取国外有关学术成就，保持学术思想的先进性；要适当考虑生源地，很多南方的学生不能适应北方的严寒天地。

其二，要严格执行培养计划，研究生培养方案应严格贯彻执行。他认为，"领导重视是关键"，负责研究生教育工作的副校长、科研处和系负责人要层层抓紧，要经常介绍兄弟院校培养研究生的经验和特点，也要通过会议了解情况，解决问题；导师要肩负起教书育人的责任，对学生要从严要求，启发他们端正学习态度，树立良好学风，把个人前途和国家命运结合起来；对研究生要求他们做到读书有心得、讨论有提纲、实习有报告、年终有论文、考试考察有成绩，目的是加强基础训练，培养研究生独立思考和工作的能力。此外，"撰写实习报告很重要"。野外实习归来后由研究生个人撰写实习报告，相互提意见，导师审阅，在此基础上公开汇报。汇报会有教务处、科研处负责人，系班子成员和有关教师参加，然后由导师征求与会者意见，评定成绩归档。撰写论文、实习报告时，要求研究生之间集体讨论，相互学习，相互提高。

其三，要关心关爱学生。他认为，教书育人，导师首先要以身作则，不怕苦累，不搞特殊，和学生吃在一起，住在一起，用实际行动感染和激励他们前进。他说："历届研究生我都是这样做的。我经常到研究生宿舍去了解学习情况，在个别谈话中鼓励他们珍惜时间，专心致志地学习，不要过早谈情说爱。我虽已六十多岁，但今年仍然忍受着高山反应的痛苦和研究生一起爬上海拔4000米的天山冰川给学生宣讲现代冰川地貌。在克拉玛依大戈壁上，我和研究生一块喝开水，吃咸菜，吃干饼，达一周之久。" "导师要关心学生的疾苦。例如从兰州去乌鲁木齐，我把自己的卧铺让给研究生休息；在去陕北毛乌素沙漠实习过程中，吴登茹、刘卫东晕车，我把汽车的前排位子让给他们坐；在戈壁滩上开水很少的情况下，我忍着渴把水给他们喝；等等。由于互相体贴，所以师生关系融洽，对完成实习任务起了一定的保证作用。"

其四，要发挥研究生指导小组的作用。研究生的培养采取导师负责、指导小组集体培养的方式，指导小组要名实相符，不应流于形式。"我们的指导小组由教授、副教授、讲师三人组成，经常讨论教学问题，讲授内容也在小组内通过交换意见后实施。目的是保证教学质量，保证培养质量。通过指导小组发挥任课教师专长，保证研究生能学到有一定深度和广度的知识。"

其五，要协作创新，不要闭关自守。具体来说，主要可采用两种方式。一是"请进来"和"走出去"。"例如今年内曾约请北京大学杨吾扬、陈传康及崔之久三位副教授前来讲授美苏地理思想、区域地理综合理论、中国地貌等内容，受到研究生的欢迎。对请来的教师，从教学内容、考试考查、野外实习等方面从严要求。原则是生活关照可以细心，教学要求不能马虎，校内校外教师一视同仁。至于'走出去'，主要是在野外实习过程中进行的。即到达某一地区，请有关院校或科研、生产部门的同志介绍情况，加深对实习地区的理解。"另一种办法是利用语音资料开展学习。"采用录音带教学，它的好处是省人、省钱、省时间。能多次听录音，多次领会，不断深化。实践证明效果是很好的。我们在今年内已就中国水文地理基本特征、水文地理学的发展趋向、地理系统专题，邀请南京大学杨戊、包浩生等教授录了音，进行学习。"

其六，导师要担负起主要讲课的教学任务。导师讲授的每一门课程，都要尽快做到有详细的讲稿，有思考题，有讨论，有考试考查成绩。要熟悉研究生每个人的情况，包括年龄、籍贯、家庭、大学学习状况、入校后的思想动态、当前的思想问题、对学习时间利用的情况等，只有熟悉教学对象，才能更好地因材施教。

其七，对论文写作和论文答辩要严格要求。论文写作的关键在于选题。根据专业特点，选题要考虑以下原则：结合四化建设的实际，特别是结合农业、能源及国土整治的需要；结合地理学科的发展动向，如区划、规划、地理环境演变、水资源利用等。论文答辩是对研究生培养质量的重要检验方式，"研究生的质量应主要由兄弟院校有关专家去评定,而不应该主要由培养学校去评定。根据这个思想，答辩委员会应主要由兄弟院校同行专家组成"。

可以看出，聂树人关于研究生培养的建议和要求，都是自己的切身体会，他要求其他导师，更严格要求自己。此外，聂树人注重科研反哺教学，曾任国家教育委员会地理教材编审委员会委员。从教中，他组织编写了全国高等学校《中国自然地理教学参考书》《高中地理十讲》等教辅用书，出版《可爱的陕西》科普读物。他扎根陕西，长期从事教学工作，学识广博，讲课深入浅出，逻辑严密，教学效果好，深受学生欢迎，为我国地理学事业培养了大批教学科研人才。

情系桑梓，学以致用

聂树人是陕西三原人，大学之前在三原本地接受中小学教育。1948年回到陕西执教后，便扎根三秦大地，度过近四十年的教书育人生涯。除过教书，他特别注重学术研究，在地理学领域辛勤耕耘，取得了一系列卓有影响的学术成果，先后出版专著、编著10余部，在《地理学报》等杂志发表学术论文100多篇，受到国内外地理学界的广泛关注。

聂树人的研究主要集中在陕西自然地理、陕西区域地理和中国医学地理三个方面。在陕西(部分涉及西北)自然地理研究方面,他出版《陕西自然地理》《陕西自然经济地理概况》《西北的矿产》等专著，编写《陕西自然地理文献索引》《陕西省地图集》等，运用区域地理学基本理论，系统分析陕西自然地理的特征，为陕西乃至西北的工农业生产的布局、发展和经济区域划分，提供了可靠的科学理论依据。其中，《陕西自然经济地理概况》1955年由陕西人民出版社出版。该书首先介绍陕西的概貌，接着分述陕北、关中、陕南的自然条件、经济概况等，最后概述古城西安的新面貌。全书在介绍陕西自然地理概貌的同时，着重关注了新中国成立初期的经济建设。《陕西自然地理》1980年由陕西人民出版社出版。该书介绍了陕西的自然条件、自然资源及区划特点，并根据生产建设要求做了初步评价；对陕西自然地理综合体的发生、发展、结构、演变和区域特征进行了规律性的研究和探讨；在分析研究过程中，力图体现地理学的区域性、综合性和生产性特点，反映陕西自然综合体研究的新成就。

1959年冬，在黄国璋主任的倡导下，地理系确定把编写陕西省分区地理志作为重要的科研任务。其目的在于通过实地调查研究，进一步探索、掌握陕西地理环境规律和自然资源，以便为陕西省工农业发展提供地理基础资料，为更有效地利用自然、改造自然，促进区域经济发展服务。在这个背景下，聂树人作为团队成员，致力于陕西区域地理研究。但后来由于"文革"爆发，研究搁置。改革开放后，陕西分区地理志工作重新启动。聂树人先后主持编写了《陕西省榆林地区地理志》（陕西人民出版社，1987）、《陕西省渭南地区地理志》（陕西人民出版社，1990）、《陕西省咸阳地区地理志》（陕西人民出版社，1991）等。分区地理志主要概述一个地区的位置、面积和政区沿革，地质概况和矿产资源，地貌，气候，水文与水利，土壤，植被，动物，土地类型和自然区划，水土保持，人口，农业，工业，交通运输业，主要城镇和名胜古迹，地方病和地理环境等，分析该地区的自然条件、自然资源的形成、发展、基本特征和分布规律，研究其社会经济结构与发展的特点以及影响发展生产的有利条件和不利因素，探讨因地制宜、合理利用、改造和保护自然的基本途径与方式。

20世纪80年代，聂树人潜心钻研医学地理学理论。运用地理学原理、方法研究有关医学问题，这在当时是新课题。他经过数年的研究，提出独特见解，发表了数篇学术论文，引起国内外学术界的重视。为了更系统地探索我国医学地理学理论，1984年，他开始着手撰写我国第一部医学地理学理论专著——《医学地理学概论》。1985年，当确诊患肝癌后，聂树人抓紧生命最后的时间，以坚强的毅力，克服难以想象的痛苦和困难，加快著述速度。"撰写最后几章时，病魔折磨得他已无力握笔，只好由他口述别人代笔，终于在临终前夕，完成了这部长达 40 余万字的医学地理学专著。"

医学地理学在地理学中是一个年轻的分支,既是医学和地理学的交叉综合,又是独立于医学和地理学的边缘学科。《医学地理学概论》1988 年 8 月由陕西师范大学出版社出版。该书论述国内外医学地理学的历史、现状和发展,研究地理环境诸因素,如地球化学、地貌、气候、水文、土壤、动植物、人文以及社会等与人类疾病及健康的关系,分析了我国主要流行病的地理分布及其原因,揭示了地理环境与疾病之间的关系,特别是病因、病理及空间分布上的联系,从而为有效防病、灭病,保护人类健康提供了理论依据。《医学地理学概论》的出版,填补了我国地理科学方面的一个空白,聂树人也由此被视为中国医学地理学的开创者。

服务需求,执着探索

1978 年后,重返教研岗位的聂树人除管理学院、参与陕西分区地理志编写外,还致力于 1556 年华县地震研究。其背景与动因是 1976 年唐山大地震。本着研究历史为现今服务的目的,西安市地震办公室(后改称西安市地震局)在当时组织有关研究人员开展关于地震方面的研究。1556 年 1 月 23 日,陕西华县发生 8.0 级地震,波及山西、河南、甘肃、宁夏、福建、湖北、湖南、广东、广西等地,影响大半个中国。这次地震是关中有史以来最大的一次地震,伤亡惨重,可谓世界地震灾害之最。国内外地震工作者无不关注对这次地震史料的研究。

1981 年 10 月,西安市地震办公室委托陕西师范大学地理系主任、陕西省地理学会会长聂树人教授主持编写工作。陕西华县地震史料编纂组在聂树人的带领下,经过三年多的工作,查阅了《中国地震资料年表》《甘肃地震年表》《河南地震历史年表》《明史》《嘉靖实录》和有关通志、县志、文集等 120 多种文史资料,对陕西、山西、河南、宁夏、河北、北京等 7 个省(区、市)21 个地区有关华县地震的文物、碑刻、塔寺、钟铭进行调查考证及抄录、拍摄,收集了大量珍贵史料,形成《华县地震史料汇编》。该著 1984 年经过专家评审,

1987年由陕西人民出版社出版。

此后，陕西师大地理系在《华县地震史料汇编》基础上就华县地震进一步展开研究，贺明静副教授的《华县地震灾害研究》于1990年由陕西人民教育出版社出版。该书指出，不同地表震害的形成和发育与不同的地质和地貌环境有关，关中地区类似于1556年华县地震发震的地质构造条件现在依然存在。这为震害预测和科学地规划防震抗震工作提供了依据。

在这个阶段，聂树人还完成了国家教委重点科研项目"中国综合自然区划"华北地区的编写任务，以总负责人的身份完成国务院环保委员会和城建环保部下达的国家项目"西安环保质量评定"。

聂树人主张拓展学术研究的国际化视野。1984年，他应美国北爱荷华大学邀请，赴该校地理系讲学，讲授中国自然地理专题，介绍我国自然条件和自然资源的特征、利用和保护措施。在美期间还应邀到明尼苏达大学和埃克伦大学地理系讲学。同年赴美参加美国地理家协会第八十届学术年会和美国农业部召开的第二十届稻米生产技术国际会议。1985年应美国邀请参加亚洲城市化国际讨论会和美国地理家协会第八十一届学术年会。在这些学术会议上，聂树人提交的会议学术论文得到国内外同行的高度赞许。其中《中国晋陕黄土高原稻米生产的地理背景》《榆林地区地方性氟中毒与地理环境研究》《陕西省自然保护区的规划与建设》等论文被编入会议论文集。

聂树人治学态度严谨，科研成就突出。其《陕西榆林地区河流水化学的主要地理特征》获1982年陕西省科协二等奖，《陕西省榆林地区地理志》获1983年陕西省科技成果三等奖，《陕西省渭南地区地理志》获1984年陕西省科研成果三等奖，《华县地震史料汇编》获1984年陕西省高校科研成果二等奖。他本人1985年被评为陕西省优秀教师、先进工作者，曾获得陕西师大教学质量优秀奖、科研成果特等奖、优秀教师特等奖等。

服务学术探索，聂树人先后担任中国地理学会理事、中国地理学会自然地理专业委员会委员、中国地理学会水文专业委员会委员、全国高等学校中国自然地理教学研究会理事、陕西省地理学会理事长、陕西省中小学地理教育研究会理事长、西安地理学会名誉理事长、西安地震学会副理事长、农牧渔业部国家科技攻关项目攻关协作组顾问、卫生部《国外医学》医学地理学分册陕西地区编委等。

【主要参考资料】

[1] 聂树人：《关于保证和提高研究生培养质量的点滴体会》，见陕西省高等学校研究生教育协会编：《研究生能力培养探索》，陕西师范大学出版社，1985年。

[2] 史俊孝：《聂树人与〈医学地理学概论〉》，载《陕西师大学报（自然科学版）》1990年第2期。

[3] 西安市地震局编：《西安市地震志》，地震出版社，1991年。

[4] 张治勋：《陕西师范大学地理系成立》，见陈国达、陈述彭、李希圣等主编：《中国地学大事典》，山东科学技术出版社，1992年。

[5] 柯有香编：《陕西省地理论著要览（1949—1992）》，陕西师范大学出版社，1994年。

[6] 郭福堂、周连芳主编：《陕西师范大学著作志》，陕西师范大学出版社，1994年。

[7] 王景堂：《聂树人》，见张建祥主编：《陕西师范大学校史人物传略（1944—1966）》，陕西师范大学出版社，2006年。

[8] 杨晴：《国立第四中学简介》，抗日战争纪念网，2017年5月8日。

[9] 官作民主编：《中国地学通鉴·地理教育卷》，陕西师范大学出版总社，2018年。

【人物档案】

黄永年（1925—2007），江苏江阴人。陕西师范大学历史文献学创建者。1950年复旦大学历史系毕业后到上海交通大学任教，1956年随校西迁。1962年被安排在西安交大图书馆工作。1978年调入陕西师范大学。1979年在陕西师大图书馆、历史系工作。1981年调入唐史研究所工作。1983年、1987年任陕西师大古籍整理研究所副所长、所长。2001年退休。学识广博，视野开阔，在历史学、中国古代文学和古文献学等领域均有精深造诣，是北朝隋唐史及唐代文学、古典诗词小说的著名研究专家，在版本学、目录学、碑刻学、古籍整理等领域富有开拓性贡献。曾兼任国家古籍整理出版规划小组成员，国家文物鉴定委员会委员，教育部全国高等院校古籍整理研究工作委员会委员，中国唐史学会顾问，北京大学、复旦大学兼职教授，《中国史研究》编辑委员会委员，等等。

黄永年：华堂杖履仁且德　绛帐薪灯炽而昌

陕西师范大学黄永年教授在中国古代史、版本学、目录学、碑刻学、文献学等领域均有造诣，在学界享有极高的声誉。北京大学张希清教授说："黄先生是我国史学大厦的西北擎天一柱。他的不幸逝世是史学界的巨大损失。"中国人民大学刘后滨教授说："黄先生在唐史、古文献学、古文字学方面有很深的造诣，他的旧学功底很深。"北京大学吴宗国教授说："黄先生的学术贡献非常独特，他在唐代政治史的研究方面有很多创见。"黄门弟子、北京大学辛德勇教授说："告别先生，也是在告别一个时代。"隅居西北的黄永年，缘何被诸多领域的学界视为宗师般的人物？

求学东南，扎根西北

1925年10月，黄永年出生于江苏常州，从幼儿园、小学到初中，一直接受新式教育。因此，对于"家学渊源"一说，黄永年认为对他来说并不存在，因为父亲早年去世，母亲终生执教小学，并未从事学术研究。对于"学有师承"之说，黄永年认为"诚有其事"，因为他在上大学之前已经开始接触吕思勉、顾颉刚、童书业等海内外公认的一流学者。

黄永年在《治学浅谈》中自述："开始接触古代的东西，是在抗日战争爆发后，当时避难到江阴农村读了半部《孟子》。"1939年春，黄永年回到常州城内重读初一，在地摊上买到吕思勉的《经子解题》，这本研究先秦古籍的著作成为他"涉足学术园地的启蒙书"。1941年冬太平洋战争爆发后，吕思勉回到故乡常州，在苏州中学常州分校任教，黄永年为此转到该校读书，跟着吕思勉学了4门课：国文、本国史、中国文化史、国学概论。黄永年认为，这段学习让自己开了眼界，掌握了读书做学问的基本方法，为日后治学奠定了基础。

在此前后，黄永年先接触到童书业，因为吕思勉和童书业合编了《古史辨》

第七册。出于对吕思勉的敬佩，他托人从上海购得该书，边读边思。抗战胜利后，黄永年通过童书业认识了顾颉刚。黄永年认为，"从他们那里学来的对中国古史的基本看法，尤其是他们精密不苟的考证方法"，让自己"终身得益，受用无穷"。

1944年，黄永年毕业于苏州中学常州分校，同年考入中央大学南京部历史系。在此期间，他与词学大家龙榆生建立了深厚的师生感情。1946年，黄永年考入复旦大学史地系（后改历史系），又与历史学家蒋天枢、中文系主任陈子展建立了师生感情。但黄永年认为，这期间对自己影响最深的是未曾谋面的陈寅恪先生。他阅读陈寅恪的《唐代政治史述论稿》后，"才知道如何读史书、如何做研究的门道"，其科学方法将之"从《资治通鉴》等以君之明暗、臣之忠奸去解释历史的陈腐观念中彻底解脱出来"，后来研究唐代政治史，实是受之启发。黄永年的毕业论文讲唐代河北藩镇，否定陈寅恪"以昭武九姓胡为安禄山主力"之说，为学界瞩目。

1950年6月，黄永年在复旦大学发起成立新史学社，7月毕业后到上海交通大学任教。同年，以"黄宁"之名出版《陶器与瓷器——新编儿童读物（小学高年级用）》和《义和团》。自1951年开始，黄永年以"黄宁""澄明""端己""承新""阳湖"等名先后出版《黄巢起义》《中国的四大发明》《运河》《十六世纪中朝抗倭的故事》《中国古代大科学家》《红巾军》《隋末农民起义》《唐代的长安》《敦煌千佛洞》《司马迁的故事》等普及读物。

1956年5月，黄永年任交大讲师。8月随交大迁校来到西安，先在资料室工作，主要讲授中国革命史，同年出版《古代画家的故事》（署名"永年"）。1957年被错划为右派，次年被撤销职务，先后在西安灞桥、陕西宝鸡等地劳动改造。1960年回到西安，在交大生产队监督劳动。1962被安排在西安交大图书馆工作，同年顾颉刚给周扬写信，拟调黄永年做其助手，10月黄永年摘掉右派分子帽子后，中华书局遵照顾颉刚意见，向西安交大商调。但黄永年未能离开陕西，在西安夜大图书馆专修课兼任教员，并继续在西安交大图书馆工作。1973年，黄永年编制《西安交通大学图书馆馆藏古籍目录》。1978年9月，黄永年调入陕西师范大学，先在校图书馆工作，编撰馆藏善本书目。11月，因受聘为陕西省文化系统讲授古籍鉴定，编撰《古籍版本及其鉴别》讲义。1979年2月，黄永年右派问题平反，恢复政治名誉、讲师职务。同年9月，接受史念海教授邀请，调入历史系，协助其招收中国古代史唐史方向的硕士研究生。1980年，黄永年协助史念海筹办全国唐史研究会成立大会暨学术讨论会，当选第一届理事会理事、常务理事、秘书长。

1981年，黄永年晋升副教授，陕西师大成立唐史研究所，遂调入该所工作。1982年，开始招收文献学专业研究生，晋升教授，参与筹备教育部全国高等院校古籍整理研究工作委员会，确定陕西师大举办古籍整理讲习班。1983年，黄永年赴京参加教育部召开的高等院校古籍整理研究规划会议。后陕西师大被教育部批准成立古籍整理研究所，黄永年任古籍整理研究进修班（陕西师大受教育部委托举办）主讲教授，开设目录学、版本学、古籍整理概论等课程。同年，黄永年受聘教育部全国高等院校古籍整理研究工作委员会委员，被陕西师大任命为古籍整理研究所副所长。1985年，黄永年开始招收历史文献学研究生，出版《〈旧唐书〉与〈新唐书〉》《古籍整理概论》，赴北京大学讲学，受聘担任教育部全国高等院校古籍整理研究工作委员会重大项目"古代文史名著选译丛书"编委会常务委员。

1986年，黄永年工作关系转入古籍整理研究所，次年任所长。在此前后，黄永年先后邀请复旦大学章培恒，美国弗吉尼亚州立大学汪荣祖，北京大学严绍璗、白化文、裘锡圭等名家到陕西师大讲学。1988年，黄永年加入中国共产党，当选为第七届全国人大代表。1992年兼任国家古籍整理出版规划小组成员。在此前后，黄永年先后出版《唐太宗李世民》、《旧唐书选译》、《唐史史料学》（与贾宪保合著），开始主编《古代文献研究集林》，点校出版《类编长安志》、《天妃娘妈传》、《黄周星定本西游证道书——西游记》（与黄寿成合著）等，受聘担任《中华大典》编纂委员会委员、《四库全书存目丛书》顾问等。

1995年后，黄永年先后出版《清代版本图录》《唐代史事考释》《树新义室笔谈》《文史探微》《学苑零拾》《古文献学四讲》《文史存稿》《六至九世纪中国政治史》《古籍版本学》《学苑与书林》等，再版《古籍整理概论》《唐史史料学》等，点校出版古籍多种。黄永年著述等身，张萍、陆三强整理的《黄永年先生著述简目》可供学界参考。

君子之儒，行而为教

黄永年在调入陕西师大前，在西安交大图书馆工作。1979年右派问题平反后，开始走上讲坛，先后在陕西师大历史系、唐史研究所、古籍整理研究所工作，于1979年、1982年、1985年陆续开始招收中国古代史唐史方向、文献学、历史文献学（古籍整理研究方向）研究生。他参与了古文献学学科体系的创立和建设，撰写了《古籍整理概论》《古籍版本学》《古文献学四讲》《史部要籍概述》《子部要籍概述》《唐史史料学》等多部著作，享有很高声誉，著作被国内多所著名大学选作教材，为文献学人才的培养发挥了重要作用。他积极从事古籍整理事业的实践，精心标点校勘了《类编长安志》《雍录》《黄周星定本西游证道书——西游记》等多种古代典籍，均以质量精良而被视作权威性的版本。

黄门弟子、洛阳师范学院的郭绍林教授回忆："先生给我们上的第一节课，内容是怎样研究历史。他讲到应该遵循辩证唯物主义原理，解决认识论问题，要从感性认识上升到理性认识。""要学好目录学，懂得治学的门径，避免走弯路。要学好古汉语、外语，以便利用文献，并与海内外学术界交流。要学好基础知识，触类旁通，引类联想。要接受前人、他人以及外国人的研究成果，吸收人家的说法要交代清楚，以明确责任，在人家的基础上要有所发明，为构建学术大厦添砖加瓦。"。黄永年告诫学生："一流的史学家应该鞭辟入里，透过资料的表面意思去挖掘、发明，甚至得出和表面意思完全不同的结论，这才叫本事，才是功夫。"

据黄永年自述，教学上"曾给历史系七七级、七八级讲过唐史专题课，给稍后的几届讲过目录学课，更多的是给硕士生讲课"，"可以一说的是所授课程除了外语和政治外，近十门基础课专业课最初都由我一手包揽，没有给一个半个学期的备课时间，统统利用寒暑假写讲义，开学就讲"。黄门弟子、华南师大教授曹旅宁回忆，当年读研究生三年的15门课程，除公共课以及个别课程由裘锡圭、严绍璗、贾宪保等教授讲授外，"先生亲自讲授了目录学、版本学、古籍整理概论、专书研究——《太平广记》、碑刻学、专书研究——《旧唐书》、文史专题、史学方法、专书研究——吴梅村诗等九门课"。郭绍林教授则说："他给我们开的课，从先秦学术一直讲到现代，涉及经学、史学、文学、小学、石刻文字、历史地理、宗教学、档案、方志、简牍、敦煌吐鲁番文书等等。"可以看出，黄永年放弃个人研究时间，将大量精力投入教书育人，这固然与其摘掉帽子，再次精神焕发地走上讲台有关，但更是责任使命使然。正如刘九生所言："他对我们国家和民族的那种责任感、使命感，为教书育人，积累文化，发展文化的那种干劲、精神，吾人自应继承。"

与循照教案、因袭旧说不同，黄永年在课上讲的多是自己的研究与体悟。他在《古籍版本学》前言中写道："我主张在高等院校讲堂上应该主要讲自己的研究心得和成果，至少多数文科本科生的专业课应该如此，何况给研究生上课。因此，这本书在撰写中除利用前人搜集的资料外，只在讲述古籍形制、宋金本地域时，承用了若干成说。此外，从书的结构到内容，都贯彻自己的观点，谈自己的东西。"坚持讲述自己的观点，是黄永年的一贯风格。他强调："学生学老师主要学治学态度、治学方法，最多学一点基本原理，而不是亦步亦趋地在老师的范围内打转转，否则学术怎样能向前发展？"他甚至说："如果上课都按统一的教学大纲、统一的教材，学术统于一尊，学术就完了。"

为了更好地培养人才，黄永年不仅在课堂上传授治学体会，还行诸文字广益后学。他在《治学浅谈》中总结自己快速看书（古书）的方法：除必须精读或特别喜欢的书，可以仔细地看上几遍以至十几遍外，绝大多数的书都可以粗粗浏览，需要时再查阅有关卷册；"看所谓正经书也得像看小说一样，要不择时地，不讲姿态，以保持看书的兴趣"；看书时一般不要抄卡片，确定了研究课题需要收集资料时才抄录；读古书遇到生僻字，除关键的字外，一般不查字典，因为查字典会打断看书的兴致，而且太费时间；等等。他在这篇文章中谈到撰写学术论文的经验和体会，比如：用马克思主义的认识论来指导研究，比如在研究唐代政治史时不主张将古人现代化，抵制庸俗的古为今用；读书发现了问题后再写文章，写文章时要把问题彻底弄清楚或者彻底解决，自己提出的见解要能站得住，毫无勉强之处；要读常见书、用常见书，尽可能从常见书中看出别人看不出的问题，不要依赖孤本秘籍；写文章要善于联想，运用资料不要局限于一点小领域；除过考证性的文章，要注意寻找事物的规律；写文章要坚持真理，不要迷信权威；等等。

至于黄永年的讲课风采和授课特点，学人印象深刻，多有追忆。比如："先生个子不高，戴着黑边眼镜，笑起来慈眉善目的，嘴角的皱纹却愈发深刻，一讲起课来便眉飞色舞，满面生春。""讲课嗓门挺大，用词用句极富个性色彩，坦率直白，抑扬顿挫。"（顾青《追忆黄永年先生》）"他是正经的藏书家，讲究版本、目录、校勘，学有本原。我记得有一次他在复旦文科楼九楼开讲，开头讲研究文史须有一些基础，左手指一屈，便数出这三门学问，然后再右手指一屈，数出音韵、文字、训诂。"（张伟然《黄永年先生二三事》）"黄先生讲课十分精彩。由于对讲课内容纯熟，已到了炉火纯青的地步。所以在课堂上能够不看讲义，深入浅出地将枯燥的目录学、版本学娓娓道来，让略有文献基础的学生在漫谈中掌握知识要点。"（曹旅宁《记我的老师黄永年先生》）"黄先生讲课时并不是干巴巴地念讲义，照本宣科，而是深入浅出，贯通古今，内容丰富生动，具有极大的启发性。如讲授古籍版本学，怎样鉴别宋元明清各朝版本，他除了讲授各朝版本的特点和鉴别方法外，每次上课时都从家中将有特色的版本带来，从字体、纸张、版式、刻工等方面进行讲解，使初次接触版本学的学生们很快掌握了版本学的基本知识。"（毛双民《怀念黄永年先生》）

耆宿鸿儒，士林共仰

20世纪80年代到90年代初，黄永年主要从事唐史研究，兼及古典诗词和小说。90年代中后期又上溯北齐、北周和杨隋，探讨这一时期的史事。他注重运用马克思主义历史观来指导学术研究，抵制所谓"古为今用"之类的庸俗方法，并注重解决历史研究中的实际问题，诸多研究成果以史料扎实、考证细密、见解精卓而引起学术界的广泛瞩目和推重。他的学术论文多收在已结集出版的《唐代史事考释》《文史探微》《文史存稿》《树新义室笔谈》《学苑零拾》《学苑与书林》等著作中。特别值得一提的是，凝聚他数十年心血的力作《六至九世纪中国政治史》，以历史上北朝至中晚唐一系列影响巨大的事件和制度为重点，对中国古代政治史进行了系统考察，在书中，他以敏锐的历史洞察能力、全面深厚的文献功底、缜密娴熟的考据方法，不仅厘清了诸多千古疑案，大大扩展了对这一时期某些重大问题的深入认识，填补了北朝及隋唐史研究的空白，而且以历史发展的宏观视野，提出若干独具创见的新观点，代表着这一时期政治史研究的最高水平，充分展现了一代史学大家的风范。

2007年1月，黄永年先生在西安病逝。北京大学古文献中心吴鸥、李更、吴洋等教授拟送的挽联是：夙夜强学著作长存薪火传天下，疏通知远音容如在桃李满人间。"薪火传天下""桃李满人间"自是事实，不需多言。

关于"夙夜强学"，辛德勇教授在文章中说："虽然说先生天资聪颖过人，读书博闻强记，只要是他感兴趣的内容，几乎可以达到过目不忘的程度，但一个人涉猎如此广博的范围，并写出诸多高水平的著述，还是需要付出全副精力，才能够做到。记得1989年春节的除夕夜，先生邀我到家里吃晚饭，见我进屋，先生匆匆打了一个招呼后，便埋头写作。吃饭时，我和师母以及寿成师兄围坐在桌旁，先生却一直没有离开书桌，是师母把一碗饭端到书桌前，先生这才放下手中的笔；急忙吃下这碗饭后，则又继续伏案工作。直到9点多钟，写定文稿，才算开始过年。我询问先生后，知道刚刚搁笔的乃是《唐史史料学》的书稿。后来每当我自责疏懒的时候，眼前都会浮现那一个除夕之夜先生紧张疲惫的神色。"同是黄门弟子的郭绍林教授说，黄先生"没有周末，没有寒暑假"，《唐史史料学》成文时间是1989年春节，《文史探微》是1999年2月16日农历己卯年元日，《六至九世纪中国政治史》则是2002年元旦；"先生的渊博学识，是勤奋的结果，甚至是拼命的结果"。

辛德勇教授说黄永年先生天资过人，过目不忘，确非孤说。陕西师大刘九生教授说："跟他（指黄永年先生）谈，我才相信，照相机式的记忆力，确实是有的。黄先生读书多而且快，面广，看了，记在心上了。他不做卡片，最多夹张纸条，要用，一找就行了。"张伟然教授对此也颇为惊异："有一次从刊物上读到他（指黄永年先生）回忆20世纪50年代前期沪苏市面上宋元书的文章，里面详详细细地缕述每个书店的每一种书，于凡书店来历、位置、经营特色以及书名、版本、品相、册数、价格乃至摆列状况，纤毫毕现，历历如昨。我大感惊奇，颇疑他当年看过之后留有日记。不久，他到复旦来，我当面向他求证。他笑笑，说，哪有什么日记，就是因为喜欢，记住了，一直没忘，完全是凭记忆写的。"

至于北京大学吴鸥、李更、吴洋教授所言的"著作长存""疏通知远"，可从黄永年先生诸多领域的学术著作中得出结论。他在中古史、古文献、目录学、古籍版本学、古典文学等领域，均有极深造诣，其弟子或学人对黄永年先生在不同领域的学术成就均有相对全面的总结，比如辛德勇《黄永年先生与古文献研究》，张燕波《黄永年先生与中古历史研究》，郝润华《求真探微：黄永年先生的文史研究》，李永明《黄永年古籍版本学思想述略》，王培峰《黄永年先生的目录学思想述略》，郝润华、杨旭东《黄永年先生的古典文学研究》，等等。至于简洁明了予以总结的，还是辛德勇教授说的，"在历史学方面，先生精熟先秦史、隋唐史与北朝史、明清史特别是清代学术史几大部分，而且对其余各个时期的史事，也都有相当丰富的知识；先生同时还兼通古器物的研究。在历史文献学方面，先生精通版本学、目录学、碑刻学，对敦煌文书也不乏精湛的论述。在古典文学方面，先生熟悉历代诗文辞赋，对《诗经》《楚辞》，对《文选》，对韩愈和姚鼐的诗文，对李商隐、吴伟业、王士祯、黄景仁等人的诗，还有系统深入的了解和研究；特别是对古代文言小说和话本章回小说，研究更为精深。在文史才艺方面，先生善书法，精篆刻；能赋诗填词写对子，能写典雅的文言文，包括骈文，借用先生自己的话来说，是完全'可以冒充清朝人的文章'；此外，先生还富藏善本古籍碑帖；等等"。

曾任中国图书馆学会学术委员会委员、古籍版本分委员会副主任，上海图书馆特藏部主任，哈佛燕京图书馆善本室主任的沈津研究员谈道，黄先生《学苑零拾》中的《评〈图书馆古籍编目〉》一文，"是大手笔写小文章"，"所举二十一例，例例到位，不容你不佩服，因为他集文献学、版本学、目录学之学识，尤其是他自己本身的版本编目、鉴定实践"。郭绍林对黄先生的"治学三昧"深有体会，将其归纳为四点："求真务实、当仁不让的学术品格""极致境界的学术追求""渊博的知识依托""严谨精湛的推论分析"，称赞黄先生"探微发覆驱迷雾，寒柳以来惟一人"。所以，辛德勇在文章中说："不仅是我们这些学生，我想了解先生或是认真阅读过先生著述的人，大多都会叹服先生文史素养之渊雅深醇，分析问题之邃密犀利。我不知道，从总体上来综合考量，在同辈学者当中，还会不会有人能够与其匹敌。"

在学界痛别一代史学大师之际，黄永年先生的道德文章、学术品格得到更多赞誉。比如"先生治学唐史古籍，博识鸿裁，海内同钦，更兼著述津梁惠溥，遗泽千秋"（中国社会科学院历史所唐宋史研究室）；"文章道德，楷模当代。宗风远邈，衣被学林"（山东大学古典文献研究所）；"耆宿鸿儒，士林共仰；高风亮节，典籍留芳"（古文献学专家沈津）；"先生学问博洽，著述名世。晚年治学尤勤，南北共推大家"（复旦大学吴格）；等等。

"最后的孤傲"与"学问余事"

学界皆知，黄永年先生性格刚直，为人耿介，论文论学，月旦人物，皆直来直去，不留情面。《南方都市报》书评人刘铮在《黄永年先生月旦人物》中梳理了相关材料，对黄永年先生谈论到的人物进行了判断和推测，其中不乏学界名流，如贺次君、岑仲勉、杨伯峻、季羡林、许倬云、蔡尚思、周一良、唐振常、朱维铮、常书鸿、张舜徽、来新夏、胡厚宣、韩国磐、谢国桢、柳存仁、段文杰、章培恒、周予同等等，最后还补充指出，黄先生"在文章里点名批驳、商榷过的学者还有罗振玉、钱穆、徐中舒、王仲荦、任乃强、启功、黄裳、蔡鸿生、邓云乡等等"，真是"目中无人"、惊世骇俗！

对此，辛德勇教授认为，黄永年先生"对学术要求的严厉"，目的只有一个，就是切实推进学术研究；"是以学术为天下公器，其间并不掺有丝毫个人意气，一切都出自对学术的真挚追求"。而陕西师大张懋镕教授在《最后的孤傲》一文中认为，黄永年先生是"孤傲之人"，"孤傲是一种深入骨髓的自信"，"知识分子从事的是创造性劳动，非自信不足以成事，无孤傲难铸就思想的丰碑"；真正的知识分子应该有藐视古今的胸怀、怀疑一切的识见。

黄永年先生是严厉的人，但也是一个精致的人，风度潇洒，注重仪表，西装干净笔挺，皮鞋一尘不染，房间、书案，清爽整洁，井井有条。此外，先生还是一个有情趣的人，熟悉的人知道，他喜欢钢笔、打火机、手表，喜欢吃西餐、巧克力，喜欢猫。但这些，通常不为外人所知。为人所道的"学问余事"乃先生是藏书家、书法家、篆刻家。

据说北京的古旧书店里，一直流传着关于先生的一段传奇。某年，先生在书店老先生的陪同下浏览其库存，先生看到书架上摆放的古籍的书根，不经翻阅即指出这是何时何地的刻本，陪同之人取下一看，果然不差分毫。自然，黄永年一生好书，在上初中时就开始买书藏书，到上大学时他的藏书已经初具规模。及至晚年，"先生的家如同大部分学者一样放不下全部的书籍，书房外间靠墙摆满的书架全是新版书。书房的套间里，除了一张床、一张写字台和一把藤椅，就是堆到天花板的若干大木箱和两个小书架，小书架上摆着常用的一些工具书，而那些先生历年收藏的珍品善本则封存于那些大木箱中。先生坐拥书城，伴书而眠"（吴洋《怀念黄永年先生》）。但关于黄永年先生藏书，辛德勇教授则认为，"先生买旧书，包括的门类范围虽然很宽泛，但在性质上都是侧重'正经正史'性的基本典籍，这正与先生读书的侧重点相吻合。由此可以看出，虽说先生宣称买旧书只是一种业余雅好，实际上还是寸步不离其治学的旨趣"。

关于黄永年先生的书法及其书学观点，黄门弟子、碑林博物馆王其祎研究员认为，先生的书法"不唯以工稳匀整的小篆见长，更能写一手流美润泽的褚派楷书，又常于楷法中兼带行笔，自如秀丽而挺拔开张，是知以学问驭书法，则气象自然非凡"；"讲书体演变，先生亦最强调注意时代风尚与书法主流的递嬗，如从初唐褚、薛的瘦硬到盛唐徐、颜的腴美是有其渐变的脉络可循，即在颜真卿领袖壮美风骚之同时，已有如以徐浩家族为典型的华腴书法肇开先声而值得留意"。

黄永年先生是国内外知名的篆刻高手，终南印社创始人之一（先生去世后终南印社送挽联"学坛寂寞失朝月，印社悲凉忆春风"）。他虽以治印为业余爱好，然入道甚早，大约自弱冠入读中央大学时就开始随中文系老师郭则豫学习篆刻。王其祎说："先生治印走清代文人印一路，且最爱吴熙载之白文茂密而朱文挺拔，亦爱赵之谦之仪态万方、黄牧甫之浑穆拙朴和王福庵之工稳均匀。先生治白文仿汉印即最得黄牧甫之神韵，而治细朱文印则绝似王福庵之精工。"难怪《20世纪陕西书法简史》称先生治印"尊法传统，以秦汉印玺及黄牧甫、乔大壮为宗，追求工稳圆润、秀丽端严之韵味。布局精巧而工稳，刀法圆劲而精细，白文印饱满而浑朴，朱文印细劲而空灵，方寸之间，极见功夫，在当代陕西印坛粗犷朴厚、恣肆率意之外，别树一帜，极大地丰富了长安印坛的艺术表现"。终南印社社长赵熊指出，黄永年先生的"篆刻在缺失了流派印这个重要阶段的当代长安，有着独立的意义和价值。一篇三十年前的《篆刻艺术》文字，是黄永年先生治学之外于治印的体会与总结。先生的某些观点以及对某些印风的批判自然可以看作是一家之言，但他主张的精纯典雅仍将以主流形态的一翼，振翮于当代印坛"。篆刻余事，黄永年先生何以为印林瞩目？盖其虽非专业篆刻家，但其个人品格、阅历、学问、修养、情趣等"印外功夫"，是许多篆刻家难以比拟的。

【主要参考资料】

[1] 黄永年：《我的自述》，转引自陆三强主编：《树新义室学记》，陕西师范大学出版总社，2015 年。

[2] 黄永年：《治学浅谈》，载《文史知识》1993 年第 6 期。

[3] 黄永年：《我和唐史以及齐周隋史》，见张世林编：《学林春秋二编》上册，朝华出版社，1999 年。

[4] 辛德勇：《送别我的老师》，载《陕西师大报》2007 年 1 月 30 日。

[5] 毛双民：《怀念黄永年先生》，载《文史知识》2007 年第 9 期。

[6] 张伟然：《黄永年先生二三事》，载《读书》2008 年第 11 期。

[7] 曹旅宁：《记我的老师黄永年先生》，见黄永年述，曹旅宁记：《黄永年文史五讲》，中华书局，2011 年。

[8] 郭绍林：《黄永年先生的治学三昧》，载《湖南科技学院学报》2005 年第 9 期。

[9] 郝润华：《求真探微：黄永年先生的文史研究》，载《文史知识》2007 年第 9 期。

[10] 郝润华、杨旭东：《黄永年先生的古典文学研究》，载《社会科学评论》2009 年第 4 期。

[11] 辛德勇：《黄永年先生与古文献研究》，载《古籍整理出版情况简报》2008 年第 5 期。

[12] 李永明：《黄永年古籍版本学思想述略》，载《山东图书馆季刊》2008 年第 1 期。

[13] 王培峰：《黄永年先生的目录学思想述略》，载《中国典籍与文化》2013

年第 3 期。

[14] 辛德勇：《黄永年先生教我读书买书》，载《书品》2007 年第 2 期。

[15] 黄寿成：《父亲黄永年的书趣》，见《藏书家》第 12 辑，齐鲁书社，2007 年。

[16] 王其祎：《可以永恒的传承——写在〈黄永年谈艺录〉出版时》，见黄永年：《黄永年谈艺录》，中华书局，2014 年。

[17] 赵熊：《回顾的价值》，载《终南》2013 年第 22 辑。

[18] 刘铮：《黄永年先生月旦人物》，载《南方都市报》2013 年 9 月 15 日。

[19] 张懋镕：《最后的孤傲——写在黄永年先生诞辰九十周年之际》，见陆三强主编：《树新义室学记》，陕西师范大学出版总社，2015 年。

[20] 张萍、陆三强：《黄永年先生简谱》，见陆三强主编：《树新义室学记》，陕西师范大学出版总社，2015 年。

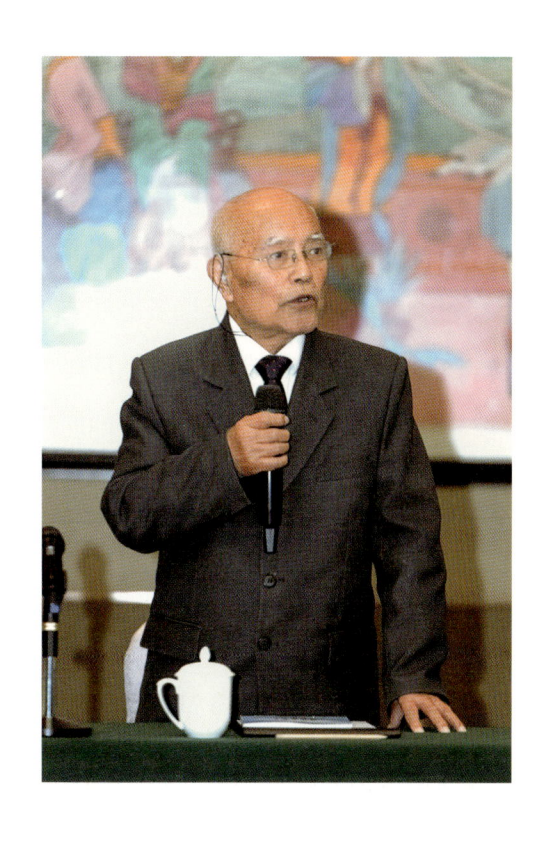

【人物档案】

刘胤汉（1928—2021），陕西户县人。著名自然地理学家，中国地理学会终身成就奖获得者，陕西师范大学地理学科奠基人之一。1953年于西北大学师范学院（1954年独立设置为西安师范学院）史地系毕业后留校任教。1991年被陕西省科学普及协会评为陕西省科技精英，1992年被国家教育委员会评为有突出贡献专家，2002年被中国地理学会授予"资深会员"称号。论著有《关于"中国自然区划问题"的意见》《关于陕西省自然地带的划分》《陕北黄土高原土地类型及其评价》《陕北黄土高原土地类型系列制图》《秦巴山区商业基地的结构与模拟》《陕西秦巴山区土地演替研究》《综合自然地理学理论与实践研究》《自然资源学概论》《综合自然地理学原理》《秦岭水文地理》等。

刘胤汉：踏勘神州锦绣山川

西北、西南、华中、华南、华北，踏遍祖国锦绣大地；自然区划、土地类型、土地评价，研究涉及诸多地理支域；土地类型系列制图、土地资源定量评价、综合自然区划，创建系统地理理论与方法。他用一生的执着，献身中国地理科学；他用一生的奉献，书写地理教育之歌。他的名字与我国综合自然地理学紧密相连，他的学生——中国科学院院士傅伯杰、发展中国家科学院院士刘彦随、北京大学原副校长王仰麟、陕西师范大学教授岳大鹏，先后联名感恩、纪念他们共同的师长——中国地理学名宿、陕西师范大学刘胤汉教授。

品学兼优　扎根三秦

刘胤汉 1928 年出生于陕西省西安市户县（今西安市鄠邑区）秦镇南待诏村一个书香之家。他童年时就读于父亲任教的户县苍溪小学，1943 年考入陕西省立西安第一中学（今西安中学）。刘胤汉学习认真，英语成绩尤为突出，受到老师的器重和同学们的敬佩。少年时代的刘胤汉，喜爱中长跑、篮球、排球和垒球等体育运动，是学校篮球队队员。经常参加体育锻炼，身体非常强壮，这为未来成为地理学家的他奠定了坚实的身体基础。

1946 年 7 月，刘胤汉初中毕业后免试升入高中，成绩始终名列前茅。这时的他愈发偏爱英语、地理、历史等学科。1949 年刘胤汉高三即将毕业，但这时国民党胡宗南部欲将西安在校学生编入后备役兵，扩大其反革命势力。同学们得到消息后互相告知，纷纷趁黑夜逃离。陕西省立西安第一中学不解而散，刘胤汉被迫回到户县老家。

1950 年春，他到户县李波村小学任教，担任六年级班主任，讲授语文和自然课程。在授课之余，刘胤汉常常阅读报纸，复习高中课程，并暗暗下定决心，积极准备暑假期间的大学招生考试。1950 年 8 月，西北大学新生录取名单在《联合日报》上公布，按照系科和新生的考试成绩从高到低排列，西北大学师范学院史地系共录取 13 名新生，刘胤汉位居榜首。

进入大学，在经历了专业选择的短暂迷茫后，刘胤汉在系主任史念海教授的教导下明确了学习目标，选择史地系的地理组专业学习。为了夯实学习根基，他曾到地理系办公室抄下低年级的课表，按照自身需要去听课补习。为了拓展知识基础，他到理学院地理系，去听地貌学、气象学、土壤学等课。因为勤奋努力，刘胤汉成绩非常优秀。由于品学兼优，他被选为班长、史地系学生会主席、西北大学学生会委员，出席西安市第一届学生联合会大会。

大学期间，刘胤汉勤奋学习，锻炼身体，积极参加社会活动，立志成为新一代的大学生，成长为有用的人才。刘胤汉在自传《情思理念——我的这一生》中写道："新社会给我以温暖与力量，使我对未来的工作充满了希望与鼓舞。"在大学学习的这段时间，是他人生道路选择和理想信念确定的重要时期，为他将来从事教学和科学研究奠定了基础。

1953 年 7 月，刘胤汉毕业后留校任教。1954 年西北大学师范学院独立设置为西安师范学院，原史地系在历史组和地理组的基础上，分设历史系和地理系（史念海和黄国璋分别担任系主任）。西安师范学院草创之际，师资力量缺乏，新设的地理系尤其缺少教师。学校让留校助教加强自学，之后再上讲台，以任务带学习，边教边学。1954 年暑假后，地理系安排刘胤汉给史地专修科二年级上中国地理。他备课精心，教学认真，每年都要重新补充教材，暑假还要带领学生野外实习。由于授课效果好，学生满意度高，刘胤汉很快便成为青年教师骨干。

1960 年，西安师范学院和陕西师范学院合并成立陕西师范大学，学校规模扩大，基础设施逐步完善。地理系主任黄国璋狠抓教师队伍建设工作，选派有教学任务的青年助教尽量利用暑假参加有关科学院的考察队或有关大学地质、地理系的野外实习，培养提高。1960 年至 1961 年期间，在地理系暂停招生的短暂间隙，刘胤汉被派往中山大学地质地理系进修景观学与自然区划。在中山大学，他利用系资料室和学校图书馆的文献资源，如饥似渴地汲取新知识。

1978年后刘胤汉被聘为副教授、教授，后来任陕西师范大学学位委员会委员，学校重点学科区域地理学学科带头人，健全和规范区域地理学四个研究方向的硕士研究生培养机制。即便在退休之后，刘胤汉仍然关注教学和学术发展，笔耕不辍。他常常受邀主持研究生答辩，指导科研项目，参加科研成果评审和论证，参加科学技术评奖与审核科研项目招标，修改书稿和成果，应邀为学术著作作序等，桑榆之年怡然自得。

刘胤汉的业余爱好是体育运动与秦腔。他中青年时坚持体育锻炼，上学期间每天早晨坚持长跑，上高中时代表学校参加西安市中学生越野赛，取得全市第三的成绩。参加工作后，他坚持体育运动，身体一直硬朗。他喜爱秦腔，常常到现场或在电视上观看有关节目，也能哼唱秦腔名段。"飞入耳鼓的声腔，在我的胸腔和我的血液融合。没有秦腔的日子，我的焦灼如磁流放大，比捶打还要疼痛的欲望，和庄稼一样抽芽。我在雁塔广场散步，忽听咿咿呀呀的唱腔，如同点亮一盏最明亮的心灯，给我恬淡的生活增添了乐趣，聆听秦腔就像聆听一段失散已久的梦。"他这样形容自己对这门中国西北地区古老传统戏剧艺术的感觉。

遍览山川　学术卓著

刘彦随、王仰麟、傅伯杰在《刘胤汉的地理学思想与学术贡献》(《地理学报》2007年第7期）一文中说："半个世纪以来，（刘胤汉）投身地理科学研究、地理教学和决策咨询，注重深入实践，追求真知灼见。在长期的野外考察与科研实践中拓展和深化了自然地理学的理论及方法论，为他地理学术思想的形成及创见性成果的取得，奠定了坚实基础。从国家'六五'到'十五'规划，他先后主持或参加国家、部委及地方重点科研项目20余项，荣获国家科学技术进步二等奖1项，省部级科技进步一、二、三等奖9项，为我国地理学发展与专业人才培养做出了贡献。"文中将刘胤汉从事地理学研究的学术思想与成就，主要归纳为土地类型研究、土地资源评价、自然地带划分、综合自然区划、陕西地理研究决策与地理教育等五个方面。

刘胤汉认为作为高校教师，除要在教学一线为学生授课外，还要做好科学研究。1955年刘胤汉就开始发表学术文章，1962年在地理学界权威刊物《地理学报》上发表《关于"中国自然区划问题"的意见》，在学界崭露头角。从20世纪八九十年代到21世纪初，刘胤汉在科研领域深耕，出版专著6部，主编和参编专业著作19部，在《地理学报》《地理研究》《陕西师范大学学报》等刊物上发表100余篇论文，在学界享有极高声誉。

"陕西省""黄土高原""秦岭"等，是刘胤汉科研成果中出现频率较高的词，这片养育他的热土为他的科研工作提供了丰富的资源。2022年，刘胤汉的学生刘彦随、岳大鹏和傅伯杰在《地理科学》上发表文章，将其主要学术思想和贡献总结为四个方面：

一是创建土地类型研究的系统化和规范化方法。"六五"期间，刘胤汉参加国家重点科技项目"中国1∶100万土地类型图"的编制研究，担任编委会副主编，主持完成《太原幅1∶100万土地类型图》编制，开展了《陕西省1∶50万土地类型图》《陕北黄土高原土地类型系列制图》的编制。他注重将土地类型的结构、演替与生态设计有机结合，总结提出"形成影响因素分析—结构格局与演替研究—土地评价与生态设计"一体化的土地类型研究范式。研究指出"土地类型分级是连续的和多级序的"，"土地素—土地单元—土地类型"构成土地分类等级单位系统。他以《陕西省1∶50万土地类型图》为例，把土地类型空间结构分为广布型和狭布型两类，深化了对土地类型分异规律，特别是地方性和镶嵌性分异规律的系统认识；根据复杂土地类型的组合关系和演替趋势，率先将土地类型结构格局划分为层状结构、条带结构、树枝状结构、地域组合状结构、同心圆结构、重复交替结构、对称阶梯状结构、层带状结构等8种类型。通过探究陕北黄土高原土地类型群聚与分异规律，提出风沙滩地类型、土石山地为主类型、黄土塬梁峁类型和平原河谷类型等4种土地演替模式。从1981年在国内最早开展完整区域（黄土高原）土地类型制图研究，到土地类型的结构、演替与生态设计综合研究，刘胤汉全面推进了土地类型研究的系统化和规范化。

二是提出土地资源评价理论框架和方法体系。20世纪80年代中期至90年代末期，刘胤汉主要研究农业土地资源。在地域上以陕西省为重点，并涉及全国土地资源研究的前沿重要论题，主持完成了《宝鸡幅1∶100万土地资源图》的编制和"陕西土地资源适宜性评价""西安市土地定级"等项目。基于土地资源分类等级系统研究，深入开展了土地资源分区、分类、分等的基础理论与方法探讨，率先提出了中国"土地资源区—土地资源类型—土地资源适宜类—土地资源等—土地资源级"这一级序系统。刘胤汉从陕西省自然条件、土地类型分异和土地评价要求出发，提出了农业土地资源评价的"三等六级"等级理论，在实践中要按照土地适宜性与限制性因素多少划分等级。该系统成为国内具有代表性的土地资源评价系统之一。在陕北黄土高原西庄沟流域土地评价研究的基础上，依据大农业土地资源组成，分别构建了土地评价指标体系，综合评定出陕西土地利用的最佳适宜、中等适宜、临界适宜和不适宜等4个等级，提炼深化了土地资源分级、评价的系统理论，创新发展了土地资源定量评价框架体系和应用规范。

三是创新自然地带划分的理论与方法。从20世纪60年代至80年代初，刘胤汉重点开展自然地带划分与区划研究。1962年，针对当时中国自然区划理论与指标等问题，他提出"把自然地带作为区划的一个二级单位"，认为"地表区域分异的客观规律性是自然地带划分理论基础"，并主张以综合指标划分自然地带。基于这些理论新认知，刘胤汉补充和修改了陕西省综合自然区划方案中几条重要界线，修订秦岭北亚热带与暖温带的界线为南坡800米等高线（学术界称为"南坡说"或"南坡派"），调整"北山"地区为暖温带半旱生落叶阔叶林与森林草原—褐土地带，修订风沙化干草原—淡栗钙土地带南界为沙漠化南侵边缘。此外，面向国土整治与决策实践，刘胤汉率先提出了陕西省八大自然地带和亚地带的资源开发与优化利用方向。他系统总结了地域分异规律、自然地带等方面的长期科研实践，出版了著作《综合自然地理学》。这部专著运用自然地理学的新理论与新方法，拓展了综合自然地理学研究新领域，特别是为深入开展综合自然区划工作提供了重要理论与方法论依据。

四是发展综合自然区划相关理论和方法。20世纪60年代，刘胤汉主持"汉中专区综合自然区划"研究和陕西延安、铜川、商洛等地（市）"土地类型与综合自然区划"的专项研究。他主张自然地理学类型、格局及其分异规律的探索，必须着眼于综合研究，注重把区域地理学理论与方法引入综合自然区划实践，拓展了综合自然区划理论。他认为区划的结果产生区域单位，类型学方法则产生土地单位，并主张把土地类型作为综合自然区划的基本单位。以南洛河上游土地类型与综合自然区划为例，较早地实践了用归纳法"自下而上"组合土地类型为综合自然小区的创新研究。在无定河流域研究中，实现了土地空间格局、"自下而上"自然区划同农林牧业空间布局决策的有机结合。刘胤汉对综合自然区划理论的凝练与实践，为完善我国综合自然区划理论和指导陕西省综合自然区划做出了重大贡献。

由于在科研上成就卓著，刘胤汉于1991年被陕西省科学普及协会评为陕西省科技精英，1992年被国家教育委员会评为有突出贡献专家，享受国务院政府特殊津贴。2002年被中国地理学会授予"资深会员"称号，2009年被中国地理学会授予中国地理科学终身成就奖，同年中国地理学会在北京人民大会堂为其颁发第二届"中国地理科学杰出成就奖"。

刘胤汉服务社会，重视学以致用，社会兼职较多。他曾任国家自然科学基金委员会评审委员、中国地理学会自然地理专业委员会委员、中国自然资源学会干旱区专业委员会委员、全国景观生态学会理事、全国综合自然地理研究会理事、陕西省人民政府参事、陕西省决策咨询委员会委员、陕西省土地学会副理事长、陕西省地理教育研究会理事长、陕西省国土资源规划顾问组组长、陕西省土地总体规划顾问、陕西省自然科学基金评审委员、陕西省土地估价师协会常务理事、陕西省农业区划学会常务理事、西安地图出版社高级技术顾问、山西省国土开发战略研究顾问、青海省地方志编写顾问等，还被民盟陕西省委授予"光荣盟员"称号。他在任陕西省人民政府参事期间提出的《农村社会化服务体系建设》《退耕还林还草》《旅游业发展》《陕西农业产业化》《商洛地区农业生产三点建议》等，得到省市级领导批示，转发有关单位参照执行。

潜心育人　桃李天下

自青年时代起，刘胤汉就投身新中国教育事业。高中毕业后，他在李波村小学任教时，就将学生们送入初中、高中，不少学生还进入大学深造。有的学生大学毕业后，还专程到陕西师大看望当年的班主任。即便是在大学期间，刘胤汉还在西安市二中高三班兼课。他认真备课，熟悉讲稿，反复试讲实践，教学效果良好。参加工作后，一如既往地在思想上重视、在行动上认真对待教学，在教师岗位上倾心倾情，潜心育人。

"文革"期间，年富力强的刘胤汉不得不离开课堂和实验室，放下喜欢而且应该做的工作。拨乱反正后，知识分子迎来大展宏图的良好机遇。被耽误了十年宝贵盛年时期的刘胤汉回到阔别已久的讲台，继续从事教学和科学研究工作。"我还能再工作十五年"，刘胤汉满怀希望与热情地告诉自己，虽然已将近50岁，但他决定要在热爱的岗位上把握这段珍贵的黄金时间为国家和社会做出贡献。

由于近十年没有上课，刘胤汉对走上课堂充满了期待。从1980年起，他给地理系的三、四年级学生讲授中国自然地理、综合自然地理和自然资源学概论等课。在此后多年的教学实践中，刘胤汉对区域自然地理学的认识逐步加深，对区域自然地理学的授课方式逐渐有了独到的心得。他多年持续探讨中国自然地理教学改革的方式，引用苏轼《题西林壁》的诗句来表达他从中看到的中国自然地理教学改革的希望和出路：在课程建设和改革中，要敢于跳出传统观念的束缚，在教学思想上进行脱胎换骨的清理和革新。

刘彦随等人在文章中说：刘胤汉重视地理教育和精心培养专业人才，在长期扎实的地理研究基础上，主编陕西乡土地理教材《陕西地理》及教学参考书（1986），撰写本科教材《自然资源学概论》（1988）、《综合自然地理学原理》（1988）和研究生教材《综合自然地理学理论与实践研究》（1991）、《综合自然地理学纲要》（2010），88岁高龄出版专著《陕西省综合自然地理的研究与拓展》（2015）。他坚持为地理专业本、专科生讲授中国地理、中国自然地理学原理，为研究生讲授区域地理学理论与方法、土地资源评价等10余门课程。

刘胤汉为人耿直，性格开朗，治学严谨，他对工作一丝不苟，对事业执着追求，对学生严格要求。他是陕西师大地理系被批准的第二名硕士研究生导师，于1981年起开始招收区域地理专业综合自然地理学研究方向的研究生。多年来，他注重对研究生学术能力的培养和思想品德的塑造，对学生总是循循善诱，热情指导，更严于要求，一丝不苟，他告诫年轻同志做学问要善于"小题大做"，从点滴做起。他始终坚持"实践是检验真理的唯一标准"，常常带着研究生到全国各地开展野外实习。他精心培养的35位区域地理学和自然地理学专业硕士研究生，大多已成长为地理学科带头人和业界领军人。

刘胤汉注重家风营造和儿孙教育。他教育后辈"功夫不负有心人。关键在于自己是否努力和努力的程度如何。人们的成绩和荣誉，来源于在各自平凡工作岗位上埋头苦干、创新奉献的实际行动；人们的成长历程，体现着自强不息、刻苦学习、不懈奋斗的生活理念；人们的工作热情，扎根于对事业的执着追求和对本职工作的强烈责任感"。他的儿女们成长为各行各业的有用人才，他的孙子孙女也相继到国内外高等学府深造。

"我没有干过惊天动地的大事，也没有开展过深奥的科学研究，只是半个世纪以来，踏踏实实、勤勤恳恳地工作"；"在各种因素的制约和影响下，我想办法做了最大的努力"。这是刘胤汉的自谦之语。学界可以看到的是，桃李不言，下自成蹊。从教数十载来，刘胤汉的学生传承老师吃苦耐劳、严谨求实的处事风格和潜心问道、格物穷理的学术思想，带着对地理学的热爱，在不同的岗位上为社会做贡献。中国科学院院士傅伯杰，中国工程院院士冯起，发展中国家科学院院士刘彦随，北京大学原副校长、山西大学党委书记王仰麟，等等，都是其躬耕讲坛、桃李天下的优秀代表和学术传承者。

【主要参考资料】

[1] 刘胤汉：《情思理念——我的这一生》，陕西师范大学出版总社，2011年。

[2] 刘彦随、王仰麟、傅伯杰：《刘胤汉的地理学思想与学术贡献》，载《地理学报》2007年第7期。

[3] 刘彦随、岳大鹏、傅伯杰：《著名综合自然地理学家刘胤汉先生学术思想与贡献》，载《地理科学》2022年第6期。

[4] 岳大鹏：《刘胤汉》，见张建祥主编：《陕西师范大学校史人物传略（1967—1984）》，陕西师范大学出版社，2007年。

【人物档案】

孙昌识（1929—2013），辽宁沈阳人。1948年考入辅仁大学心理系，1952年毕业，留校工作，后院系调整，到北京师范大学工作。1958年10月调入陕西师范学院任教，后长期在陕西师大从事心理学专业教学科研工作。专长于认知心理学、教育心理学、发展心理学、心理统计测量等。长期从事儿童数学认知结构发展与教育的实验研究。在《心理学报》《心理科学》《心理发展与教育》等权威刊物上发表多篇学术论文。主要专著有《儿童数学认知结构的发展与教育》《中国儿童青少年数学能力发展与教育》，译著有《心理逻辑学》《数学概念和程序的获得》等。被北京师范大学心理学院列为"杰出校友"。曾兼任中国心理学会发展专业委员会委员，中国教育学会发展心理、教育心理研究会常务理事，西安市心理学会副理事长，等等。

孙昌识：执教西北　教育报国

"孙昌识教授，以辅仁大学心理系名义毕业的最后一届，原本在北师大教书，后来被调到陕西师大。访问他时他常说，他三十到五十（岁），学术生产力最旺盛的二十年，都空白掉了。这期间下放劳改做过许多工作，曾经在'黄河滩上修理地球'，曾经在陕西师大的食堂里打饭菜。五十岁之后，心理学科重新恢复，依然冲劲十足，靠着自修，恢复英文能力，跟上认知发展心理学。研究工作专心在儿童的数学认知发展上，一心系念着'要让中国的小孩自己说话'。强调研究心理学要跟人直接接触，不应该只关在实验室里研究。他研究儿童的数学认知发展，就是在儿童的教室里进行。并且强调解决实际问题，就是在创造理论知识；用他的话：'不要搞空头，具体问题都是有理论的。'"这是台湾辅仁大学翁开诚教授关于孙昌识教授的口述评价。（但大概由于记忆问题，原文并不确切，实际上孙昌识教授只是被下放到劳动农场工作，并非"劳改"；在陕西师大食堂期间是做管理员，也非在一线"打饭菜"。）

响应召唤　扎根西北

孙昌识 1929 年 10 月出生于辽宁沈阳。"九一八"事变后，孙昌识随家人迁居北京。20 世纪 40 年代入育英中学读书。"男育英，女贝满"，上了年纪的老北京人应该还对这句话有些印象。育英、贝满均创办于 1864 年（同治三年），育英是男校（当时称"男蒙馆"），贝满是女校，以小学教育为主。1900 年男蒙馆被毁，1902 年重建后更名为育英学校，是北京近代教育史中引进西方科学、开展现代教育最早的学校。育英中学 1952 年更名为北京市第二十五中学。在这里，早期的孙昌识接受了较为系统的现代教育。1948 年，孙昌识考入辅仁大学心理学系。1952 年，辅仁大学因全国高校院系调整并入北京师范大学，毕业后的孙昌识留校工作。这也是后来孙昌识被北京师范大学心理学院列为"杰出校友"的原因。

1958 年，为响应党的号召，支援大西北，孙昌识带家人来到陕西师范学院，从事教育心理教学科研工作。1960 年，西安师范学院与陕西师范学院合并成立陕西师范大学。陕西师范大学教育系在新的院校调整中，由西安师范学院教育研究室与陕西师范学院教育心理学教研室、学前教育系合并组成，奠定陕西师大初期心理学科的前期基础。当时教育系主任由著名马克思主义心理学家刘泽如教授兼任。孙昌识以及肖前瑛、姚平子、李养林、汪品华、李殿凤、欧阳仑、曾纪苓、宋文庆、殷培桂等组成心理学教研室，心理学教学及心理学基本理论研究工作有序开展。"文革"期间，同全国心理学的发展命运相似，陕西师大教育系被撤销，心理学被打成"伪科学"，孙昌识与其他老师一样，被下放到劳动农场。

1978 年 4 月，心理学教学工作与专业建设同陕西师范大学教育系一并恢复，并在陕西师范大学教育科学研究所下成立心理学教研室。孙昌识与欧阳仑、姚平子、李殿凤、王淑兰、于明纲、施华云等成为教研室骨干力量，负责本系心理学专业课和全校心理学公共课教学任务。《心理学报》1979 年第 3 期同时发表署名"陕西师范大学教育系心理学教研室"的两篇学术论文——《中国心理学三十年》和《对小学生一次数学竞赛的心理学分析》，孙昌识对后一篇论文贡献尤多。《心理学报》1980 年第 2 期再次发表署名"陕西师范大学教育系心理学教研组"的论文《中国儿童、教育心理学三十年》（孙昌识主要开展儿童心理学研究），集中展现了陕西师大心理学研究的实力，在国内产生重要影响。

1981 年，陕西师大获得全国首批普通心理学硕士学位授予权，成为全国心理学最早拥有硕士授予权的 8 所高校（研究机构）之一。指导老师为刘泽如教授，孙昌识等老师也承担了很多指导工作。1984 年孙昌识与杨永明、欧阳仑创建的"心理过程与个性心理"硕士研究生招生点获得批准。1982 年，孙昌识等陕西师大心理学人参与的、由陕西师大联合北京师大等四院校主编的教科书《普通心理学》，由陕西人民教育出版社出版，成为改革开放初期国内影响很大的大学专业教材。

2005年2月，来自台湾辅仁大学心理系的翁开诚、夏林清、卢宗荣来到中国科学院心理学研究所拜访20世纪40年代北平辅仁时期的老学长荆其诚教授。在此前后，他们还拜会了辅仁大学心理学系的学长学姐张厚粲、孙昌龄、孙昌识、姚平子、李世瑜等。翁开诚后来在《若绝若续之"辅'仁'"心理学》中写道："孙昌识与姚平子，下放劳改的经验，却化做亲身接近人们的丰厚资产，奠基了在现场做实验研究的方法，形成了解决问题正是理论发现的途径，更凝聚了对别人心理苦恼的关切与协助的热情。"（大概由于记忆有误，这段文字并不确切：孙昌识被下放劳动，姚平子并没有下放，一直在学校工作。）

孙昌识在1957年和"文革"期间经历坎坷，但他性情平和，淡泊名利，业余爱好滑冰、游泳、爬山，直至七八十岁仍能坚持轮滑运动。孙昌识于1995年从陕西师大退休，2005年前后应邀赴美国和我国台湾等地进行学术交流，2013年9月在北京病逝。

治学严谨　卓有建树

孙昌识为人谦和，治学严谨，具有很高的科学素养和学术成就。他长期从事普通心理学、认知心理学、教育心理学和发展心理学的教学和研究工作，致力于主流心理学研究，以及心理学科学化、规范化事业发展，在国内学术界享有很高的声誉。

孙昌识视学术为兴趣，不汲汲于名利，潜心问道，自得学术探索之乐。改革开放初期，他很快投入教学科研工作，在《心理学报》上发表《对小学生一次数学竞赛的心理学分析》（1979年第3期）、《中国儿童、教育心理学三十年》（1980年第2期）等论文，受著名学者朱智贤等邀请承担《心理学大词典》《心理学百科全书》的撰写工作，参与国家教育科学"六五""七五""八五"研究项目科研任务。

随后，孙昌识长期致力于心理学研究，陆续发表《小学数学结构教学实验研究总结》（《心理发展与教育》1985年第2期）、《小学数学教学中使用先行组织者教学策略的一次尝试》（多人合作，《教育理论与实践》1988年第5期）、《父母离婚所致儿童社会适应障碍》（与卢植合作，《中国心理卫生杂志》1991年第5期）、《一种问题解决研究的新任务——五皇后问题》（与冯金华、孙沛合作，《心理科学进展》1996年第2期）、《汉字材料的性质对视觉短时记忆广度影响的实验研究》（与王晓钧合作，《心理科学》1998年第2期）、《命题检验中的推理过程及困难原因的实验研究》（与王桂琴合作，《心理科学进展》1998年第2期）等。此外，孙昌识非常重视心理学原著经典的译介工作，由他及其硕士生苗丹民等合译的《数学概念和程序的获得》（理查德·莱什、玛沙·兰多著）1991年由山东教育出版社出版。

孙昌识的学术探索与国内心理学主流研究一致，许多研究成果达到国内一流水平，尤其是自1983年初即着手研究、探索儿童数学认知结构发展变化的规律，并试图在此基础上推动中小学数学教学的改革。1983—1985年，孙昌识连续在《心理学报》《心理科学》上发表5篇关于儿童认知发展研究的文章。孙昌识、姚平子合著《儿童数学认知结构的发展与教育》（人民教育出版社，2005），认为数学教学不仅要学生学会必要的一些计算技能技巧，为进一步学习打好基础，更重要的是通过数学教学促进学生逻辑思维的发展。数学思维的特征是简洁、推理有序、逻辑连贯、准确、灵活、敏捷以及高度的抽象性。这一系列的思维品质是从事各项工作，特别是新科技工作所不可缺少的心理素质。但是目前数学教学的现状还有不尽如人意之处。该书是孙昌识、姚平子研究组多年来实验研究的结果，其中也介绍了国内外那一时期有关的研究。

陕西师大心理学教授、心理学史研究专家霍涌泉认为，孙昌识耗费三十年心血和理论创新智慧，在儿童数学认知结构发展与教育的实验研究领域开创了"特殊研究"范式。其学术研究主要具有如下特点：

一是前沿科学主流性研究与教育心理学专长研究相融合。孙昌识长于认知心理学、教育心理学和发展心理学。在其学术生涯中，无论是课堂教学还是学术研究，都十分重视对国外和国内发达地区主流心理学的借鉴引进工作。改革开放初期，他就为本科生和研究生开设了认知心理学这门新课，将国外兴起的认知信息加工心理学和皮亚杰的发生认识论、心理逻辑学等先进观点，引进到西部地区的教学和研究阵地。20世纪90年代以后，年过六旬的孙昌识又对新皮亚杰主义的理论及实验进行了研究阐述。他不仅善于学习国外先进理论，同时也注重用新的科学理论指导教育发展心理学的教学和实验研究，《儿童数学认知结构的发展与教育》便典型地反映了这一研究特色。

二是实验研究与学术研究紧密结合。重视实验研究是国内外先进发达地区心理学事业兴旺发达的一大成功秘诀，而这恰恰又是制约我国西部等边远地区心理学学术研究深化的瓶颈性因素。在这方面，孙昌识可以说是为摆脱落后地区心理学研究局面做出了榜样示范。他是一位纯粹的学者，没有担任过行政职务，完全是依靠个人资源和人格魅力在搞科研。他在重视心理学理论总结研究的同时，多年来不辞劳苦，在西安大雁塔小学、大庆路小学、碑林区小学，以及陕西师大附小、西安交大附中等30多所中小学建立了实验基地，坚持了长达二十多年的儿童数学认知结构发展与教育的实验研究。利用这些实验基地，他指导许多学生取得了一系列令人瞩目的研究成果。

三是学术积累与理论创新相结合。孙昌识学术研究的一个重大贡献是开辟了国内教育心理学发展的"特殊研究"范式。教育心理学是一门实践性很强的基础科学和应用科学，因此国内外心理学界特别重视将心理科学应用于学校教育、学生的学习和作业活动之中，但是在把科学知识变成教育实践，以及把教育实践变成检验科学理论的研究方面，也存在着许多需要进一步解决的问题。长期以来，国内外学术界对于教育心理学如何指导学校教育实践问题，出现了两种不同的学术研究范式：一种是外推的基础研究范式，即将心理学的原理和学说直接用来设计学习条件和课堂教学实践，强调实验室研究结果和有关抽象理论概念的直接应用；另一种是具体的学科教育范式，把教育心理学变成学科教育心理学。也曾有个别学者设想在科学理论和实际应用之间有一个特殊结构，像美国著名教育家杜威所讲的"连接科学"，这种连接科学将为学校教育实践提供一个思想框架，但是杜威本人只是提出了这样的设想，并没有开展过具体的研究。从事具体的学科教育范式的研究者一方面人数很少，另一方面又很难长期坚持深入下去。教育心理学对学校教育实际所面临的挑战亟待做出新的纵深研究之回应。在这一问题上，孙昌识的长期学术研究进行了积极的探索和创新努力，其开展的儿童数学认知结构发展与教育的理论及实验研究，具有几个"特殊"之处。

  首先是开辟了一个特殊的研究领域——儿童数学知识的获得与发展问题。他采用特殊的分析方法——概念分析，提出在研究中对数学知识的内容和结构做心理学分析。概念分析要求收集学生在解决数学问题时的一系列心理活动，透过学生解题的各种认知行为表现，分析其问题表征、所使用的程序和策略等等，在此基础上进一步推断学生有关数学概念的理解水平与有关知识的整合。其次是探索了特殊的研究对象——儿童数学认知结构的发展问题。将概念分析与作业分析和儿童认知特征分析紧密结合起来，对数学概念系统、表征系统、加工系统开展了长期深入的精细研究。再次是确立了特殊的研究任务——揭示儿童数学认知结构发展变化的规律问题。其研究所走的是一条独特的路线，这项研究所涉及的是特殊的数学知识领域，完全可以说是发展心理学家尚未系统地研究过的一个领域。

基于这样的特殊研究范式，孙昌识精辟地提出：教师在数学教学中必须具有统率全局的战略思想。要求任课教师掌握数学教材的结构和儿童数学认知结构及其发展规律，全面地、系统地、整体地考虑数学教学问题，精心设计每一堂课，这样才能大幅度地提高教学质量，有效地促进学生数学能力的发展。老师必须促进学生实现心理发展的两次飞跃，一次是学生加法结构的建构，实现从具体形象思维到概念思维的转化，帮助学生准备或实现数学认知结构的第二次飞跃；根据认知结构的建构过程，采用发展法的教学方法，让儿童自己独立思维等等。上述观点和见解，充分反映了孙昌识的学术创新精神和中国心理学者的可贵探索。

滋兰树蕙　琢玉成器

孙昌识长期给本科生、研究生讲授普通心理学、教育心理学、认知心理学、数学教学心理学等课程，在高年级本科生和硕士研究生中享有崇高威信，被誉为"品德高尚、教书育人的教育家"。其讲授特点主要体现在以下几个方面：

坚持"专题化，厚基础"的讲授方式，注重培养学生的科学素养。孙昌识讲课特别投入认真，不管上新课还是上旧课，都要写出新教案。他写的教材和专著总是不断修改，几易其稿。他的代表作成书之后经陕西师大学术委员会评审批准出版资助，他又修改了好几年，方才交由出版社出版。他先后指导了20多名硕士生，紧密围绕"儿童数学认知结构"问题开展系列实验研究，既推出了高水平的学术成果，也培养出了一批学风扎实的教学科研人才。

重视实验方法的训练与教学观摩示范。孙昌识十分重视对学生的实验方法训练，以科研促进教学，以教学促进科研，将科研带进课堂，站在高起点上丰富学生的知识内涵。同时，积极创设教学情境，通过高水平教学提高学生的能力素质。在20世纪80年代和90年代初期，孙昌识经常利用个人资源和经费，组织本科生和硕士生去听西安市特级教师、优秀教师讲课，使许多学生有幸聆听省内乃至全国著名特级教师讲课。这些名师有陕西省先进教育工作者、陕西省督学、西安市教育学会副会长、特级教师李瑞鸾等。他还先后邀请美国著名心理学家、诺贝尔奖获得者西蒙，北京师大朱智贤、张厚粲、韩进之、刘静和、丁祖荫、林崇德和陈会昌等国内名流，为陕西师大教育系和心理系本科生、研究生做学术报告和专题讲座，令许多学生终生难忘。

善于因材施教、培养发现人才。孙昌识不仅是一位治学严谨的学者，同时也是一位宽厚待人的长者。经他培养指导的几十名硕士研究生的毕业论文或研究报告，有的在国内学术刊物《心理学报》《心理科学》《心理发展与教育》等期刊上发表，有的发表于国外著名学术刊物。这些学生中的许多人考取中国科学院心理学研究所、美国伊利诺伊大学、北京师范大学、华东师大等国内外著名学府的博士，很多成为国内高校的教学科研骨干和新的学术带头人以及行政领导，如其指导的硕士生游旭群（中国心理学会原理事长、教育部心理学教学指导委员会副主任委员、国家教师教育咨询委员会委员、中国高校人文社会科学优秀成果一等奖获得者，陕西师范大学教授、校长）、苗丹民（国家科技进步一等奖获得者、全国征兵心理检测技术中心主任、全军医学心理学重点实验室主任、中国心理学会军事心理学专业委员会主任委员、空军军医大学心理学教研室主任）、朱莉琪（国际行为发展研究会执委、中国科学院心理研究所研究员）、孙沛（曾在清华大学任教，现为澳门城市大学教授）、王亚同（河南大学心理学教授）等；还有的赴国外留学深造，在国内外高校担任终身教授。

【主要参考资料】

[1] 霍涌泉：《孙昌识》，见张建祥主编：《陕西师范大学校史人物传略（1967—

1984)》,陕西师范大学出版社,2007年。

[2] 翁开诚:《若绝若续之"辅'仁'"心理学》,载台湾《应用心理研究》2010年总第30期。

【人物档案】

郑哲民（1932—2021），广东新会人。著名昆虫分类学家，中国昆虫学会终身成就奖获得者，陕西师范大学生物学学科奠基人。1955年华东师范大学生物系本科毕业，1957年北京师范大学动物研究班毕业，同年进入陕西师范学院任教直至2019年退休。在校先后任生物系蝗虫研究室主任，研究生处处长，生命科学学院院长、名誉院长等职。兼任中国昆虫学会理事、中国昆虫学会分类区系专业委员会主任等。出版《云贵川陕宁地区的蝗虫》、《中国西部蚱总科志》、《中国动物志·昆虫纲》第十卷等独著和合编著作17部，在国内外SCI及核心期刊上发表学术论文878篇，建立直翅目昆虫新属75个，新种1019个，发表的蝗总科新属、新种数占国内1949年后发表总数的一半以上。1978年被授予陕西省科学大会奖，1982年获陕西省劳动模范称号，1986年被授予国家级有突出贡献的中青年专家称号，1999年获全国归侨侨眷先进个人称号，2014年获首届中国昆虫学会终身成就奖。在六十余年的从教生涯中，其先后培养硕士78人、博士38人、博士后12人、访问学者31人，为生物学学科和研究生教育事业发展做出卓越贡献。

郑哲民：教坛楷模　科技精英

郑哲民在抗战烽火中成长，在良师培育下奋发，在国家号召下扎根西北，在艰苦条件中致力科研，在广阔山河间教书育人……他躬耕教坛六十余载，脚步往返于教室、实验室、图书馆和昆虫栖居的山野，长期致力于昆虫分类、蝗虫生态及防治方面的研究工作。他待人诚恳，心胸开阔，其高尚品格以及对事业执着追求的精神令人景仰。他治学严谨，负笈山林，在"小昆虫"领域绽放"大天地"学术世界，在直翅目昆虫的系统分类方面填补国内该类群研究空白，用行动交出优异的科研答卷。他革故鼎新，乐于用新技术、新方法来探究学科问题，严格要求学生，鼓励学生有所发现，有所创造。

少年辗转：历经烽火，艰苦奋斗

郑哲民祖籍广东新会，1932年2月出生于浙江湖州一个医者之家。父亲是加拿大华侨，早年学成归国，在安徽合肥一家教会医院做大夫；母亲是护士，协助父亲工作。郑哲民上有一兄一姊，下有两位弟弟。然而，一家人舒适安宁的生活在郑哲民5岁那年被打破。侵华日军入侵南京后，郑哲民一家随着逃难的人群流浪到湖南益阳。后来因其父应聘到西南联大做校医，全家又从湖南辗转去往云南昆明。路上在贵州遭遇土匪洗劫，财物尽失。千难万险到达昆明，郑哲民得以继续小学的学习。随着战火迫近，郑哲民一家又西迁大理喜洲，生活异常艰辛。小小年纪的郑哲民帮助母亲在街边摆摊卖菜，学会了斤两和数钱。一两年后，日军又从缅甸攻入云南，占领腾冲，郑哲民一家又被迫返回昆明。这时，郑哲民开始插班进入西南联大附属小学读书，1944年升入西南联大附中，直到1950年从昆明师范学院附中（原西南联大附中）高中毕业。郑哲民回忆说，那八年青少年时光，是一生中最难忘的八年。

西南联大附小、附中是在抗日战争最艰苦的岁月里，为刚成立的西南联大师范学院学生提供实习、探索现代教育理论和方法的实验场所。附小、附中校长是师范学院院长,十分重视师资质量,聘请的教师多是优秀的西南联大毕业生(如杨振宁出国前就在附中教书),或直接由联大教授兼课。他们把东西方文化与科学巧妙地结合,将做人的美德和渊博的知识传播给学生。中小学教育给郑哲民打下了全面的文化知识基础,老师们的民主思想深深地感染着他,并影响其一生。

1995年春,郑哲民回昆明参加附中校友聚会,大家唱起西南联大附中校歌:"满眼是烽烟炮火,满眼是流离颠簸。我们的国家正在风雨中奋斗,我们却幸得一堂理弦歌。前进呀姐姐妹妹,前进呀弟弟哥哥,要知道身只此身,怎能不学须便学。好时光,莫放过;正年少,莫蹉跎,努力报答我们的家国。"激昂动情的歌声引起周围群众的围观。时隔半个多世纪,他们都已年近花甲或古稀,但这首歌唱出了他们始终激荡于怀的纯真热烈的赤子之心,引起他们对青少年时光的怀念之情。

郑哲民进入西南联大附小学习时,正值抗日战争最艰苦的年代,日军飞机经常对昆明进行轰炸。郑哲民当时的级任老师冯钟芸(北京大学中文系教授,文学史家,著名语文教育家)带领学生用自制的折叠木架做课桌课椅,跑到西门外的红山上上课,飞机一来,大家便分散开,各自寻找可以掩蔽藏身之处躲避轰炸。冯老师认真负责、关爱学生的形象,一直留在郑哲民的脑海里。

在西南联大附中的六年,对郑哲民影响最大的是钱闻、吴大年、王憨生、周定南等老师。钱闻是郑哲民的国文老师,精通现代文学,对待学生随和亲切。郑哲民平时爱看小说,一次上课时他将正在读的一本张恨水的小说放在课桌上,被钱老师发现了。课后钱老师找郑哲民探讨小说的阅读方法,以及如何通过阅读文学作品而练习写作,还将鲁迅、冯雪峰等人的作品介绍给他。1946年,开明少年社向全国青少年征文,题目是"忘不了的事"。在钱老师的指导下,郑哲民将举家逃难途中在贵州苗岭遭土匪抢劫的难忘经历写成一篇《过苗岭》,这是当时征文评选中在全国428篇文章里被选出的第一篇文章。叶圣陶在给这本征文册子写的序言中写道："这些文章里充满了悲苦愤慨的情味，照理说来，作者们都还在少年时代，正该吐露欢快的声音，是这个时代苦了少年们啊！"在郑哲民的印象中，钱老师是一位追求真理、疾恶如仇的人，关心学生学业的进步，更关心学生健康的成长，在教学中喜欢用启发和诱导的方法，让学生懂得怎样做人，做正直的人，走正确的路。可惜1947年助学运动后不久，钱老师便悄然离开了附中。1949年后郑哲民才得知，钱老师是一名地下党员，当时在中共地下组织的帮助下转移了。

吴大年是钱闻老师的爱人，用进步的观点为学生讲授历史课。她讲课不重教本，而是即席讲述，让学生们记笔记，鼓励学生们热烈讨论、抒发己见。她和钱老师一样，经常给学生们介绍阅读《中国史话》和一些进步书刊，关心他们的成长，经常参加班上的旅行和联欢晚会，和学生打成一片，成为学生们尊敬的导师和可以信赖的大姐姐。王憨生是郑哲民的美术劳作课老师，他精心安排每堂课，激发起学生的学习兴趣。在王老师的指导下，郑哲民学会了制作石膏像，他制作的第一尊石膏像是高尔基的。学会了平面石膏像后，他又学会制作立体石膏像。在这个过程中，郑哲民逐渐掌握了绘画的基本知识和制作工艺的基本技能，这为他此后的生物学绘画工作奠定了重要的基础。周定南教音乐课，他音乐素养很高，教学非常认真。他教学生们许多中外名曲，如《旗正飘飘》《夏天最后一朵玫瑰》《伏尔加船夫曲》《贝加尔湖》《念故乡》等。在黑云压顶、白色恐怖笼罩着昆明的严峻时刻，他旗帜鲜明地投入反内战斗争的洪流，教学生唱《螃蟹歌》《民主是哪样》《茶馆小调》《古怪歌》《你这个坏东西》等进步歌曲，1948年被国民党政府逮捕入狱。童子军课也给郑哲民留下了深刻的印象。这门课是初中学生的必修课，训练内容有纪律、礼节、操法、结绳、旗语、侦察、救护、游泳、炊事、露营等。在这些训练活动中练就的克服困难、艰苦奋斗、识别方位等能力，为郑哲民以后常年从事野外考察工作打下了坚实的基础。

青年立志：结缘生物，发奋读书

1950年高中毕业，郑哲民以全班第二名的优异成绩保送至昆明师范学院，但当时他的志愿是学医，因此放弃去昆明师院，决心赴北京报考北京大学医学院。彼时昆明刚解放，外出很困难。郑哲民与另外3位同学一起，先从昆明乘军用运输机到重庆，然后乘船到武汉，再乘火车北上至北京，参加华北区高校统考。然而郑哲民落榜了，没有进入他梦寐以求的学校。随后他又辗转报考苏州东吴大学，被该校生物系录取，这决定了他一生与生命科学的不解之缘。东吴大学是一所教会大学，生物系是该校的知名系科，国内许多著名的生物学家都出自东吴生物系。生物系用的是英文教科书，老师也用英语讲课，这训练了郑哲民扎实的英文功底。郑哲民一开始接触的是动物学，授课教师是我国著名寄生虫、昆虫学专家徐荫祺教授。徐先生教学方法生动，对学生要求严格，很快让郑哲民对昆虫学产生了兴趣。

1952年高校院系调整，郑哲民同班4人被调到上海华东师范大学插班进入生物系二年级。原来的东吴大学改为江苏师范学院（后改苏州大学）。华东师大生物系由原来的圣约翰大学生物系和同济大学生物系合并而成，师资力量雄厚，有国内著名专家张作人、王志嘉、张宗炳、薛德育、郑勉等教授，也有堵南山、钱国桢、郎所、管和、杨奕康、张金安、孟庆闻、颜季琼等优秀中青年教师。在他们的指导下，郑哲民掌握了生物学诸多重要学科方向的基本知识和技能。

要进行生命科学研究，特别是分类学研究，必须懂得多门外语。郑哲民能阅读英语、俄语和德语文献，其中俄语的学习经历了艰苦的过程。他从中学到大学一年级一直学习英语，但1949年后改学俄语。初到华东师大时，同班同学已学过一年俄语，他面临的是放弃学习还是补习跟上的两难局面。当时一起插班的几位同学都不准备学俄语，而他却下决心要跟班上。他一边跟班学习，一边从头恶补一年级的课程。在同学甘有章的帮助下，他用整整一个暑假将过去一年的课程全部学完，跟上了同班同学的学习进度，并取得优异的成绩。

在三年的学习中，郑哲民的成绩始终在班上名列前茅。由于成绩突出，他被选为课代表，经常向老师反映同学们学习上的困难和问题，传达老师对同学们的要求，成为师生间联系的桥梁，和老师们的关系日益密切。大学三年级时，郑哲民被系上调去参加当时编写动物学实验指导和图谱的工作。在张金安和孟庆闻两位老师的帮助下，他将所有实验都从头到尾细细做过，又重点参与绘制了节肢动物门的图。郑哲民悉心向老师学习生物制图的方法，他绘制的图细致精确，有人甚至以为是印刷图。在这个过程中，他逐渐爱上了动物学。到大学四年级时，生物系招收第一批动物学专业研究生，郑哲民前去听课，认识了一些同学，包括后来的中国科学院院士唐崇惕，以及后来同在陕西师范大学任教的邱琼华和李远芳等。

郑哲民本科毕业前，生物系推荐4名同学报考研究生。当时全国师范院校中只有华东师大招收植物学专业研究生，北京师大招收动物学专业研究生，郑哲民报考了北京师大并被录取，开始了研究生阶段的动物学专业学习。郑哲民的导师是全国著名一级教授、组织胚胎和细胞生物学方面的权威专家武兆发先生，因擅长制片技术而闻名国内外。担任郑哲民课程教师的都是当时著名的专家，如郑作新先生讲鸟类学，寿正黄先生讲兽类学，沈嘉瑞先生讲节肢动物甲壳类，张玺先生讲贝类学，等等。在众多先生的指导下，郑哲民的学业进步很快，这为他以后的科研工作打下了厚实的功底。

躬身西北：迎难而上，志业初成

1957年郑哲民研究生毕业之际，北京的高校毕业生聚集在工人文化宫聆听周恩来总理的讲话，周总理号召他们向科学进军，勇攀科学技术高峰。郑哲民和同学们带着周总理的嘱托奔赴全国各地。郑哲民服从国家分配来到大西北，进入陕西师范学院生物系工作。当时陕西师院刚成立不久，教师大部分是新毕业的大学生、研究生以及一部分从中学调上来的优秀教师，科研氛围尚不浓厚。郑哲民刚到陕西师院，生物系给他的第一个任务就是去做野外实习打前站的联络工作。他和植物组的李承先从西安乘火车到普集（位于陕西省武功县），在普集中学住了一夜，第二天乘马车前往秦岭北坡山脚下的楼观台，在庙中道士的床上休息一夜后，便开始在周围进行调查。他跟李承先学会了野外调查的基本方法，这是他以后几十年野外工作的开端。

为了能通过科学研究将新的知识应用到教学中，郑哲民克服重重困难，开始在家中进行科研。为了了解西安地区寄生虫的情况，他将自己家中杀鸡杀鸭时收集的动物肠道寄生虫及从肉联厂收集到的寄生虫标本在家中固定、制片。陕西师院是一所新建的学校，当时路边的行道树大多是白杨和柳树，常被害虫危害，树叶枯黄，地上一片虫粪。为了搞清是哪种害虫作祟，郑哲民和与他一起从北京师大分来的梁铭球对校园行道树做了调查，发现上面有3到4种害虫。他们查阅了许多林业、果树方面的资料，发现危害杨树最严重的一种害虫是白杨天社蛾。要消灭它，就要对害虫进行生活史方面的研究。他们在自己的宿舍里养虫，日夜进行观察，虫越养越多，一不注意就爬到了房间的墙壁和窗户上。

经过三年研究，郑哲民探清了双尾天社蛾、白杨天社蛾、柳天蛾及闪紫蝶4种林业害虫的生活史、发生规律和防治方法，并在生物楼后面的一片杨树林中进行防治试验。他们将科研成果连续发表在1962年的《动物学报》和《昆虫学报》上，这是郑哲民发表科研论文的开始。当时虽然在科研上取得了些许成绩，但他深感没有导师指导只靠自己摸索是行不通的。但郑哲民的研究生导师于1957年去世，加上当时陕西师院条件艰苦，既没有经费，又没有设备，只有每年带学生野外实习所采的标本，鉴于种种条件的制约，他很难再继续深耕研究生时攻读的细胞生物学方向。在这种情况下，郑哲民开始转而向国内有关专家请教，向两位国内相关专家发出求教信。不久后他收到回信，其中一位在信上说："昆虫分类工作是一项很专门的学问，不是一般人所能做的……"这封拒绝信让郑哲民陷入失落。然而打开第二封信，他却读到了热情洋溢的字句："我愿尽我的一切帮助你，归结一句话，欢迎你。"落款是夏凯龄。

夏凯龄先生是我国研究蝗虫、白蚁的权威学者，是国内第一本蝗虫专著《中国蝗科分类概要》的作者，经他鉴定的蝗虫、白蚁标本有几百种之多，其论文在国际昆虫学界影响很大。自此，郑哲民开始走上研究蝗虫分类的征程。"夏先生一开始就给我寄来许多指引初学者入门的文献，以后我需要的参考文献，他都有求必应，许多都是亲自复印或拍照寄来的。在鉴定中，一些疑难的标本寄给夏先生，他都为我鉴定、定名。我开始所写的有关蝗虫分类论文都经过他审阅修改后发表，有时寄去的标本较多，夏先生总是连续几个星期晚上加班鉴定标本。"得到知名专家如此认真热情的提携，郑哲民深受感动，他表示："终生都难忘怀，专业上也得到快速发展。"

郑哲民与夏凯龄先生1958年开始通信，直到1964年中国昆虫学会在北京开会时才第一次见面。夏先生非常高兴地对郑哲民说："多一个研究，多一份力量。早点把我国蝗虫的种类、分布区域和习性调查清楚，对国家经济建设有意义……"夏先生前后组织全国7家单位14位专家组成蝗虫协作组，承担《中国动物志》蝗总科的编写工作，带领大家从20世纪80年代开始，前后历经二十年，终于完成了《中国动物志》蝗总科4卷的编写。

自从得到夏凯龄先生的帮助后，郑哲民将研究方向从森林昆虫转向蝗虫分类。学习分类学的确不是易事，首先要有大量的文献资料。当时没有复印机，收集资料全靠手抄，因为没钱买大量纸张，他就将旧讲义翻过来在背面抄写。他利用一切空余时间抄写外文资料，有两年的大年三十他都在生物系值班室整夜抄写文献。每年暑期他回上海探亲，就去上海昆虫研究所图书馆借阅资料，用打字机抄写。《苏联及其邻国的蝗虫区系》（俄文版）全书616页，他硬是用了三个假期的时间抄完。有些资料是学校图书馆与国内其他图书馆交流将资料拍成胶卷获得的，但胶卷只有冲洗放大成照片才能看。由于冲洗照片很费钱，他就自制了一个印照片木箱，夜间在宿舍里摸黑进行胶卷冲洗和照片放大，将许多照片印出贴在纸上，再装订成册。经过七八年的艰苦努力，郑哲民终于掌握了较完整的蝗虫分类资料，又和20个国家的54位专家进行资料和标本交流，得到大量国内找不到的资料，保障了研究工作的顺利进行。

要研究蝗虫分类必须进行调查和采集标本，但郑哲民没有科研经费，只能利用带学生在野外实习时采集的标本。从西安附近的南五台、楼观台开始，到陕南大巴山的南郑县和镇巴县，在郑哲民的带领下，学生的实习半径越来越大。让郑哲民难忘的一次学生实习，是1960年结合省上普查任务进行的秦岭实习。当时师生组成许多小分队，分别从秦岭北的周至和户县出发，每人背着自己的行李和采集工具，每天徒步15公里，夜宿老乡家中，然后在周边进行采集。这样从山脚一直爬到山顶，逐年累积标本，研究范围从西安到秦巴山区，再到陕北而至全省。1963年郑哲民在《动物学报》当年第2期上发表第一个蝗虫新种秦岭束颈蝗，这是我国1949年后由中国人发表的第一个蝗虫新种，受到昆虫学界的重视。随后他又在《动物学报》1963年第3期上发表《陕西省蝗虫的初步调查》，这是郑哲民研究蝗虫分类发表论文的开始。1964年至1966年他又陆续在《动物学报》《昆虫学报》上发表蝗虫分类论文5篇，发表蝗虫新种9个。从此以后，他的工作得到中国科学院的重视，每年划拨一定科研经费，支持他开展跨省区调查。

终生奋斗：勇攀高峰，桃李天下

郑哲民教授前进的道路并不平坦，在20世纪60年代前的一些"红专"辩论、"交心"运动中，他被作为走白专道路、只专不红的典型进行批判，但这些都没有动摇他从事科研的决心。他仍然利用假期进行调查，采集标本。没有饲养室，就在自己的宿舍饲养观察。"文革"期间，他一个人背着采集工具，离开西安，走遍西南、华南地区的多个省份，采集到大量的蝗虫标本，使其在"文革"结束后能很快投入科学研究，并在国际国内刊物上发表大量科研论文。

在从事昆虫分类的研究中，他发现在中国已知的成千上万种昆虫中，绝大部分的研究命名被外国人垄断。中国昆虫分类学工作的落后面貌使他深感痛心，立志"在中国发现的蝗虫，一定要由中国人来命名"。分类学研究是一项艰苦的工作，在蝗虫的生长季节，必须经常跋山涉水，深入山区、平原、沙漠、戈壁、农作区、林区和牧区，到各种不同的环境条件下进行生物标本的采集和生态学调查。因此，他常年过着地质队员般的生活，露宿野外，日晒雨淋，饥一顿，饱一顿，独自出没在漫无人烟的荒山丛林中。每年7月到10月，甚至到12月，他都在南方各省进行野外调查，冒着生命危险采集蝗虫标本。郑哲民在云南西双版纳勐腊县、广东黑石顶两次遭遇翻车，1974年在云南红河州元江地区被盗而几乎无路费返回，1975年在从云南前去大理途中因公路塌方受阻被困在山上，足足饿了一天半没有吃过一粒粮食，车通后到达下关已半夜，旅店全满，他就在路边躺到天亮，返回西安后到医院检查，不得不因冠心病在家病休半年……所有这些都没能让他放弃科研，在病休结束回到工作岗位后，他仍然继续进行野外工作，带领研究生跑遍了祖国南北，走遍了全国除西藏、台湾以外的所有省区，直到1989年两次大手术后无法再继续野外工作。即便如此，他仍不断接受全国各地送检标本，进行标本鉴定的工作一直没有停止。

郑哲民是国内较早开展整合分类研究的学者之一，20世纪80年代以后先后将超微结构、生理学、生物化学、遗传学、分子生物学等方面的理论与技术应用于昆虫分类研究，推进了我国昆虫分类学的发展。1978年后，科学研究的重要性逐渐被师范院校认可和重视，郑哲民的工作也随之得到承认。1978年被授予陕西省科学大会奖，1982年获陕西省劳动模范称号，1986年获国家级有突出贡献的中青年专家称号，1991年起享受国务院政府特殊津贴，1999年获全国归侨侨眷先进个人称号，2014年获中国昆虫学会终身成就奖；先后承担多项国家、省部、中国科学院以及国际合作项目，获陕西省科技成果二等奖，陕西省科技进步一、二、三等奖，国家教委科技进步三等奖，宁夏及山西省科技进步二等奖，香港柏林顿教育基金会第二届"孺子牛金球奖"等多种奖励；曾任中国昆虫学会分类区系专业委员会主任、中国昆虫学会理事、陕西省昆虫学会副理事长、国家科委发明评选委员会特邀审查员、国家教委高等学校理科生物教材编审委员会委员等；出版《云贵川陕宁地区的蝗虫》、《中国西部蚱总科志》、《中国动物志·昆虫纲》第十卷等独著和合编著作17部，在国内外 SCI 及核心学术期刊上发表论文近 900 篇，建立直翅目昆虫新属 75 个，新种 1019 个，发表的蝗总科新属、新种数占 1949 年后国内学者发表总数的一半以上，在国内外昆虫学界享有较高的威望和声誉。正如日本学者山根爽一教授所说："在昆虫分类学，特别是蝗虫分类学方面，郑先生不但在中国而且在国际学术界有突出的贡献。"郑哲民教授还多次应邀到著名大学和国际会议上做有关昆虫综合分类的科研报告：1998 年 7 月在美国罗德岛州立大学做蝗虫心电图 ARMA 谱分析技术在昆虫分类学中的应用的报告，1999 年 9 月在美国耶鲁大学做有关昆虫综合分类在中国的发展的报告，2000 年 11 月在香港中文大学做中国动物学研究现状和发展的报告。

在六十余年的从教生涯中，郑哲民教授一直从事无脊椎动物学、昆虫分类学及蝗虫分类学的教学和科研工作。他始终坚持工作在教学一线，把教育当作一项伟大的事业，把当好老师当作一生的追求，用真情教书，用爱心育人，以德立身，以身立教，培养硕士 78 人、博士 38 人、博士后 12 人、访问学者 31 人。他先后承担本科生无脊椎动物学、普通昆虫学、经济昆虫学、植物保护学、寄生虫学、原生动物学及贝类学等课程的教学工作；给硕士研究生讲授昆虫分类学、蝗虫分类学、科学研究方法、动物分类学方法和原理等课程；给博士生讲授精子生物学、动物组织培养、小蛾类分类学、拟步甲科分类学、蝗虫的发生与生态学等课程。他出色的教学，博得本科生、研究生、进修生的一致好评，很多学生成长为全国诸多高校、科研院所的领军人物和学术骨干。

郑哲民爱护每一位学生，帮助他们成长。他精心指导研究生的论文，亲自鉴定、核对、增补学生们发现的新属新种。他的学生何祝清讲了这样一件难忘的小事："在我硕士学位论文答辩时，其他老师问的问题我现今都不记得了，唯独郑先生提的问题犹在耳畔：你引用的关于白须双针蟋的文献没有最早的作者原始描述的那篇。"何祝清诧异的是，为何自己一个小小的疏忽都能被老先生发现？是碰巧被翻阅到了，还是老先生逐字检查过整篇论文？何祝清坚信是后者。自那以后，何祝清对自己学生的论文，哪怕是标点符号、字体字号等细节都尤为严格要求。郑哲民对待科研一丝不苟的严谨态度在春风化雨中得到传承。

郑哲民曾说："只有坚持不断地努力奋斗，认真做人，才会取得丰硕的成果。长江后浪推前浪，新的一代不断成长，我所培养的学生，已有不少提任为各单位的校、院系领导，担任博士生导师的也越来越多。看到学生们的成长，我由衷地高兴，我感到自己没有虚度年华。"郑哲民不计名利得失，甘为人梯，被人们誉为"科技界的二传手"。

2021年9月，郑哲民先生在西安与世长辞。同年11月，其子郑滇遵循父亲遗愿，向陕西师范大学捐赠郑先生所藏1332本图书、1214册期刊和一批珍贵手稿、文献资料等。希望更多学子致力于振兴昆虫分类、服务人才培养的事业，承袭郑哲民教授的治学精神，传颂儒雅厚德。

【主要参考资料】

[1] 徐琼：《不辍追求——记著名昆虫分类学家、博导、郑哲民教授》，载《科技·人才·市场》1996年第1期。

[2] 王景堂：《郑哲民》，见张建祥主编：《陕西师范大学校史人物传略（1967—1984）》，陕西师范大学出版社，2007年。

[3] 郑哲民：《我的成长之路》，陕西师范大学微信公众号，2021年5月2日。

[4] 何祝清：《郑哲民先生教我的一件小事》，"鸣虫分类"微信公众号，2021年9月18日。

【人物档案】

周正（1933—2022），江苏苏州人。美术教育家、艺术理论家、画家，陕西师范大学艺术系主要创建者。1950年考入苏州美术专科学校西画系，师从颜文樑、朱士杰、胡粹中等先生。1955年毕业于西北军政大学艺术学院（今西安美术学院）美术系，同年留校任教。曾任西安美术学院教授、学术委员会委员、学位委员会委员，《西北美术》主编，中国美术家协会会员，中国美术教育研究会会员。1987年主持创办陕西师范大学艺术系，任首任系主任。1992年获国务院"为高等教育做出突出贡献专家"证书，享受国务院政府特殊津贴。曾兼任中国高等学校美术教育研究会副理事长、陕西省美术家协会常务理事、陕西油画艺术委员会副主任、陕西省油画学会顾问等。

周正：艺术的最高境界是至爱

周正是新中国培养的第一代美术工作者、艺术教育工作者。新中国成立伊始，他从苏州美专开始走上艺术之路，而后告别江南水乡奔赴西安，成为刚从根据地迁入西安的西北军政大学艺术学院的第一代学生。毕业后留校任教，成为西安美术学院自己培养的第一批教师。1987年调入陕西师范大学，作为艺术系的主要创建者，开创陕西师大艺术教育事业（1988年与1989年，美术与音乐专业分别开始招生）。作为著名美术理论家、教育家、画家，周正先生七十年如一日，捧着一颗心来，不带半根草去，像春蚕吐丝、红烛自燃，将毕生的才智和心血倾洒于祖国教育事业，将一个江南才子的生命和创造奉献给西部大地。

姑苏春晓　长安根深

周正1933年出生于苏州一个书香门第，在这个钟灵毓秀的江南名城度过了青少年时期。他3岁进私塾接受启蒙教育，从小与绘画结下不解之缘。1950年，以第一名的成绩从苏州市光华中学毕业，考入苏州美专西画系，在颜文樑、朱士杰、胡粹中等老师们的指导下学习油画，从此开启了长达七十年的艺术之旅。

新中国成立之初，百废待兴。地域辽阔、人口稀少的大西北，尚未从解放战争的创伤中自愈。改变一穷二白的落后面貌、建设新中国，成为人民对幸福的向往。为了给新生的共和国保留教育火种，保护人才、留住希望，1949年5月西安解放，同年7月，西北人民艺术学院二分部由山西临汾迁至陕西省长安县（今陕西西安市长安区）兴国寺，更名西北军政大学艺术学院。

1952年，19岁的周正从苏州美专西画系四年级肄业，原因是"苏州美专学制五年，初中毕业就可以读。我是高中毕业考美专的，有绘画基础，就插班读三年级油画了"。于是，为响应国家支援大西北的号召，周正离开临水而筑、黛瓦粉墙的故乡，沧浪亭、拙政园、寒山寺渐行渐远，西行长安，来到"太乙近天都，连天接海隅"的终南山下，走进位于古都一隅的西北军政大学艺术学院。

1955年，从西北军政大学艺术学院美术系毕业后，周正留校执教，任西安美术学院教授、《西北美术》主编等。1987年，周正开始主持创建陕西师范大学艺术系（1998年成立艺术学院，2005年美术学院、音乐学院分别设立）。在西北地区美术教育的土地上，他播撒美术教育先进思想的种子，培养了许多优秀的艺术家和美术教育工作者。

当时的西北军政大学沿袭老解放区和军校的传统，教学、生活和作息完全按军营化安排、管理。周正进入这样一个全新的环境，地处黄土高原南缘的西北古城，不仅山水、气候与江南水乡迥异，而且学校的教育教学模式及日常饮食起居也不同于此前。然而，对于这些，周正并没有表现出情绪上的抵触，而是接受新环境，融入新环境。其时，他独有的艺术理念、绘画方式和技法表现等，给校园带来一缕新风，对当时完全以年画、连环画等民间艺术和中国传统艺术为主的教学模式形成相当大的冲击，在校内引起了一些争议，以至负责政治思想工作的系干部竟为此搞了一次现场批判会。

周正从不在任何场合标榜自己的艺术成就，也从不夸大其词地宣传个人作品，但在当代中国美术教育史册上，作为教育家、美术理论家和画家，他为新中国特别是西北地区的美术教育事业做出了开创性、奠基性的贡献。

博览群书　知行合一

在当代中国画坛，像周正这样一生博览群书、专于读书的艺术家实属难得。正如他在《周正谈艺录》自序中所言："平生愚蒙，耽读玩画皆是兴趣。阅读好博览，寓目囊架，求古寻今，不问中西，不求甚解，似乎属于老子所说的'博者不如'一类。夫书大多存有意思，所谓'文以载道'。诗书见古今，然而，'言非一端，义各有当'。自知己非达人不可得而述之。正如古人所说'学者咸性''开卷有益'，读后总有感动；何况智者看待事物，总比常人更多角度，聆音察理，点点滴滴思量过，作些笔记，省躬己诫以免遗忘，也没想过日后会有什么用处。打个比喻，就像麦收时，农家孩童在刈割过的田垅里拾取一些遗落麦穗，虽挂一漏万却多少有点兴味，换言之'学不可以已'，积少成多总有收获。"他谦称读书"不问中西，不求甚解"，其实他是一个真正的学贯中西的"鸿儒"，低调而不事张扬的大家。

从读书札记和谈艺语萃不难看出，周正学问博洽，涉猎极广。从中国的诸子百家孔孟老庄到古希腊哲学家亚里士多德的《诗学》、贺拉斯的《诗艺》、柏拉图的《对话录》，再到西方文艺复兴以来达·芬奇、拉斐尔、米开朗基罗等大艺术家的艺术思想和表现技法，他都有所涉猎和研习，广泛吸取营养，在东西方的思想、文化、艺术中修炼融会贯通之功。

"知行合一"，是中国古代哲学重要命题。"道""行"一致也是深谙中国传统文化真谛的周正先生治学、绘事和实践的准则。从某种意义上说，艺术源于生活而高于生活，最终超越现实。在周正的艺术观念体系中，"绘画之道，全凭天工。清水出芙蓉，天然去雕饰；如草木之花，逢时而开"。他正是以虔诚之心对待绘事、对待艺术，心有所畏、言有所戒、行有所止、凡事有度，这不是传统画论和当今一般意义上的指导构图、光线、色彩等具体操作的"雕虫小技"，而是对于人与自然、绘画与对象世界、人生与社会等问题的哲学思考和方法论。他认为："没有对生活思考的作品不是艺术品，在中国，绘画从来没有与生活之道分开，绘画所重视的道，是自然秩序或自然运行之道，不但在古籍中有，而且在画论中也经常以万物所展示的天地交泰为绘画的理想。'画以人重，艺由道宗'，在绘画中，此种精神与物质相合关系到艺术家本人的发展与艺术品，因为成功的作品需要表现内在性格及其外在形式的能力。在庄子中有谓'泰初有无''道在虚空'这种虚空及道相连的虚其心，便可能使画家与自然界万物合为一体，便可以与道的伟大创造力合为一体。此种合为一体的情形，乃整体的真正意义，在绘画中，这个目标转而为画家的目的，即画家把自己与所画对象融为一体。"

七十多年的艺术生涯，一路走来，周正对自己有着近乎苛刻的要求和鞭策。他认为，艺术是道艺双修的苦差，但这种修行，会让人焕发心中的喜悦。道是形而上，艺是形而上，画和人是一致的，有美的心灵才有美的感动。所谓艺术家，必须具备独立的人格、真实的情感、自由创造的精神、专业的素养，道艺一致。基于这样的认知，周正不断学习，不断总结，在教学相长的历练中提升素养。一本本密密麻麻的笔记，记述着他的心得和体会，这些谈艺粹语也是他治学之路、从艺之思、做人之道和人生追求的心路历程。

画如其人　人生如画

周正擅长油画，但也在中国水墨画、书法、美学理论、外国美术史等方面均有研究。其绘画风格细腻潇洒、纯厚抒情、色调高雅。1957年创作的成名作油画《麦收》被中国美术馆收藏。1971年主创的《毛主席和我们心连心》在全国乃至世界产生巨大影响。1993年曾在美国举办三次个人画展，在南非开普敦市爱玛·斯顿博物馆举办个人画展。1994年被特邀参加第二届全国油画展。1995年至1997年，每年在南非举办一次个人画展或联展。2012年，油画作品入选"2012（伦敦）奥林匹克美术大会"。2019年11月，在苏州美术馆举办"凤鸣姑苏——周正艺术成就展"。历年来，他创作的《雨后长安夜》《艰难岁月》《小羊羔快长大》等多幅作品曾多次参加国内外展览并获奖。

一辈子学画、教画、作画的周正，有一枚"绚烂之极，归于平淡"的常用闲章，表达他在艺术中所追求的境界——返璞归真。他认为，绘画是在恬淡的心境中与灵魂的对话，是一种源自心灵的需要，因此具有令人解放的性质。只有思考的人生，才是真正的人生；只有真正体验人生的人，才能画出真正的人生之画。为此，他曾经感慨巴金的"讲真话，把心交给读者"。在周正看来，"真"与"良知"息息相关，人们把艺术家、文学家等一般意义上的知识分子称为"社会的良心"，认为他们是人类的基本价值（如理性、自由、平等）的维护者，是因为他们除献身专业工作之外，还须深切地关怀国家、社会乃至世界上一切有关公共利害之事，而这种关怀又须超越个人私利。

　　周正的艺术深植于中国文化土壤，带着中华优秀传统文化的"民族魂"走向世界。油画是舶来品，油画的根系和主干在西方。经过百年融合锤炼，中国油画已经逐步形成了独具特色的"话语体系"。但是，真正被西方世界接受、认可，"入主流"，并不是一件轻而易举的事情，大多即使在油画的原乡接受系统教育和训练，掌握了原汁原味的西洋画法的"中国画家"的作品，也很难登大雅之堂。因而，像周正这样土生土长，在国内学习、生活，从事教育工作，潜心创作的东方油画家，其作品能被西方世界认可，更为难能可贵！

　　这不禁让众人疑惑，原因何在？周正在课堂上对学生说："颜文樑先生曾说过，学油画的同学，也一定要学中国的传统，因为这是我们的根，你们将来能不能成才，能不能发展，你的枝叶、你的干和茎是从根上发出来的，所以这个根很重要。当你不脱离传统的时候，实际上你已经站住了，因为你有根。"中国油画家如果没有中国传统文化的滋养，一味照猫画虎模仿西方大家名作，即使技法上达到甚至超越欧美画家的水平，也将像没有根的浮萍一样，游移漂泊，终究不会有旺盛的生命力。此所谓"越是民族的，越是世界的"！

　　在国际舞台上，周正担当着中国艺术家的文化使命，传播灿烂的东方文明。1993 年，作为美国北爱荷华大学客座教授，还差一年就退休的周正，原打算在国外一两年就回国。他当时负责授课的都是专业的画家班，在一个非母语环境教授异国学生，其困难可想而知。但他很快融入了当地的语言、人文和生活环境，先后在美国印第安纳大学、詹姆斯·梅里·赫斯特艺术中心进行交流，还到南非的国家美术馆、开普敦大学等单位讲学。1996 年，他还作为访问学者，赴英、法、比、荷等欧洲国家进行艺术交流。同年加入英国皇家美术家协会。其多件作品被德、意、日、美、南非、印尼、菲律宾等国家的美术馆和收藏家收藏。

献身教育　　躬耕艺坛

　　作为陕西师范大学艺术系的"开山鼻祖"，周正创建了艺术人才培养模式，教书育人，润物无声。作为西部美术教育事业的拓荒者之一，周正在美术教育、艺术理论方面做出了突出贡献，培养了一大批卓有建树的艺术家和美术教育工作者，对西部美术教育事业的发展产生了深远影响。

尚未到陕西师大工作之时，周正就已开始参与艺术系的筹建。面对初期教师力量不足、教材短缺等困难和问题，基于自己三十多年积累的教学经验和学术视野，他从教师队伍建设、教学计划及管理规范的制定，到组织制定教学大纲、编写专业教材等方面，做了大量具体的工作，也以身作则坚守讲台传道授业等，确保建系工作顺利开展。

周正在《周正教育随感录》自序中说："创造力是每一个人都拥有的天赋，教育是通过某种方式激发学生的潜能，让学生感悟到真理，而不是把真理强加给他们。不要把目标作为负担，而是作为一种追求的乐趣，教育是塑造灵魂的工作，不要把对象看作是填满知识的容器，而是认识如何去点燃每个人头脑中的火种。"这样的教育观毫不逊色于美国杜威"教育即生活""教育即生长"的观点，也与苏联教育学家苏霍姆林斯基所界定的社会主义教育的任务就是要培养"个性全面和谐发展的人"相吻合。马克思与恩格斯最初提出"人的全面发展"概念，并在以后的著作中不断成熟与完善，在《共产党宣言》中进一步阐明："代替那存在阶级和阶级对立的资产阶级旧社会的，将是这样一个联合体，在那里，每个人的自由发展是一切人的自由发展的条件。"从这个维度理解，周正不只是一位擅长美术的艺术授业者，更是一位真正理解并自觉践行马克思主义重要理论的教育家。

学高为师，身正为范。周正以至真至诚、至善至美的君子风范修养自身、教书育人，成为一名党和人民满意的好老师。他言传身教，春风化雨，努力造就一代代真诚对待自己、对待艺术、对待人民的社会有用之才。在艺术教学中，周正善于借用东方艺术哲学和中国传统画论来解读美术人才培养的现实问题，丰富现代美术教育的理论与实践。和谐构图，浑然天成，以笔入境，以境传神，正是他追求的创作效果。现阶段倡导的"课程思政""大思政"育人，其实早在数十年前已有像周正一样的教育者在探索、倡导与实践。在推行通识教育中，他坚持美术专业的国、油、版、雕、水彩、工艺、设计等全面兼修、一专多能，同时提倡美术学生选修音乐素养课程，音乐专业学生选修美术鉴赏课程，来提升学生综合素质，拓宽学生就业门径。周正以自己的教育实践，努力探索出一条培养高素质师资的"陕西师大艺术教育路径"。

宁夏书画院院长、宁夏美术馆馆长、宁夏政协委员周一新说："得遇良师，实为殊荣。周正老师为人谦和，温文尔雅，有长者之风。印象深刻也诚难忘却的是老师在外国美术史、艺术概论课上，不拘泥于教材的独有授课方法，或引经据典，或现身说法，将枯燥的艺术理论以简明之言鲜活生动地诠释给同学们。周正老师不仅是陕西师范大学美术学科的奠基者，更是引领西部高等美术教育发展的开拓者。作为一名学者，他在艺术教育、艺术理论和美术创作等多个领域的卓越贡献，都对培养艺术人才产生了深远的影响。"

周正作为一位学者型画家，不断思考、实践和探索，将心血凝结成册。1983年初版的《油画技法》，积三十年教育心得和教学经验，在历年不断更新、升级的讲义基础上修订、完善而成，受到同行的好评，被全国各大美院选用。在学术研究方面，他先后出版《绘画色彩学概要》、《简明外国美术史》、《绘画构图原理》（获优秀艺术学术专著奖及优秀图书奖）等6部著作；主编《美术辞林·外国绘画卷》（获金牛奖），《中国当代美术家画语类编》收录其有关艺术见解；发表论文、评论、译文等80余篇，共计约300万字。其中，《油画创新与创作个性》、《艺术教育在整体教育中的位置》（国家教委"八五"规划项目，获优秀文章证书，编入《中国特色社会主义文库》）、《人是文化创造的主体》（编入《文化研究方法论》一书）等。出版《周正油画集》2卷。其中，他吸收、借鉴诸多先贤如颜文樑、朱士杰等先生的教育思想、教学体系和技法训练等方面的精华，辅之以个人创造性的融合创新，从而在当时更显高瞻远瞩，造就了兼具系统性、实用性和前瞻性的学术理论著作。

今天倡导广大教育工作者践行新时代教育家精神，做大国良师，说到底，是一种"爱国、爱学生、爱教育"的大爱精神。教育是一项需要情怀、良知、高尚道德来共同铸就的伟大事业，因而从事教育工作的人必定是心中有大爱的人。正如周正始终认为的"艺术的最高境界是至爱"。在这个意义上，周正不是一个简单的"教书匠"，而是一位真正有思想高度、认识深度、实践广度和人生温度的教育家。

艺海无涯　大道至诚

周正的艺术理论与实践，特别看重"诚"。他认同清代王昱《东庄论画》所语："学画者先贵立品，立品之人，笔墨外自有一种正大光明之概；否则，画虽可观，却有一种不正之气。文如其人，画亦有然。"周正始终以真善美的至诚之心治学、绘画，认为艺术不在于商品价格，而是要追求精神境界。"'诚'是沟通人与人心灵之间的桥梁，是彰显灵魂美德的要素，更是人生的一种境界，一种人格力量。以诚待人，以心感人，它是天地间的一种本真和自然。"

以诚治艺，德艺双馨，修身处世，有口皆碑。周正以求真崇真、以诚育人、仁者爱人的理念实践教育，从诸子百家的经典论述中关注、思考"真、精、诚"的问题。他认为，"真、精、诚"就是要求艺术家敢于面对险恶的现实，保持自己真而不伪的情怀、精而不杂的信念、诚而不矫的作风。具体到美术教育和绘画人才培养，他说："画才难得，造就一个画家要有许多条件，一曰才，二曰悟，三曰勤。此外，还离不开环境的濡染，家庭的熏陶，师友的启导，传统的影响，深厚的学养与人格的修养。对中国画来说，要有岁月的积累，历史上许多画家，笔墨精熟都在老年。绘画不是青春艺术，而须在 50 岁以后，一生精力才能在作品中表现出来，那么多积累，那么多感受，那么多同情，那么多关注。"

周正认为，艺术的最高境界是至爱，人是通过真诚而互相温暖的，没有单纯、善良、真实和智慧，就没有伟大的艺术。因而，其一生的审美理念和艺术创作皆围绕"至爱"展开。中国人民大学艺术学院副院长刘明才认为："毕业三十多年来，自己在求学、行路、工作、生活中那种对绘画不求回报、无怨无悔、犹如信念从未动摇的全身心的爱，正是周正先生真诚而虔敬的'至爱'思想。自己对艺术扎根于中华大地、民族土壤的深刻认知，也在先生'中国传统之根'的艺术观中早有体会。"

周正于1952年从姑苏奔赴长安，2019年再从长安回到姑苏，一场"凤鸣姑苏——周正艺术成就展"仍诠释着"至爱"。六十多年的人生求索和艺术苦旅，周正在故乡苏州和第二故乡长安之间，完成了浑似轮回的双向奔赴。经历了大半个世纪的风风雨雨，在无数次魂牵梦萦中，周正把自己的艺术感悟融入生命体验，以如椽画笔倾诉着对生活、生命、人生的真情实感，以对艺术的"至爱"情结，彰显对生活的感悟和艺术的情怀。

桃李不言　下自成蹊

周正一生致力于艺术教育与创作。他是苏州美专治学精神的传播者、继承者，是颜文樑"大众美育"理念的执行者、践行者，是西北高校美术教育事业的奠基者、探索者。他的艺术历程应该是西部美术教育发展的一个缩影。

作为一名德高望重的老艺术家、一名西部美术教育的开拓者，他对待艺术事业和教育事业始终满怀激情。他不忘初心，将颜文樑、朱士杰等老一辈艺术家的文脉和薪火传送到西部，为西部莘莘学子点燃艺术教育之火。今天，陕西师范大学美术学院已发展成为西部专业美术学院以外综合办学实力最强、社会影响最大、美术专业（特别是美术教育专业）人才培养环境最好的办学实体。艺术系的毕业生中，很多已成为西部乃至全国有声望的艺术家、设计师、学者，成为艺术界乃至文化界的骨干领导和中流砥柱。他用自己的实际行动，践行着陕西师范大学扎根西部、甘于奉献、追求卓越、教育报国的"西部红烛两代师表"精神。

陕西师范大学音乐学院的秦筝演奏家、教育家曲云教授，早年曾与周正共事多载。在曲云眼中，"周正老师是一个勤奋、严谨的艺术家，他平易近人，和蔼可亲……对艺术系的建设付出了艰辛努力，当时的音乐专业也是由周老师负责的，他对音乐专业也积极、深入了解和学习，能够跟音乐专业的老师们共商筹建大事。为艺术学院的规划做出了很多具有前瞻性的设计，为日后美术和音乐学科的进一步发展奠定了基础"。陕西师大美术学院余乡教授回忆说："他在做艺术系领导期间，主持公道，待人谦和，很好地权衡美术、音乐两个专业发展的轻重缓急，处理好艺术专业教学与科研方面的协调关系，在师大艺术系从组建到健康发展的整个过程中起到了很重要的作用。"

陕西师大美术学院原院长胡玉康教授说："我是 1982 年考入西安美术学院的，当时同学们私下里点评美院的名师，周正老师在同学们口中的地位是很高的。""我来师大担任美术学院院长时，周老师已经退休多年了，但他对艺术的追求没有停止过，我还邀请他给油画专业学生上过课。记忆尤深的是每五年举办一次的全国美展，在 2009 年第十一届中，艺不停息的周老师所作的一幅油画入选了，这代表着陕西师大美术学院的专业水平进一步提升，影响力进一步扩大。这件事我在介绍学院时屡屡提及。"

1989 届艺术系学生，现任中国美协理事、陕西省美协副主席的刘奇伟说："就我个人来说，我的艺术观念的建立直接受益于周正老师的教诲。周老师就像禅师修道一样潜心钻研着、探求着真理，像灯塔一样不断地将我往正确道路指引，在漫长的艺术道路上指导着我不断前行。另外，更珍贵的是，他教会了我观察世界、看待问题、处理事情的方法。周老师是教育家中我最敬重的人。"

艺术的最高境界是至爱，这是周正的教育心得、人生体验和艺术实践。从怀揣赤子之心到艰辛求学再到潜心教研，周正扎根西部，无私奉献，数十年如一日，正是缘于他怀着对祖国、对人民、对教育、对艺术事业的至爱。如果说是一代代陕西师大人让"西部红烛两代师表"精神薪火相传、弘扬光大，那么，作为陕西师大艺术教育乃至西部美术教育的奠基者、开创者、燃灯者、播火者的周正先生，无疑是其中的杰出代表。

【主要参考资料】

[1] 周正：《周正教育随感录》，黑龙江美术出版社，2006年。

[2] 周正：《周正论艺术——读书札记》，黑龙江美术出版社，2005年。

[3] 任俊锰：《少小离家老大回："周正艺术成就展"今在苏州美术馆开幕》，上观网，2019年11月29日。

[4] 《"凤鸣姑苏"，周正个展诠释"至爱"》，东方头条，2019年12月1日。

[5] 施晓琴：《周正：至爱人间成大艺》，人民网，2019年12月11日。

[6] 《八旬周正忆苏州美专：学油画，何以一定得有传统之根》，澎湃新闻，2020年1月9日。

【人物档案】

　　王国俊（1935—2013），陕西渭南人。著名数学家、教育家，陕西师范大学原校长，拓扑分子格理论计量逻辑创建者。1958年毕业于西安师范学院数学系，毕业后在陕西省汉中市第一中学、长安县引镇中学、长安教师进修学校任教。1978年调入陕西师范大学数学系，先后任基础数学研究室主任、数学研究所所长、《陕西师大学报（自然科学版）》编委会主任。1986年起任陕西师范大学校长，同年被国务院学位委员会批准为博士研究生导师，1988年被国家人事部评为国家级有突出贡献专家。曾兼任中国数学会理事，中国系统工程学会模糊数学与模糊系统专业委员会副主任，中国计算机学会多值逻辑与模糊逻辑专业委员会副主任，陕西省数学会理事长，陕西省科协常委，美国传记学会顾问，纽约科学院成员，《模糊系统与数学》副主编，《东北数学》、《数学研究与评论》、《工程数学学报》、《纯粹数学与应用数学》、《模糊数学》（*Fuzzy Mathematics*）编委等。

王国俊：笃行勤与恒　为国育俊才

1978 年，历经坎坷的中学教师王国俊回到阔别二十年的母校陕西师大，开启高等教育的教学、科研、行政生涯。从讲师、副教授到教授，历任基础数学研究室主任、数学研究所所长、《陕西师范大学学报（自然科学版）》编委会主任等职。1986 年出任陕西师范大学校长。"教师地位真正提高之日，就是中华民族振兴之时"，在改革开放的浪潮中，他与领导班子带领陕西师大抓住时代机遇创新发展。他踏实勤勉，治学严谨，驰骋数学王国，攀登学术高峰；他耕耘杏坛，桃李芬芳，毕生为教育振兴、祖国富强的目标不懈奋斗。

石以砥焉　化钝为利

王国俊原籍陕西渭南，1935 年 11 月 5 日出生于北京。小学时随父工作调动先后在陕西省平利县、礼泉县、乾县、咸阳县、长安县等地上学。1948 年春以第一名的成绩考入西安市佑任中学。1948 年秋到 1954 年秋就读于西安市圣路中学（今西安市第四中学）。中学时期的王国俊勤奋好学，整个高中时期，学习成绩稳居前三名。他酷爱无线电技术，高中毕业时已经可以自行制作当时最先进的 5 个电子管的超外差式收音机，收听世界多地节目。

1954 年高考时，王国俊成绩优异，但却因"家庭出身不好"被录取到西安师范学院数学系。这对他来说，是一次沉重的打击，他甚至决定不上大学，去开无线电修理部。在母亲的耐心开导下，他才怀着不得已的心情迈进西安师范学院的大门。

大一时，王国俊受李珍焕教授讲授的梅莱劳（Menelaus）定理启发，写了一篇关于"多边形与直线相截的定理"的文章，投到《数学通讯》。没想到文章很快发表，这激发了他学习数学的动力，此后接二连三地发表论文，立志要在数学王国里干一番事业。有了浓厚的兴趣，他自学了数论、一般拓扑学及哈尔莫斯（Paul R.Halmos）的测度论、И.П.那汤松的实变函数论等课程。他常用德国名言"勤与恒是成功之本"来勉励自己刻苦学习。进入四年级，他连续撰写了两篇较高层次的论文，一篇关于"什菲尔定理的推广"，刊登在《西北大学学报》（1958年第3期），另一篇关于"可微函数的开拓"，刊登在《数学进展》（1958年第4期）。论文的发表，显示了王国俊的数学天赋，也使他牢固树立了终身从事数学研究的决心。

大学期间的王国俊，品学兼优，担任过班主席等学生干部，1956年被评为第一届校级优秀学生。1958年毕业时，正值高校扩大招生，师资短缺。工作分配时，数学系有20多人被分配到高校工作，但王国俊再次由于"家庭出身"问题未能去高校，而是被分配到汉中一中。无疑，这又是一次沉重的打击。悄悄痛哭了一夜后，王国俊踏上了南下汉中的旅途。

王国俊在汉中教书收入很低，又逢"大跃进"困难时期，他经常吃不饱饭，大冬天也只有一床破棉被，冻得夜里直打哆嗦。即便条件困难，他也没有消极，而是赌气要"做出成绩，做到最好"，下定决心"不误人子弟"，将全部精力投入教学，尽可能不让一个孩子受委屈。天赋遇到勤奋，不出成绩都难。很快，王国俊就以优异的教学成绩赢得师生们的赞赏，教学工作受到汉中市的表彰，《汉中日报》刊登他的先进事迹，他也被任命为数学教研组组长。

在教书期间，王国俊没有放弃学习。他制定了长期自学计划，每天早早起来读德语、法语、英语，晚上关起门来刻苦学习。在这段时间内，他读了关肇直的《拓扑空间论》等拓扑学方面的著作。但由于信息闭塞，他的研究工作还是受到很大影响。1962年7月，王国俊被调到长安县引镇中学。这里距西安近了很多，这让他星期天和节假日都可以在省图书馆度过。

陕西省图书馆有若干重要外文期刊，但不外借，王国俊就将这些内容手抄下来。当时他对约翰·凯利（John L.Kelley）的《一般拓扑学》（*General Topology*）一书很感兴趣，昼夜兼用，将这本英文版的著作以及有关学术刊物上的文章全部抄了下来，还认真做完了书中的习题。一个星期天，他在查阅资料时从美国的《美国数学会汇刊》（*Transactions of the American Mathematical Society*）上发现两个数学问题："两个 H-闭空间的乘积是否仍为 H-闭的？""两个 R-闭空间的乘积是否仍为 R-闭的？"这引起了他的兴趣。接下来的假期里，他用了两个星期的时间深思、苦想，第一个问题终于解决了，结论仍然是 H-闭的，做了肯定回答。第二个问题，在增加一个条件后，证明结论仍然是 R-闭的。他将自己的探索形成了论文，但因种种原因未能发表。

"文革"中，王国俊的"家庭出身"再次给他带来劫难，不断被批斗。长期的磨难，砥砺出坚韧的性格。王国俊盘算着把一个月 24 元的工资，给母亲 12 元做生活费，自己留 8 元，剩下的 4 元，买一些洋蜡、火柴之类，以便晚上看书用。然而，一百多天后，王国俊重获自由。他抓紧时间读完了斯米尔诺夫的《高等数学教程》5 卷 10 余册的全部内容，其中涉及泛函分析、代数、拓扑学等内容，他都认真做了笔记。

从大学毕业的 1958 年到 1978 年，从 23 岁到 43 岁，王国俊在中学执教整整二十年。在此期间，他虽身处逆境，历经磨难，但一直不向命运低头，坚持不懈地进行数学研究。同时尽可能地发挥才干，用知识为人民群众服务。他建起无线电修理部，为工人、农民修理扩大机和收音机；自制音频信号发生器和导线测断仪，为方圆几十里的群众服务；在教具厂、修理部、田间地头，就地取材向学生传授相关知识。二十年间，他教数学，也教物理、化学，乃至音乐、体育。这是他精力充沛、风华正茂的美好年华。

"文革"期间，很多学术杂志被迫停刊，学术论文无法发表。王国俊就改写数学教学方面的文章，陕西师大创办的《中学数学教学参考》先后刊用了他的 7 篇文章。此前，他就解决在陕西省图书馆发现的问题撰写的论文，被《数学学报》1965 年退回，说是"此题已在 1963 年为日本人解决"。事实上，王国俊的投稿时间是 1962 年，比日本人要早。这个遭遇激起了他的民族自尊心。他后来谈到这个事情时教育学生说："难道中国人真的不行吗？我们要发奋争这口气。"虽然学术论文经常被拒，但他的研究没有停止。

功夫不负有心人，他的研究成果、他的教学文章，逐渐引起重视，刊发他教学论文的陕西师范大学，开始关注这位崭露头角的校友。1978 年 4 月，陕西师大将王国俊调回数学系，为他施展才华提供了全新的舞台。

攀登数学高峰　成果蜚声中外

1978 年至 1985 年，王国俊先后在《中国科学》、《科学通报》、《数学学报》、美国《数学分析与应用》（Journal of Mathematical Analysis and Applications）等国内外著名刊物上发表论文 20 多篇；4 次获得陕西省科研成果一、二、三等奖。其中《拓扑分子格（Ⅰ）》《一种比较理想的 Fuzzy 紧性》和《Fuzzes 上的序同态》等 3 篇论文均被国家科委列为重大科技成果。1985 年"拓扑分子格理论"被评为国家教委优秀科研成果，1986 年王国俊被评为国家级有突出贡献的中青年专家。这一时期，其研究主要集中于格上拓扑学，研究内容涉及一般拓扑、格论、L-Fuzzy 拓扑；突出贡献是创建了拓扑分子格理论，以及被国际数学界称为"中国紧性"的良紧性。

1986 年出任陕西师范大学校长后，王国俊将主要精力用于学校管理，但并未中断学术研究。在这期间，他发表学术论文 20 篇，出版学术专著 2 部。1994 年 10 月卸任校长后，他奋力开辟新的研究方向，敏锐地觉察到多值逻辑和模糊逻辑是数学和计算机科学的结合点之一。于是，他常和学生们一起学习探讨经典逻辑学，为开创非经典数理逻辑学提供背景和专业训练。短短的几年时间，在非经典数理逻辑研究领域取得了一系列科研成果，并发表在《中国科学》《科学通报》等国内外学术刊物上。综合这两个时期的研究，王国俊的研究主要包括五个方面。

一是关于一般拓扑学中 S- 闭空间及半拓扑空间的研究。1976 年，汤姆森（Thompson）引入 S- 闭空间的概念，讨论 S- 闭空间的性质。王国俊发现，汤姆森的基本定义是累赘的，关于 S- 闭空间的特征定理也不便于应用，一些定理的推理不够简洁，一些结论的深度和广度都有局限性。另外，有些结果的证明是错误的。为此，他给出了 S-闭空间的简单的定义，建立了便于应用的特征定理，得到了 S-闭空间的若干新性质。这些结果于 1981 年发表于《数学学报》。关于 S-闭空间的绝对闭性，他也做了深入的研究，研究成果 1982 年发表于《科学通报》。王国俊在一般拓扑学领域中的另一主要成果是半拓扑空间理论。1977 年，他引入两种半拓扑空间的概念，并就半拓扑空间建立了开集、闭集、核、包、伪包、渗透、网、连续映射、同胚、乘积空间以及邻域紧性等理论。此外，他给出半拓扑空间理论的两项重要应用：第一，统一了弱连续映射、半连续映射两种几乎连续映射和不定映射的概念；第二，统一了 Hausdorff-闭空间、Urysohn-闭空间、完全 Hausdorff-闭空间、S-闭空间和近似紧空间等五种空间的概念。这些研究以长篇论文的形式于 1977 年、1978 年发表于《陕西师大学报》。后来有不少学者在此基础上做了很多工作，其中王国俊的学生陈仪香博士于 1995 年以他的半拓扑空间理论为背景，引入 S 系统概念，利用 S 系统建立了 L-domain 关于稳定映射的 Stone 对偶定理。

  二是关于 Fuzzy 拓扑学理论的研究。1965 年，美国控制论专家查德（L.A.Zadeh）教授提出了模糊集理论。1968 年，C.C.Chang 引入了 Fuzzy 拓扑空间的概念，此后，C.C.Chang、C.K.Wong、B.Hutton 及 M.A.Erceg 等沿此方向做了很多工作，他们的研究一方面把一般拓扑学中的很多内容移植到 Fuzzy 拓扑学中，另一方面遇到很多困难，主要原因是没有找到理想的 Fuzzy 点与 Fuzzy 集的从属关系。1977 年我国数学家蒲保明与刘应明引入了重域概念，建立起完整的 Moore-Smith 收敛理论。1979 年王国俊引入远域概念，这是对点集拓扑学中的邻域概念以及模糊拓扑学中重域概念进行变革与抽象而得出的概念，适用于更广的 L-Fuzzy 拓扑学及拓扑分子格理论的研究。以远域方法为基础，王国俊在 Fuzzy 拓扑学研究中取得了一系列研究成果，其中最重要的成果之一是良紧性理论。在分明拓扑学中，紧性已经被研究得相当透彻，但是在 Fuzzy 拓扑学中情况较为复杂，虽然 C.C.Chang 在引入 Fuzzy 拓扑空间的同时就给出了一种 Fuzzy 紧性概念，但这种紧性是由对点集拓扑学紧性概念的简单模仿而得到的，弊病较多，对于这种紧性而言，重要的吉洪诺夫（Tychonoff）乘积定理也不成立。此后，围绕着对吉洪诺夫乘积定理的讨论，许多学者曾提出种种 Fuzzy 紧性概念，但是所有这些紧性都是针对整个空间定义的，不适用于一般的 Fuzzy 子集，当然更谈不上对闭子集的遗传性问题。针对这一状况，王国俊利用他引入的远域以及 α-网为工具，引入了一种比较理想的 Fuzzy 紧性——良紧性，很快就被国内外同行所公认。苏联数学评论家曾在苏联《数学科学的成就》上撰文认为良紧性是最为成功的模糊紧性，波兰拓扑学家库比亚克（Kubiak）称良紧性为"中国紧性"。

三是关于 L-Fuzzy 拓扑学的研究。王国俊对 L-Fuzzy 拓扑学的主要贡献是：结合他自己提出的分子、远域、序同态概念与思想，系统总结了他本人及国内外学者在 L-Fuzzy 拓扑学方面的工作，撰写了 L-Fuzzy 拓扑空间的一般理论方面的第一本专著《L-fuzzy 拓扑空间论》（陕西师范大学出版社，1988）。这本书从最基本的完备格概念讲起，利用极小集和极大集概念刻画了完全分配格的构造。以远域为基本工具，建立分子的 Moore-Smith 收敛理论，给出连续序同态与 L-Fuzzy 同胚理论，研究子空间、商空间和积空间，介绍可拓扑生成的 L-Fuzzy 拓扑空间与 L-Fuzzy 单位区间。对 L-Fuzzy 拓扑学中的连通性、基数函数、分离性、良紧性、仿紧性及拟一致结构、度量化、近性结构理论进行了系统的讲解。从国内外这一方面的工作来看，这本书的确起到了奠基性的作用，后来同行学者的论文大多引用这本书的内容。

四是拓扑分子格理论的建立。伴随着 L-Fuzzy 拓扑学的发展，王国俊又提出以点集拓扑学与 L-Fuzzy 拓扑学为特款的拓扑格理论——拓扑分子格理论。从格论的角度看，无论是在 $\{0,1\}^X$ 上展开的点集拓扑学，还是在 $\{0,1\}^X$ 或 L^X 上展开的（L-）Fuzzy 拓扑学，都是某种格上的拓扑理论，从而都可纳入拓扑格理论。不过，传统的拓扑格理论缺少点概念和相应的邻近结构理论，从而像仿紧性等这样重要的局部性质以及嵌入理论等这样的基本研究课题都无法讨论。基于此，王国俊于 1979 年提出拓扑分子格理论，其基本动机是：构造一种新的拓扑格理论，使之一方面具有相当的广泛性，至少把点集拓扑学和 L–Fuzzy 拓扑学二者包含在内，同时又保留点集拓扑学的点式风格和丰茂的研究成果。1985 年进一步完善和拓广这一理论，发表《完全分配格上的点式拓扑（Ⅰ，Ⅱ）》一文。这时他已完全甩开在格上带有逆合运算的限制。分子、远域、（广义）序同态是拓扑分子格理论中的三个核心概念。分子是 Fuzzy 点的抽象化，远域是重域概念的一般化，同时适用于带或不带逆合对应的两种情形。序同态或广义序同态则是 Zadeh 型函数的推广，它们保证将分子映为分子，同时又去掉了 Zadeh 型函数纵向上保高的过强条件。拓扑分子格理论经鉴定后，1985 年被国家教委评为优秀科技成果。这一理论于 80 年代末形成初步框架，于 1990 年出版论文专集《拓扑分子格理论》。

五是关于模糊推理与模糊逻辑的研究。由于模糊推理与模糊逻辑在模糊控制中有直接的应用，因而受到模糊系统与人工智能学界的广泛关注。1997 年 3 月在美国召开的国际信息科学联合会议上，王国俊做了"论模糊推理的逻辑基础"的报告。这一报告引起与会代表的浓厚兴趣，受到前任国际模糊系统协会主席、纽约宾汉顿大学的克利尔（Klir）教授以及特克森（Turksen）等著名教授在内的许多学者的高度评价。克雷顿大学模糊系统研究所所长莫德森（Mordeson）教授在该校研究报告中刊登王国俊的全文。成果全文发表于《信息科学》(*Information Sciences*)。在此基础上，王国俊提出模糊推理的三 I 方法，全面改进传统的 CRI 方法，成果于 1999 年发表于《中国科学》。随后，王国俊又引入广义重试理论，为模糊推理建立了严格的逻辑基础；引入 R0– 型蕴涵，建立了第一个基于左连续三角模的模糊逻辑系统；通过引入公式的真度理论，建立了计量逻辑。

王国俊注重国际学术交流。1985 年 6 月，他应邀到比利时进行学术交流；7 月出席在西班牙马约卡岛的帕尔马大学举行的第一届国际模糊系统协会大会，他担任拓扑学与模糊性分会主席，做"完全分配格上的点式拓扑"的学术报告，受到高度评价。1987 年 7 月，在美国夏威夷第一届国际模糊信息处理会议上，其论文《序同态的一些特征定理》（"Some Characteristic Theorem of Order-homomorphism"）受到与会同行广泛好评；8月应邀赴日本东京明治大学电子通讯工学科，做"论 Fuzzy 格之构造"讲演。

王国俊在格上拓扑学的研究引起国际数学界的关注和认可。1984 年 7 月，著名拓扑学家、比利时安特卫普大学的尼·罗文教授致信王国俊："您在模糊拓扑学方面的贡献，是模糊数学界众所周知的。您的来访，不但对我个人，而且对比利时的数学家们，是极大的荣幸。" 1988 年，陕西师大收到设在英国剑桥的国际传记中心通知："由于王国俊对拓扑分子格理论所做出的杰出贡献，《世界知识界名人录》第八版以特款的重要位置收载其传记。"2004 年 7 月，王国俊在美国盐湖城召开的信息科学联合会议上当选为不确定性数学学会副理事长。

寓教于行　育国之俊才

学高为师，身正为范。王国俊的教育智慧体现在他数十年如一日的言传身教。刚当中学教师时，他每节课都是提前预演，逐渐练就了精确掌握课堂时间的本领。课前不仅准备教学内容，而且特别重视调节板书的步骤，内容什么时候写，什么时候擦，安排得井井有条。调到陕西师范大学后，更加重视课堂教学，认为"课堂讲授是一门艺术"。

为了成为教学上的一把好手，王国俊认真备课，专注教学质量提升。他上课非常精彩，不但激发了专业学生对数学的强烈兴趣，还吸引了不少外系学生前来旁听。汕头大学理学院数学系研究所所长杨忠强教授是陕西师大数学系 1977 级学生，他回忆王国俊讲授数学分析的第一堂课，"将我们都震住了！课后同学们称赞声不绝于耳"。中国科学院院士、四川大学著名教授刘应明先生曾对王国俊的讲座赞不绝口，说"听他的讲课，是一种高级享受"。

2012 年，77 岁高龄的王国俊应邀在南方一所大学做学术报告。报告开始，他扫视一眼稿纸后开始讲解。报告结束，他伴着热烈的掌声走下讲坛。但陪同他、坐在旁边的杨忠强教授却发现那页稿纸竟是一张白纸！面对疑问，王国俊说："不拿点东西就会显得与众不同，而且对听讲者也不够尊重。"

王国俊总结自己和别人课堂教学的经验和教训，撰写《讲课十忌》一文，分别就课堂教学的原则、方法和态度等提出独到见解。1992年初，他主编《讲授艺术论》（1994年出版修订本《讲授艺术通论》，均由陕西师范大学出版社出版），将授课艺术系统化整理出版。该书被评为陕西省优秀教学成果一等奖。王国俊本人于1983年、1985年两次获得陕西师大教学质量优秀奖，1985年被评为陕西省优秀教师、先进工作者，1993年获曾宪梓教育基金会高等师范院校教师奖一等奖。

指导研究生时，王国俊的学术作风开放民主，他总是心平气和地倾听学生们的意见，最后才做出建议性或者指导性的结论。学生们离开母校，到其他院校或者国外工作，王国俊还经常用电话、电子邮件与学生们探讨问题。他的学生现在大多数是各自工作单位教学和科研的骨干，有的在本学科领域已成为公认的学科带头人，有的获教育部高校青年教师奖、全国高等院校霍英东青年教师奖，有的在自己的单位担任教授、副教授。

1986年担任陕西师大校长后，王国俊在繁忙的行政工作之余，坚持从事教学和科研工作。除过带博士生和硕士生，还坚持为本科生上课，常常为本科生、研究生做学术报告，培养学生们的科研兴趣、学术思维和创新能力。卸任后，一直坚持教研工作，直至2013年11月，仍与学生纵论侃谈研究课题，讲解核心题目，展望来年的课题申报设想。

担任校长的王国俊思想解放，求真务实，倾心管理，成效显著。他带领班子成员真抓实干、迎难而上，为推动学校发展付出了极大努力。他重视生源质量，经常为提高师范院校生源质量而奔走呼吁。他逢会必讲，在各地的招生会议上游说，到省内外重点中学演讲，在百所大学校长联席会上慷慨陈词，在《光明日报》《河南教育》《陕西招生报》等报刊上撰文，呼吁社会各界重视师范教育。他提出师范院校要打破陈规，在加强教学工作的同时还应积极开展科学研究。此外，他为学校的学科建设、师资队伍建设、基础设施建设、文化产业发展以及加强学校管理体制改革等方面做出了重要贡献，为推动学校快速发展奠定了良好基础。

王国俊的人格魅力熠熠生辉。作为数学家，他的世界单调又丰富；作为校长，他的工作繁忙而沉重；面对充满求知欲的研究生，他不厌其烦地悉心解答，指点知识上的迷津也启迪人生的困惑；在中美大学生英语辩论赛开幕式上，他用流利的英语致辞，郑重轻松，尽显洒脱。每逢外出开会、参加活动，他在向客人介绍随行人员时，无论是领导、教授，还是司机、摄影师等普通工作人员，他都一一介绍，平易近人，赢得大家的拥戴。他经常工作到深夜，第二天又早早起床，"勤"与"恒"贯穿一生。

王国俊兴趣广泛。青年时期喜欢唱歌，用美妙的歌声表达自己的美好愿望。闲暇中爱讲故事，讲述时生动逼真，妙趣横生，听者乐不可支。他还喜爱体育运动，比如体操、跳高和乒乓球等，大学时期曾作为学生代表参加陕西省第一届大学生运动会为学校争得荣誉。到陕西师大工作后，曾代表教工参加过陕西省高校教工乒乓球赛，1996年夺取数学系教工乒乓球赛冠军。

"一代英才，创新立论，数学高名传世界；三秦孺子，从教为学，清风懿范育来人。"王国俊勤奋拼搏、敢为人先的风范，为人师表、教书育人的品质，自强不息、甘于奉献的精神，朴实无华、真抓实干的作风，将激励一代代师大人踔厉奋发、勇毅前行。

【主要参考资料】

[1] 何东昌：《国家教委副主任何东昌致王国俊校长的信》，载《陕西师大学报（哲学社会科学版）》1990年第2期。

[2] 江民智、倪玉明：《扬起风帆兴教育——著名数学家、陕西师大校长王国俊纪事》，载《国际人才交流》1992年第6期。

[3] 王国俊：《讲授艺术通论》，陕西师范大学出版社，1994年。

[4] 《陕西师范大学校史（1944—1994）》，陕西师范大学出版社，1994年。

[5] 赖东艳：《以不息为体 以日新为道——记著名数学家、博导、王国俊教授》，载《科技·人才·市场》1996年第1期。

[6] 韩诚：《漫漫求索路，殷殷赤子情——记国家级有突出贡献专家王国俊教授》，见李鸣主编：《三秦归国学人》第6辑，西北工业大学出版社，2007年。

[7] 张凡、赵彬：《王国俊》，见张建祥主编：《陕西师范大学校史人物传略(1967—1984)》，陕西师范大学出版社，2007年。

[8] 杨忠强、吴志强：《恩师王国俊》，载《西安晚报》2017年10月29日。

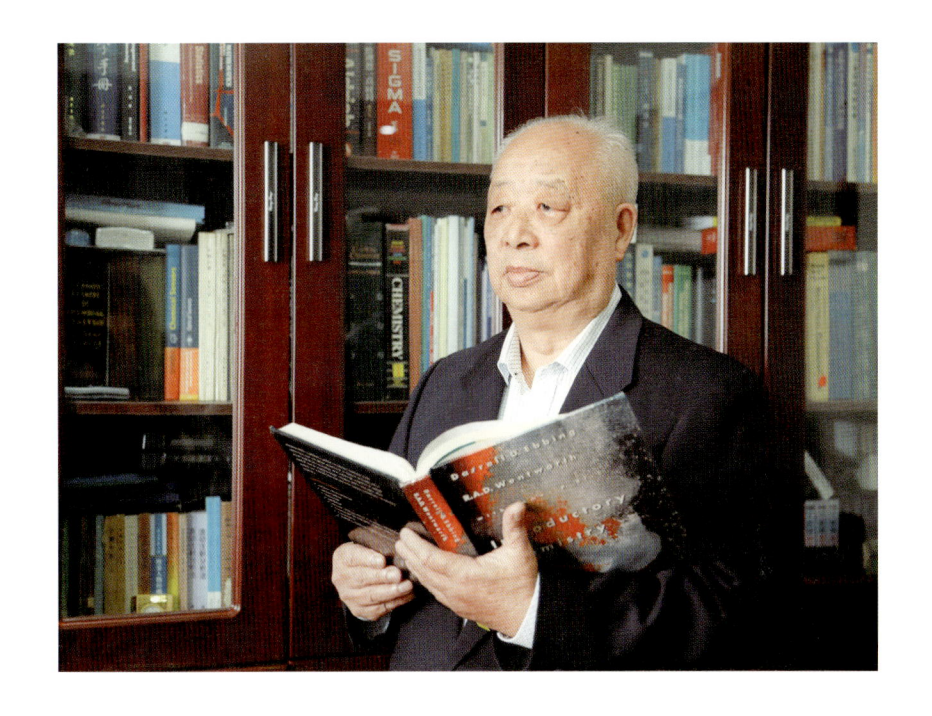

【人物档案】

章竹君（1938—2023），四川成都人。陕西省优秀教师（1985）、全国优秀教师（1998）、曾宪梓教育基金奖获得者（1999）、陕西省教书育人楷模（2017）、陕西师范大学首届"西部红烛两代师表奖"获得者（2021）。1959年西北大学化学系毕业后留校任教。1979年调入陕西师范大学，后任分析科学研究所所长。1991年国务院学位委员会批准为博士生导师。曾任国家自然科学基金化学部第四届和第五届评议组成员、化学计量学及化学生物传感技术国家重点实验室学术委员会委员、教育部现代分析科学重点实验室学术委员会委员、中国化学会分析化学委员会委员、陕西省环境科学学会副会长、陕西省化学会常务理事，兼任《分析化学》《分析科学学报》等期刊编委、南京大学兼职教授、美国新罕布什尔大学客座教授、美国纽约科学院高级成员等。自1992年起连续8届当选欧洲光导纤维化学传感器和生物传感器常设指导委员会委员。

章竹君：一代师表　红烛师魂

"竹节亭亭，君子谦谦。桃李不言，下自成蹊。他是睿智勤奋的科研'排头兵'，是建树颇丰的发光'第一人'，是为学、为事、为人的'大先生'。一声称呼，一生故事。他追逐真理，补科研空白；执着创新，攀学术高峰；忠诚教育，育国之栋梁。八旬之姿，如竹之挺，六十之教，如君之德。感谢章竹君老师，用一生坚守着、践行着、传承着'西部红烛精神'！"这是陕西师范大学首届"西部红烛两代师表奖"获得者章竹君的颁奖词。章竹君是一位在国内外都具有重要影响力的著名学者，在分析化学的诸多领域均有建树：在环炉分析原理、方法和技术研究方面，推动了微量分析在中国的发展；在国内最早开展化学发光分析，提出并发展了耦合反应化学发光酶免疫分析的新方法、发光免疫分析法、电位溶出化学发光分析法，关于化学发光分析方法和仪器的研究处于国际先进水平；开展高效液相色谱及毛细管电泳化学和生物发光检测器研究，完成多种抗癌细胞的发光免疫分析；开展光导纤维化学和生物传感器的系统理论研究，建立传感器响应的理论模式，实现各种分子识别物质在膜基质上的固定化，阐明传感膜传感机制，为光导纤维化学和生物传感器的创立和发展做出了重要贡献。

君自天府之国来

1938年1月，章竹君出生于四川成都。天府之国，人杰地灵。他从小才华出众，善于思考，勤学好问，从小学到高中，都得到班主任和任课老师的器重和悉心教导。

章竹君走上化学科学研究之路，缘起于他在成都五中的学习经历。成都五中，名师荟萃，学风浓郁。在成都五中上高中时，带化学课的易朝选老师深入浅出的教学，使富于幻想的少年章竹君如沐春风，使他对变化万千的化学世界充满了遐想和神往。有一次，老师带同学们参观一个硫酸厂，铅制法制取硫酸释放出的有害气体被直接排放在大气中，章竹君当时并没有意识到这种气体对环境和人体会有危害，只是觉得这样白白跑掉特别可惜。参观归来，他写信给西南化工研究院，提出并论证回收气体中二氧化氮的可能性。西南化工研究院收到这个高中生的信后，非常重视。他们进行反复实验，证明章竹君提出的方案是可行的，只是在一些工程和技术上的问题有待解决。随后，他们以公文形式给成都五中回函，感谢章竹君的建议。这在高中引起了轰动。正是这个看似偶然的事件，却使章竹君自此与化学结上不解之缘。当年那个关注环境保护的弱冠少年，几十年后出任陕西省环境科学学会副会长、西安市环境科学学会会长。

1955年，17岁的章竹君以优异成绩考入西北大学化学系，毕业后留校任教。在任助教的十多年间，他在做好教学工作的同时，始终没有放松科学研究。1963年，初出茅庐的章竹君便在权威期刊《中国科学》上发表论文，这在当时的西北大学尚属凤毛麟角。《化学学报》历来是化学界的"兵家必争之地"，在1965年出刊的6期《化学学报》中，有5期刊登了他的论文。这些惊人之举，很快使章竹君声名鹊起。

在此后的人才培养和科学研究道路上，章竹君不畏险阻，不断突破难关，努力攀登科学高峰，从巴山蜀水到古都长安，从关中沃野到大洋彼岸，一步步走向世界、走向未来。一路上，章竹君得到执教南京大学的中国科学院院士高鸿支持，与湖南大学姚守拙院士合作，与著名分析化学家、美国新罕布什尔大学的塞兹教授长期保持专业交流与学术合作关系。

春风化雨　立德树人

章竹君是一位深受学生景仰和爱戴的名师。从1959年留校任教到1979年调入陕西师范大学，直到2023年离开人世，三尺讲台，他一站就是六十余年。他认为，对高校教师而言，最重要的两个任务是教学和科研，并且教学是第一学术责任。

在教学方面，章竹君为大学本科生、硕士研究生和博士研究生开设过分析化学、仪器分析、化学分析法、高等分析化学、现代光学分析、现代电学分析、分离科学、分析化学中的溶液平衡、误差理论、化学和生物传感器等 10 多门课程，指导硕士生 130 多人，博士生 30 多人，授过课的校内外学生更是不计其数。

章竹君治学严谨，在教学工作中始终坚持高标准、严要求。他一贯注重严谨地组织教材、认真地撰写讲稿，用世界最新科技成果更新和充实教学内容。他搜集了国内外大量课程教学提纲、多种版本教材、多种考试试题，进行比较、研究，结合我国高等师范院校的特点，制定研究生培养方案和教学大纲，体现出信息量大、内容新颖的特点。他注重启发学生的思维，对某个有争议的论点，他会把不同学者的见解、观点都展示在学生的面前，进行对比，和学生一起讨论，引导学生进行思考。在课堂教学中他语言生动，引经据典，妙趣横生，使课堂气氛显得十分生动活泼，听者兴趣盎然。

章竹君坚持"不忘初心，立德树人"，注意培养学生的爱国精神，激发他们的民族责任心和自豪感。在课堂上，他会在讲授知识的同时给学生们讲述一些中国科学家的事迹，引导学生们以祖国为荣，以为祖国贡献力量为责。同时，为了提高学生的知识创新水平，培养具有国际水平的创造性人才，章竹君从改革课程设置、课程内容和教学方法入手，提出研究生专业课应以原版教材为主，教师授课部分用英语并过渡到全部用英语教学；提倡研究生用英语撰写专题报告和研究论文，鼓励他们科研选题以国际前沿攻坚课题为主展开。

仪器分析课程，从最初自编讲义的选修课到全国高校化学专业的必修课，章竹君已经讲授了 50 多遍。即便如此，他还是坚持在备课时把最新专业研究动态和成果引入教案，引领学生站在学科最前沿。"他的课，常讲常新，每一轮都不一样。"听过他讲课的学生这样评价。

他开设的公共选修课，不只对化学专业的同学开放，全校各个院系的学生都可以选。为了让不同专业的学生都能听懂化学，他"兼学"网络语言，在旁征博引中与年轻人交流，产生共情效应，把原本枯燥、晦涩、容易混淆的化学概念、学科理论和专业原理，讲成形象生动、引人入胜、连门外汉都能听懂的"百家讲坛"。不只是化学专业学生爱听，跨院系选修的学生也慕名而来，小教室换成大教室，依然座无虚席，经常有学生在过道席地而坐。

章竹君的教学灵活而不枯燥，生动而不单调，严谨而不呆板。他声情并茂的洪亮语音、富有感染力的"四川普通话"，给听过课的学生留下了难忘的美好印象。陕西师范大学原校长、中国科学院院士房喻在《我的大学"老先生"》一文中评价说："被称作'网红'教授的章竹君先生是我入学后接触最多、对我影响最大的教授之一。业界的人都知道，章先生是一位思想极为活跃、语言天赋极高、个性色彩极为鲜明的难得人才。校内只要有他的报告，会场几乎没有不爆满的。有人开玩笑，只要章先生一开讲，就是学中文的也要改学化学了。"

"您教会我的不仅是知识，还激发了我最原始的梦想，让我最初的追求没有渐行渐远。陕西师大改变了我的学历，而您改变了我的人生。"这是学生给章竹君老师发来的感谢信息。

融合创新　不断超越

章竹君是一位勇于探索、勇于创新、敢于在新领域不断挑战权威、超越自我的杰出科学家。他敏锐机智，视野开阔，积极进取，对真理执着追求。他辛勤工作在学科发展的前沿，涉足一个个具有重大学术意义和应用价值的研究领域，并多有卓越建树。

从 1959 年起，在分析化学的教学研究这块园地中，章竹君教授辛勤耕耘六十多年，先后在分离化学、微量化学、分子发光光谱、光导纤维化学和生物传感器、临床化学等领域，开展了许多富有远见的创造性工作。他主持的"新型传感器和实时无创伤活体分析"课题，1997 年获得国家自然科学基金重点项目资助，作为这个项目的总负责人，他牵头组织北京大学、北京师范大学、湖南大学和中国科学院生物物理研究所等国内著名大学和科研机构的专家学者组成课题组，联合向化学与生命科学交叉学科的最新领域发起冲击，在国内外同行中引起广泛关注。

20世纪60年代，章竹君主要从事离子交换和离子交换色谱分析方面的研究，特别是关于新型无机离子交换剂分离碱金属的研究；70年代主要从事荧光分析法和环炉技术的研究，出版了我国第一部环炉技术方面的专著。在教学和科学研究的实践中，章竹君教授十分注意紧密联系实际，不断研究新情况，解决新问题，积极为发展生产力、加快经济建设服务。

1975年，我国从国外引进了13套年产30万吨的合成氨化肥生产设备。第一个建成的四川化肥厂验收时，日方人员声称他们的设备可脱硫至0.1ppm，作为技术代表参与验收的章竹君发现他们的测试仪器指针总是指向"0"，他当即质疑："你们能否脱到0.1ppm？因为你们的仪器检测精度为1ppm，无论是0.1ppm，还是0.99ppm，结果都指向0ppm。"日方代表被问得哑口无言，但是又很快把"皮球"踢了过来："先生所言极是，但我们的确可以脱硫至0.1ppm。如果你们有办法可以自己去测试；但据我们所知，目前世界上还没有能测到0.1ppm的好方法。"为了回击日方专家的狡辩和挑衅，章竹君从验收现场一回来，就着手收集资料，分析、研究，经过两个月夜以继日的钻研，痕量硫荧光分析法研制成功，且灵敏度可达0.01ppm。1976年，他的新方法先后在6个30万吨合成氨厂使用，为这些大化肥厂的投产做出了贡献。这种方法后来被国家确定为环境分析的标准方法，广泛应用于天然气、石油气和煤气等能源化工检测中。

章竹君是我国最早开展化学发光分析的学者，曾建立了40多种有机物和无机物的化学和生物发光新方法，提出了电位溶出化学发光分析和电生试剂化学发光分析新技术，成功运用于多种药物的测定，药物蛋白反应的研究和环境毒物及药物在动物体内实时、在体检测，开展了高效液相色谱及毛细管电泳化学和生物发光检测器的研究并成功用于多种复杂药物的快速分析。在发光免疫分析方面，完成了LAK细胞、TIL细胞、LICC细胞等抗癌细胞的发光免疫分析；

提出并发展了耦合反应化学发光酶免疫分析的新方法，开展自由基生物发光反应的研究、分子印迹－化学发光分析研究、化学发光传感器的研究等。其研究工作已进入国际先进水平行列。

20世纪80年代以后，他对光导纤维化学和生物传感器进行了系统的理论研究，建立了传感器响应的理论模式，研究了多种传感膜基质如LB膜、聚合物膜和脂质膜的膜结构和传质动力学，实现了各种分子识别物质在这些膜基质上的固定化，阐明了传感膜的传感机制，完成了用于生命科学研究和环境监测的40多种传感器的设计。这一项目所取得的成果，既是这项新技术创立和奠基的主要文献，也是迄今为止这项技术发展的标志性成果，被国内、国际化学界公认对这一新技术的创立和发展做出了贡献。曾应邀在北京大学、清华大学、南京大学、南开大学、武汉大学、中山大学、吉林大学、四川大学、兰州大学、同济医科大学、华西医科大学、上海大学、山西大学、中国科学院生物物理研究所等知名大学及研究机构讲学。

20世纪90年代，章竹君将研究领域拓展到化学与生命科学的交叉地带，在抗癌细胞的发光免疫分析、化学发光免疫分析、人血清及药物抗自由基能力的综合评价、高活性和长寿命固定化酶反应器的研究、快速化学发光分析方法及仪器的研制、无机耦合反应化学发光分析及新发光体系等领域的研究中，取得了重要的理论和技术突破。他设计的第四代血液分析仪，只需将传感器的探头直接触及患者的血管，就可以随时在计算机显示器上看到病人血液的酸度、氧度和二氧化碳浓度的变化，缩短了手术时间，改变了传统的在做胸外等重大手术时，因不停地抽血、化验等待结果而延误手术时间的状况。这种血液分析仪已在国内外许多大医院广泛应用。

很长时期内，在检查人体血液中自然杀伤细胞活性的临床医疗中，一直沿用20世纪70年代建立的放射性标记物测试法，这种传统方法不仅对人体有害，污染环境，而且效率低下。做一次四小时，需人民币4000元，标记物的稳定期却只有二十七天。为了改进这一工作，章竹君和他的同事们经过近两年的艰苦探索和无数次的试验，终于合成了一种被称为 FLUK 的新型发光标记物，可以达到比放射性标记物更高的灵敏度。做一次只要一小时，成本费不过 40 元，标记物稳定期长达两年。这在评价机体的免疫功能，癌症的治疗和术后监测，抗癌药物的评价、筛选和药理研究等方面都具有十分重要的理论意义和广泛的应用前景，现已成功用于临床患者外周血自然杀伤细胞活性的测定。

进入新世纪后，章竹君在微阵列传感器芯片、免疫芯片及芯片实验室的研究方面完成了十几种化学发光传感器芯片的研究。结合特异性分子识别（如酶识别、动植物组织识别、抗体或抗原识别、分子印迹聚合物识别等）、微固相萃取分离、化学发光和生物发光反应及成像等技术，研制了多种用于残留农药、食品添加剂及白源性兴奋剂快速检测的微阵列生物传感器芯片和微流控生物传感器芯片以及相应的微型检测仪器。

他率领分析科学研究团队设计和制备了多种无机的、有机的和无机－有机杂化的荧光纳米粒子，在其表面固定上分子识别物质，如抗原、抗体、酶、配体等，构成在细胞壁上或细胞内具有特异性分子识别功能的纳米粒子传感器。它们能在细胞内外对待测物质进行特异性识别，用特定波长的光激发，便可在近场显微镜上得到细胞的荧光成像，实时动态地监测细胞内蛋白质与蛋白质之间的相互作用；追踪细胞内所有基因的表达，蛋白质在细胞内的定位、修饰、运动和降解，各种酶活性的变化；等等。由于这一技术和方法具有多光子发射的特征，灵敏度得到较大提高，现已广泛用于免疫分析和癌细胞及病原微生物检测。

此外，章竹君教授还发展建立了原位（in situ）、在体（in vivo）、实时（real time）及多元参数测定系统和生态体系研究实时分析系统，并联合微型（50 微米）光纤传感器探头、微透析取样、多维光谱解析技术、毛细管电泳及化学和生物发光检测、自动控制和软件设计等，实现了药物、毒物及微量元素在活体内的代谢过程的实时监测等。

章竹君先后主持国家自然科学基金重大项目子项目 1 项、重点项目 1 项、面上项目 7 项，国家"十五"重大专项课题 2 项，教育部重点项目 3

项，陕西省自然科学基金 2 项，重庆市重大项目 1 项和其他横向项目多项。研究成果获 5 项欧美专利、1 项中国发明专利；以第一完成人获得省部级以上科技成果奖 10 项，其中国家教委科技进步二等奖 2 项，陕西省科技进步一等奖 2 项、二等奖 3 项、三等奖 2 项。在国内外期刊上发表学术论文 570 余篇，其中在 SCI 源刊上发表论文 300 多篇，论文总引用次数约 3000 次。独著《环炉技术及其在环境分析中的应用》（原子能出版社，1983），合编《分析化学前沿》（科学出版社，1991）、《21 世纪的分析化学》（科学出版社，1999）、《生命分析化学》（科学出版社，2006）、《分析化学新进展》（科学出版社，2002）、《分析化学的明天》（科学出版社，2003）以及 Advances in Biosensors, Volumel 4: A Chinese Perspective [JAI Press Inc. (USA)，1999]、Advance in Luminescence Spectroscopy（ASTM，Philodaphia，1985）等专著、教材。

面向世界　根在中国

章竹君是改革开放后较早走出国门开展国际交流合作的科教工作者。从 1984 年起，他几乎每年都赴欧美讲学或开展合作研究。即使到了耄耋之年，他仍然精力旺盛，思想活跃，依然是国际分析化学界成果产出率高的知名科学家，受到国内外同行的尊重。他长期担任美国新罕布什尔大学客座教授、国际纯化学和应用化学协会会员、美国纽约科学院高级成员、欧洲光导纤维化学传感器和生物传感器常设指导委员会委员、多种国际专业期刊编委。他先后 9 次赴美讲学、从事合作研究，并到加拿大、比利时、法国、荷兰、俄罗斯、日本、奥地利、德国、意大利等 20 多个国家讲学和参加国际学术活动。

站在国际分析化学的学科前沿，章竹君教授从不满足于已经取得的成就，不断开拓新的研究领域。作为一名在事业上取得巨大成功的知名学者，他学而不厌，不断探索分析化学和生命科学的奥秘。在分析化学的诸多研究领域，章竹君的多项研究工作跻身国际先进水平行列，其在化学发光分析领域发表论文的篇数（SCI 源刊）连续十八年（1996—2014）居全世界第一。他被公认为建树颇丰、享有盛誉的发光"第一人",取得了一系列重要的理论和技术成果。他的多项研究既代表新时代分析化学发展的主流方向,又是该领域新技术研发的主要基石。

鉴于他在分析科学领域卓有建树的教学和研究,章竹君被国外很多高校推选为"最受学生欢迎的外籍教师",美国新罕布什尔大学多次高薪挽留他长期定居任教。然而,他不仅总是婉言谢绝,每次如期回国,而且还用自己节省下来的生活费用购买价值不菲的仪器、器材和材料,带回国内实验室,供同事们和研究生们使用。在章竹君教授心里,祖国高于一切,他不止一次对国外的合作者和学生说:"我的根在中国!"

迎着新世纪的曙光和新技术革命的洗礼,适应科学研究为中国式现代化建设服务的需要,分析化学的发展面临新的机遇和挑战。1997年,在陕西师大举办的"成功之路"著名学者系列报告会的首场报告中,即将进入花甲之年的章竹君充满信心地表示:"我从来没有把六十岁当作事业和追求的终点。六十岁对我来说,是人生第二个春天的到来,是生命又一次远征的起点。"

信仰科学,不断超越自我,不断创造辉煌,这是章竹君人生价值观的实践诠释。"老当益壮,宁移白首之心",正如他给化学系学生毕业纪念册题写下的殷切希望——"追求真理,百折不回",在生命的最后二十多年,他始终保持科学家的精神和奋斗者的姿态,继续沿着那条崎岖陡峭的"山路",不断向着新时代的科学高峰奋力攀登。

红烛熠熠　师表风范

在陕西师范大学,意气风发的章竹君走过校园,是一道流动的人文景观,给"美在师大"一个新的诠释;年逾八旬的章老仍坚持站着为本科生授课,站出尊重和仁爱之心。"捧着一颗心来,不带半根草去",他对国家和人民的教育事业无限忠诚、满腔热忱,几十年如一日,燃烧自己,照亮别人,呕心沥血为国家培养栋梁之材,无私奉献,教育报国。他始终用学者的渊博学识将学生带入科学殿堂,用师者的仁爱之心哺育学生发展,用君子的高尚品质引领学生追求崇高的精神境界，坚持做学生锤炼品格、学习知识、创新思维、奉献祖国的引路人。

多年来，他一直坚持给本科生上基础课，深受学生的欢迎。他面向全校学生开设的公共选修课"化学与社会进步"一上线，迅速被"秒抢"一空。"没办法，实在太火了，短短几秒钟，几十个名额全没了。"许多网上选课未果的同学，都想办法提前"跻身"章竹君授课的教室"蹭课"。老当益壮，情系育人。站着给学生上课、感动中国的"章爷爷"，把"大先生"的形象站在讲台上，不仅成为最受学生尊敬的老师，而且成为传播人民教师美誉的"网红"教授。"来自不同学科、不同专业的学生，能这样全神贯注地听一门选修课，着实难得。"

章竹君说得一口纯正英语、玩得一手熟练电脑，紧跟时代潮流，会聊热点问题，上他的课需要微博"打卡"。更难得的是，为了当好老师，他还下了很多"苦功"：为了使用更纯正的教学语言，他努力修正自己的"川普"；为了讲课嗓音洪亮而专门练习美声；为让不同专业的学生都能听懂、有所收获，他旁征博引，从天文地理到"心灵鸡汤"，甚至还引用网络段子由浅入深、通俗易懂地讲解艰涩的专业问题。在学生眼中，章老师就是"一本移动的百科全书"。

站在课堂上、在学生面前，章竹君看上去永远精神焕发、充满生机活力，其实很少有人知道，这位看上去健朗、乐观、自强的耄耋老人曾装过四个心脏支架，还患有严重的痛风。有一次章竹君痛风发作，每走一步都十分吃力。到了上课时间，在助教搀扶下，他一步步艰难地走进教室。站上讲台那一刹那，学生们肃然静默。章竹君三个小时全程站立，疼痛难忍就不停地喝水缓解。这一堂课，台上的人动情讲授，台下的人仔细聆听。有人建议老师坐一会儿，章竹君却笑着说："坐着讲课，这是对学生的不尊重。"

在章竹君看来，"学生的事情比天大"。新教学楼实验室刚投入使用时，尚未安装空调和暖气，学生无意间说到晚上做实验特别冷。章竹君随即给有关部门负责人打电话："赶紧装空调，不能把学生们给冻着。"第二天，实验室就临时调拨了一台空调。当时仪器设备不齐全，章竹君就把家里的电视机搬到实验室，供大家使用。看到研究生课业辛苦，一向惜时如金、要求严格的章竹君也会给大家放一天假，自己出钱买食材、用具等，带学生们出去野餐烧烤。有时候，还会带学生到家里，让夫人做一桌丰盛饭菜招待弟子们。很多学生遇到情感、生活上的困扰，也都会找他诉说，他会耐心开导，不遗余力地提供帮助。

章竹君以实际行动诠释着大国良师的职业操守和师德风范。他敬畏教学、尊重学生，从不因为自己是学术大师、资深教授就对授课内容掉以轻心，始终以科学严谨、精益求精的匠心和学无止境、诲人不倦的仁爱之心对待每一节课、每一个学生。对于自己承担的每一门课程，无论是面对博士生、硕士生，还是本科生，他都坚持精心备课，实时更新内容，把本学科及相关的最新研究进展充实到教学中，坚持"每一节都不一样"。

"我这辈子就爱两件事——安静地教好自己的学生，做好自己的研究。"即使迟暮之年，章竹君依然对终生耕耘的教坛情有独钟、依依不舍："我还是会继续给本科生上课，有时候我想，如果有一天我在讲台上倒下来，那也是我的荣幸。"

【主要参考资料】

[1] 杨辉祥：《潜心研究，硕果累累——记著名分析化学家章竹君教授》，载《中学化学教学参考》1994年第7期。

[2] 孙海华：《80岁老教授为本科生坚守讲台成"网红"》，载《中国青年报》2017年5月17日。

[3] 张莹：《"大先生"章竹君：58载如一日，躬耕不辍为国家培养栋梁之才》，陕西师范大学微信公众号，2021年9月11日。

[4] 房喻：《我的大学"老先生"》，载《中国科学报》2021年9月14日。

[5] 吴晋峰：《"大先生"章竹君：六十载践行红烛精神年过八旬尚思为国育才》，光明网，2022年11月1日。